Andreas Uwe Müller / Maria Amata Neyer

Edith Stein

Andreas Uwe Müller
Maria Amata Neyer

Edith Stein

Das Leben einer ungewöhnlichen Frau

Biographie

Benziger Verlag
Zürich und Düsseldorf

Die Deutsche Bibliothek – CIP-Einheitsaufnahme

Müller, Andreas Uwe ; Neyer, Maria Amata:
Edith Stein : Das Leben einer ungewöhnlichen Frau ;
Biographie / Andreas Uwe Müller ; Maria Amata Neyer. –
2. Aufl. – Zürich ; Düsseldorf : Benziger, 1998
ISBN 3-545-20147-3

2. Auflage 1998

Druck und Bindung: Clausen & Bosse, Leck
ISBN 3-545-20147-3

Inhalt

Vorwort

Das zwanzigste Jahrhundert war, zumal in Europa, ein Jahrhundert der Wandlungen. Bisweilen folgten sie, alles gleichsam mit sich reißend, rasch aufeinander, bisweilen geschahen sie kaum merklich in kleinen, doch unaufhaltsamen Schritten. Viele dieser Umbrüche vollzogen sich im Laufe eines Menschenalters, und das nicht selten mehrmals, nachhaltig und radikal.

Die Bilanz ist zwiespältig: Es war ein Jahrhundert der großen Triumphe der Menschheit, aber auch eines mit den größten Verbrechen, zu denen Menschen fähig sind. Ob wir aus den Opfern, aus den Narben unserer Städte und den noch nicht verheilten Wunden so vieler Biographien zu lernen imstande sind, erscheint ungewiß.

Denn die Spannungen halten an: der Kampf zwischen Vernunft und Aggression, zwischen Sinnlosigkeit und Sinn, zwischen Liebe und Haß. Und niemand ist mehr unbeteiligt, keiner kann sich heraushalten. Das Leben jedes einzelnen, für welche der Möglichkeiten er sich auch entscheidet, ist eine Antwort auf die Spannungen dieser Zeit.

Auch die Biographie Edith Steins (1891–1942) ist eine solche Antwort. Sie führt den Leser an den Anfang jener großen Umwälzungen, an den Beginn des Jahrhunderts. Kennzeichen dieser Epoche sind der Verlust von Selbstverständlichkeiten und Sicherheiten sowie die damit einhergehende Orientierungslosigkeit und Sinnsuche, aber auch die Erfahrung des Ersten Weltkriegs, dessen sich die moderne Technik bemächtigt hatte, um die Menschen – und zwar bis heute – eine neue Dimension ihrer Ohnmacht spüren zu lassen. In den Umbrüchen dieser Zeit ringt Edith Stein um ihre innere Wahrhaftigkeit: als selbstbewußte Frau, als schlesische

Jüdin und überzeugte Preußin, als Intellektuelle, Lehrerin und Publizistin, schließlich als Nonne.

Fragen halten ihr Leben in Atem: Wie kann der einzelne sich selbst treu bleiben, wenn die Veränderungen von außen ihn immer wieder vor das Nichts stellen und seine Lebenswelten zerstören? Wie kann ich wirklich frei bleiben im Strudel von Anpassungsdruck, Existenzängsten und Gewalt? Letztlich: Wie werde ich Mensch? Diese Themen – allesamt Variationen der einen Frage nach der Wahrheit des Lebens und des Seins – markieren die entscheidenden Existenzfragen Edith Steins und sind zugleich die Überlebensfragen des Jahrhunderts.

Auf den weit verzweigten Wegen ihrer Sinnsuche entdeckt die intellektuelle Agnostikerin Edith Stein die Religion. Sie kommt zur Überzeugung, daß das Leid und die biographischen Brüche ausgehalten werden können, wenn der Blick auf die Wahrheit, auf das unsagbare Geheimnis Gottes gerichtet bleibt. Symbol dieses Festhaltens wird für sie – im Auf und Ab ihres reich begabten und immer wieder verwundeten und gedemütigten Lebens – das Kreuz. Es trägt sie bis in die dunkle Nacht des Glaubens, bis in die Gaskammer von Auschwitz.

Als Frau begnügte sie sich nicht mit der Rolle, die Männer ihr zudachten, sondern fragte selbstbewußt nach dem spezifisch Weiblichen. Als Jüdin beharrte sie gegen den arischen Rassenwahn auf ihrem preußischen Deutschtum. Dem Antijudaismus katholischer Kirchenkreise hielt sie die jüdische Wurzel des Christentums entgegen und forderte bereits 1933 ein deutliches Wort des Papstes zugunsten der Juden. Auch in ihrer Kirche blieb sie stolz auf ihre jüdische Abstammung. Eine evangelische Patin begleitete sie 1922 zum Taufbecken. Ungebrochen blieben in ihrem Leben und Sterben der Wille zur Wahrhaftigkeit und das Streben nach Versöhnung und Überwindung von Grenzen. Dies relativiert wohl auch die Frage, ob sie als Jüdin oder als Christin den Tod fand. Die Erinnerung daran ist unteilbar, und sie verpflichtet alle. Wir meinen deshalb, daß es für die katholische Kirche spricht, wenn sie durch die Seligsprechung 1987 und nun die Heiligsprechung 1998 den Blick vieler Menschen auf das Leben und Sterben Edith Steins lenkt.

In den zahlreichen Gesprächen, die beide Autoren miteinander führten, haben sich immer wieder neue Horizonte eröffnet. Stets aber hat uns der Eindruck begleitet, daß hier ein einmaliges und ungewöhnliches Leben vor uns steht, mit dem man nicht einfach an ein Ende kommen kann. An diesem Gespräch über Edith Stein, das sich bemüht, die Erkenntnisse über ihr Leben und Denken auf dem neuesten Stand darzustellen, möchten wir die Leser teilnehmen lassen, auf daß sie ihre eigenen Erfahrungen mit Edith Stein machen. In den durch den Rahmen einer Biographie abgesteckten Grenzen haben wir uns bemüht, Leben und Denken als Einheit zu beschreiben. Wenn dabei gerade auch das Denken den Leser fordert, entspricht das einer Maxime Edith Steins: «Meine Arbeiten sind immer nur Niederschläge dessen, was mich im Leben beschäftigt hat, weil ich nun mal so konstruiert bin, daß ich reflektieren muß» (15. 10. 1921).

Danken möchten wir allen Weggefährtinnen und Weggefährten, die uns Mut zugesprochen haben, sowie dem Lektor des Benziger Verlags, Herrn Dr. Meinrad Walter, der diese Arbeit mit großem Interesse und mit Sorgfalt begleitet hat.

Köln und Freiburg i. Br.,
am 9. August 1998,
dem Gedenktag Edith Steins
und ihrer Gefährtinnen
und Gefährten

Maria Amata Neyer OCD
Dr. Andreas Uwe Müller

1. Kapitel

Kindheit und Jugend

«Der Geist ist lebendig und stirbt nicht. Wo er einmal am Werk war, um Menschenleben zu gestalten, da hinterläßt er nicht nur tote Denkmäler, sondern führt darin ein geheimnisvolles Dasein, wie eine verborgene und wohlbehütete Glut, die hell aufflammt, leuchtet und zündet, sobald ein belebender Hauch darüber hinstreicht. Der liebevoll eindringende Blick – das ist der belebende Hauch.»[1]

Edith Stein

Im Lebenslauf zu ihrer Doktordissertation schreibt Edith Stein über sich selbst in der ihr eigenen prägnanten Kürze: «Am 12. Oktober 1891 wurde ich, Edith Stein, Tochter des verstorbenen Kaufmanns Siegfried Stein und seiner Frau Auguste geb. Courant, in Breslau geboren. Ich bin preußische Staatsangehörige und Jüdin.»[2] Ihre jüdische und preußische Herkunft haben Edith Stein zeitlebens geprägt. Preußen war ursprünglich das östlichste Randgebiet Deutschlands, ein karges Land, das man kaum freiwillig aufsuchte und wo man hart arbeiten mußte, um überleben zu können. Die geistigen Wurzeln Preußens liegen in jenem Ordensrittertum, das diesen Osten (v. a. Ostpreußen) im Mittelalter kolonisiert hatte. Den Hintergrund der preußischen Ordnung bildete das Christentum.

Für die jüdischen Familien, aus denen Edith Stein hervorging, und für sie selbst war Preußen nicht in erster Linie das militante Preußen, das Europa in Angst und Schrecken versetzte, sondern das Land des aufgeklärten Regenten Friedrichs des Großen (1712–1786), der Reformer Hardenberg, Stein und Gneisenau sowie des Reichsgründers Otto von Bismarck (1815–1898). Es waren Männer der Tat, die Deutschland, das länger als seine Nachbarn ein mittelalterliches Gepräge beibehalten hatte, in die Neuzeit geführt haben. Ihnen verdankten die Deutschen die Einigung und die Entstehung des deutschen Nationalstaates. Die Disziplin der Soldaten, die Unbestechlichkeit der Beamten, Sauberkeit und Fleiß waren jene typisch preußischen Werte, die auch die jüdischen Vorfahren Edith Steins tief verinnerlicht hatten. Aber eine Mentalität, die nur noch diese Werte verkörperte, wurde bald dürftig. Übrig blieb schließlich der paragraphen- und uniformgläubige Staatsbürger. Das Preußentum, in das Edith Stein hineingeboren wurde, befand sich bereits im Zustand seiner Auflösung. Es sollte Deutschland zum Verhängnis werden. Carl Zuckmayers tragikomische Gestalt des «Hauptmanns von Koepenick» (1931) legte diesen Zerfall im nachhinein offen. Obwohl Edith Stein sich immer als Preußin vestand, lehnte sie das degenerierte Preußentum mit seinem oberflächlichen «Hurra-Patriotismus» (VII,140) entschieden ab. Aber auch sie erkannte zu spät, daß das, woran so viele geglaubt hatten, gar nicht mehr existierte.

Diesem zerfallenden Preußen verdankten die Vorfahren Edith Steins nicht nur ihr Auskommen, von ihm empfingen sie auch eine bleibende Prägung, die sich mit ihrem Judentum zu jener Synthese der Kulturen verband, die uns Edith Stein in ihrer Familiengeschichte mit dem Titel «Aus dem Leben einer jüdischen Familie» als das typisch deutsch-preußische Judentum schildert. Alle Vorfahren und anderen Verwandten, von denen sie erzählt, waren jüdischer Herkunft und kamen aus dem Osten Deutschlands – die meisten aus Schlesien, das nach den polnischen Teilungen zu Preußen gehörte.

Die Mutter, Auguste Stein (1849–1936), entstammte einer Kaufmannsfamilie aus dem oberschlesischen Städtchen Lublinitz. Als es im Zuge der preußischen Emanzipationsgesetze (1812) nach und nach möglich geworden war, daß auch Juden sich als Geschäftsleute und Fabrikanten fest etablieren konnten, gaben Edith Steins Großeltern mütterlicherseits, Salomon Courant (1815–1896) und Adelheid geb. Burchard (1824–1883), ihren Wanderhandel als Kerzen- und Seifensieder auf und kamen als tüchtige und redliche Kolonialwarenhändler zu Ansehen und Wohlstand. Die Reichsgründung (1871) brachte ihnen die lang ersehnte Gleichberechtigung. Bis zum Verlust der Ostgebiete nach dem Ersten Weltkrieg war Lublinitz die Heimat der Familie Courant mit ihren 15 Kindern. Zentrum des Lebens wie des Hauses, in dem der Großvater Edith Steins einen Betsaal unterhielt, war die gelebte jüdische Überlieferung, die in der eigens hierfür gegründeten Privatschule an die Nachkommen weitergegeben wurde. Wenn auch die hebräische Sprache für die Mädchen als weniger wichtig erachtet wurde, blieben doch Edith Steins Mutter Auguste die in deutscher Sprache auswendig gelernten Teile von Bibel und Talmud zeitlebens im Gedächtnis. Und für Edith war die gläubig erzogene Mutter die Verkörperung jener weiblichen Tüchtigkeit, die im biblischen Buch der Sprüche den jüdischen Frauen als Leitbild vor Augen gestellt wird (Spr 31,10–13).

Der Vater, Siegfried Stein (1844–1893), stammte aus dem 20 km von Lublinitz entfernten Gleiwitz. Dort unterhielten die Großeltern Edith Steins väterlicherseits, Simon Stein (geb. 1812) und seine dritte Frau Johanna geb. Cohn[3] – insgesamt eine 26köpfige Familie – eine Holzhandlung, in der auch Ediths Vater tätig war. Vermutlich aus geschäftlichen Gründen kam Siegfried Stein 1858 in das Haus des Kaufmanns Salomon Courant, wo er seine spätere Frau Auguste kennenlernte. Hochzeit war am 2. August 1871. Die nationale Aufbruchsstimmung dieser Monate war auch bei der Hochzeitsfeier spürbar.

Die Ungunst jener Zeit bewog das junge Paar dazu, die Hochzeitsreise aufzuschieben, wenngleich Siegfried seiner Braut versprach, dies nachzuholen. Bald aber kamen Kinder, rasch eins nach dem andern, elf im ganzen. Da die wirtschaftliche Grundlage des Ehepaares zunächst recht schmal blieb, war an eine Reise schließlich nicht mehr zu denken.[4] Das zähe Ringen um die Existenz und die Sorge für die zahlreiche Nachkommenschaft bestimmten den Alltag der Eltern, der sich durch die Pflege der jüdischen Bräuche und Hausliturgien, auf die Auguste Stein streng achtete, in den Bahnen damaliger jüdischer Konventionen bewegte.

Das Ehepaar wohnte zunächst in Gleiwitz, wo Siegfried Stein nach dem Tod seines Vaters in dem nun von der Mutter geführten Geschäft mitarbeitete. In Gleiwitz kamen die ersten sechs Kinder zur Welt: Paul (1872–1943, Bankbeamter, er kam im KZ Teresienstadt ums Leben), Selma (1873–1874), Else (1876–1954, Lehrerin), Hedwig (1877–1880), Arno (1879–1948, Mitinhaber und ab 1929 Chef des Steinschen Geschäfts) und Ernst (1880–1882).[5]

1882 zog die Familie nach Lublinitz, wo Siegfried Stein mit

Hilfe der Schwiegereltern sein erstes eigenes Geschäft gründete. Maßgeblich für diese Entscheidung dürften Auseinandersetzungen mit dem Geschäftsführer der Mutter gewesen sein.

Das Amtsgericht von Lublinitz gab im März 1882 in der Tageszeitung bekannt, daß nunmehr in seinem Register der Kaufmann Siegfried Stein als Inhaber der gleichnamigen Firma eingetragen sei. Gleichzeitig ließ Siegfried Stein anzeigen, er habe sich «hierorts niedergelassen», «ein Holz-, Baumaterialien- und Kohlengeschäft etabliert» und biete «alle Arten von Bau-, Nutz- und Schnitthölzern sowie Brennholz und Kohlen den geehrten Interessenten» zum Kaufe an. Als im Herbst 1884 die Eisenbahnstrecke Kreuzburg–Tarnowitz eröffnet wurde, die durch Lublinitz führte, ergriff Siegfried Stein die Gelegenheit und richtete am neuen Bahnhof ein Kohlenlager ein[6] – Oberschlesien war ein Land mit reichen Kohle- und Erzvorkommen –, das es ihm ermöglichte, «sämmtliche Kohlen-Sortimente der besten Oberschlesischen Marken in Original-Waggons zu Original-Gruben-Preisen» anzubieten. Zu diesem Geschäft gehörte auch ein Pferdegespann, mit dem die Kohle ausgefahren wurde.

Trotz aller Anstrengungen und trotz guter familiärer Verbindungen waren die Jahre in Lublinitz ein ständiger Kampf gegen die wirtschaftliche Not. Immer wieder mußte die Hilfe der Schwiegereltern in Anspruch genommen werden. Vier weitere Kinder kamen in Lublinitz zur Welt: Elfriede, genannt Frieda (1881–1942, Buchhalterin der Firma Stein; sie kam in einem KZ ums Leben, die näheren Umstände sind nicht bekannt), Rosa (1883–1942), die den Haushalt der Familie Stein führte und 1942 mit Edith Stein im KZ Auschwitz ermordet wurde; schließlich Richard (geb. 1884), der kurz nach der Geburt starb, sowie Erna (1890–1978), die Ärztin wurde.

Weil ein wirtschaftliches Emporkommen in Lublinitz nicht möglich war und weil man die Kinder zum Besuch der höheren Schule nicht aus dem Haus geben wollte, wurde 1890 beschlossen, nach Breslau umzuziehen. Hier wohnte die inzwischen achtköpfige Familie Stein anfangs in einer engen Mietwohnung in der

Kohlenstraße, «im wenig vornehmen Norden» der Stadt (VII,120). Man hatte zunächst «schwere Nahrungssorgen», denn «das neue Geschäft war mit Schulden belastet und richtete sich nicht so schnell ein» (VII,16). «Wir haben nie gehungert», schreibt Edith Stein, «aber an größte Einfachheit und Sparsamkeit sind wir gewöhnt worden. ... Ich bin in den Kreisen, in denen ich später verkehrte, immer wieder durch wenig standesgemäßes Auftreten aufgefallen; und obwohl mir dies ... peinlich war, ist es mir doch nie gelungen, mich wesentlich zu bessern» (VII,17).

In Breslau ging es endlich wirtschaftlich bergauf. Die Hochkonjunktur und der Bauboom zu Beginn der neunziger Jahre bescherten auch der Holzhandlung von Edith Steins Eltern ein wachsendes Auskommen. Dies führte schließlich dazu, daß man die gemieteten Lagerplätze aufgeben und an der Matthiasstraße 151 ein geräumiges Eigentum erwerben konnte. Im Zuge dieser geschäftlichen Entwicklung nahm auch die Familie immer mehr den Lebensstil der begüterten Kreise an.

Edith Stein, die in Breslau am 12. Oktober 1891, dem jüdischen Jom-Kippur-Fest, als letztes Kind der Familie Stein geboren wurde, verlor ihren Vater bereits im Juli 1893. Er erlag einem Hitzschlag, als er an einem glühendheißen Hochsommertag, nachdem er den Zug versäumt hatte, über Land ging. Als ihn ein Postbote an der Landstraße Frauenwaldau–Goschütz fand, kam bereits jede Hilfe zu spät. Edith Stein hatte an den Vater keine eigenen Erinnerungen. Um so wichtiger wurde für sie jetzt ihre Mutter. Diese war in Ediths Augen das Musterbild der starken, selbstbewußten und selbständigen Frau. Auch in Zeiten des Wohlstandes glich Auguste Stein in keiner Weise «der unbeschäftigten Frau aus den begüterten Kreisen», also dem Frauenbild, dem Edith Stein später den Kampf ansagte, weil ihr diese Lebensweise «der höheren Tochter alten Stils» (V,210) als eine Hauptursache der damals bei Frauen dieser Schichten weit verbreiteten Hysterie erschien.

Als alleinerziehende Frau, die – gegen den Rat der Verwandtschaft – das Steinsche Geschäft weiterführen und für die Erziehung ihrer sieben Kinder selbst verantwortlich sein wollte, war Auguste Stein auf die Hilfe der ältesten Kinder angewiesen. Zur Haushaltsführung und zur Erziehung der Jüngeren zog sie die älteren Töchter heran. So wurde Edith, ohnehin die Jüngste, von der ganzen Familie miterzogen, insbesondere von ihrer ältesten Schwester Else, und dann, als diese das Haus verlassen hatte, um Privatlehrerin zu werden, von Frieda und Rosa. Edith Steins Mutter hatte als Tochter eines wohlhabenden Kaufmanns «von Natur aus eine spezifisch kaufmännische Begabung: sie konnte ausgezeichnet rechnen, sie besaß den richtigen Blick dafür, was ein ‹Geschäft› ist, Mut und Entschlossenheit, um im rechten Augenblick zuzugreifen, und doch genügend Vorsicht, um nicht zu viel zu wagen; vor allem im höchsten Maß die Gabe, mit Menschen umzugehen» (VII,17).

Im Unterschied zu ihren Brüdern hatte Auguste Stein keine besondere Schulbildung genossen. Es war zur Jahrhundertwende ja noch selbstverständlich, nur den Söhnen eine gute Ausbildung zuteil werden zu lassen, zum Teil auswärts an höheren Schulen und Universitäten. Töchter sollten nach Ansicht der Zeit heiraten, Kinder bekommen und sich darauf verstehen, einen Haushalt zu führen. Das sei ihre naturgegebene Rolle. Deshalb nahm man Mädchen von der Schule, nachdem sie die Elementarkenntnisse im Lesen, Schreiben und Rechnen erlernt hatten. Solange sie noch zu Hause wohnten, wurde ihnen das Wichtigste in Haushaltsführung und Erziehung beigebracht. Eine weitere Berufsausbildung für Mädchen galt als Geldverschwendung. Keiner Geringeren als Virginia Woolf (1881–1941) war es noch so ergangen.

So war auch Auguste Stein bereits im Alter von 12 Jahren von der Schule genommen worden, damit sie – wie später ihre Töchter Else, Frieda und Rosa – in Haushalt und Geschäft mithelfen konnte. Von früher Kindheit an lernte sie, hart und fleißig zu arbeiten, mit vielen Menschen umzugehen und dabei diszipliniert, gewissenhaft und verläßlich zu sein. Dieser Umstand sowie ihre unverwüstliche Lebensfrische und ihr Gottvertrauen ermöglichten es ihr, sich nach dem plötzlichen Tod ihres Mannes in die

Geschäfte einzuarbeiten und mit zäher Energie das verschuldete Unternehmen zu einer angesehenen Firma emporzubringen. Auguste Stein war der Mittelpunkt nicht nur des Betriebs, sondern auch ihrer großen Familie. Sie verdiente das Geld, regelte den Haushalt und beaufsichtigte die Erziehung.

«Bis der Achtstundentag gesetzlich eingeführt wurde» – und dies war erst 1918/19 der Fall –, «war das Geschäft geöffnet, solange es Tag war», berichtet Edith Stein (VII,33). Ihre Mutter, die um halb sechs Uhr aufzustehen und schon frühmorgens das Haus zu verlassen pflegte, kam tagsüber nur zu einer kurzen Mittagspause nach Hause. «Sie verhandelte mit Kunden: meist Tischlern, Stellmachern, Holzbildhauern, Bauunternehmungen, und mit Lieferanten: Großhändlern, Großgrundbesitzern, polnischen Juden, die als Zwischenhändler kamen; sie maß und verrechnete Bretter, und wenn eine Wagenladung schnell abgeladen werden mußte, so kletterte sie gern auf den Wagen und schob mit den Arbeitern um die Wette schwere Bohlen hinunter» (VII,18). Den Angestellten auf dem Holzplatz galt sie als die unumstrittene Autorität, wobei sie ihre Leute nicht nur zu tüchtiger Arbeit, sondern auch zu einem soliden Leben anleiten wollte. Deshalb wurden die Arbeiter und ihre Familien zu Festtagen reich beschenkt. Geld allerdings bekamen sie nicht in die Hand, «damit es nicht vertrunken würde» (VII,31). Indem sie jedem Arbeiter ein Sparbuch einrichtete und darauf einzahlte, was er zum Geschenk erhielt, hoffte Auguste Stein, dem Alkoholproblem mancher Mitarbeiter begegnen zu können. Die Leidtragenden waren nämlich die Frauen und Kinder, denen das erarbeitete Geld nicht zugute kam und die sich nicht selten vor einem betrunkenen Vater fürchten mußten. Edith Stein bringt das Klima des Betriebes auf den Punkt, wenn sie schreibt: «Das Verhältnis meiner Mutter zu ihren Arbeitern war ein durchaus patriachalisches» (VII,31).

Auch der familiäre Bereich war eine übersichtliche Welt, für deren Ordnung Auguste Stein Sorge trug. Der Haushalt wurde in der kurzen Mittagspause oder abends abgesprochen, Geschäft und Wohnung lagen ja ganz nahe beieinander. Edith Steins Mutter war «rechtschaffen müde ..., wenn sie abends heimkam. Zuerst mußten immer die Schuhe von den schmerzenden Füßen. Zum Abendessen nahm sie am liebsten nur Tee und Butterbrot. Und wenn nichts Dringendes vorlag, ging sie dann bald zu Bett» (VII,34) – oder sie ließ sich bis zum Einschlafen von ihrem ältesten Sohn Paul vorlesen. Sie versuchte, ihre Kinder zu Disziplin, Fleiß und Familiensinn zu erziehen und das jüdische Brauchtum weiterzugeben. Sonntägliche Familienbesuche dienten der Aufrechterhaltung des Zusammengehörigkeitsgefühls einer weit verzweigten Verwandtschaft, gerade auch bei den Nachgeborenen.

Obschon der Holzhandel und die zahlreichen Kinder sie zur Genüge ausgelastet hätten, zog sie zusätzlich Gemüse und Obst im eigenen Garten, buk jede Woche kräftiges Bauernbrot und am Freitagmorgen die für den Sabbat verwendeten Striezel. Auguste Stein hielt in ihrem Haus am jüdischen Brauchtum fest und führte einen koscheren Haushalt, d. h., es durfte nach der religiösen Vorschrift kein Schweinefleisch verwendet werden, und es mußte getrenntes Geschirr für Milch- und Fleischspeisen geben. Am Sabbat wurden mit einbrechender Dämmerung die Sabbatlichter entzündet und die vorgeschriebenen Gebete verrichtet.

Auch die jüdischen Festtage wurden streng eingehalten. In Erinnerung blieb Edith Stein insbesondere der «Jom Kippur», mit dem das jüdische Neujahrsfest schließt. Im Mittelpunkt dieser Liturgie stehen das Bekenntnis der Sünden des vergangenen Jahres, die Bitte um Vergebung, Reue und Gebet sowie die Sühne vergangenen Unrechts durch Werke der Nächstenliebe. In der «Hanna», dem jüdischen Gebetbuch, aus dem Auguste Stein betete, heißt es: «Das Ziel unserer Sehnsucht und unsere Bitte am heutigen Tage ist Deine Gnade und Dein Erbarmen, Deine Milde und Deine Freundlichkeit. ... Du Herr, bist ein Gott der Liebe! Was wäre ich ohne Dich!»[7] Auguste Stein verbrachte diesen Tag im Gebet in der Synagoge, obwohl dies nur für jüdische Männer Vorschrift war. An Pessach wurde die «Haggada» (Erzählung vom Auszug aus Ägypten) wie vorgesehen mit verteilten Rollen gelesen und das Pessachmahl gehalten, bei dem sich die Juden alljährlich an das Wunder der Befreiung aus Ägypten erinnern. Besonders bei der Lektüre durch Edith Steins Brüder aber war zu spüren, daß ihnen der Inhalt des Festes nicht mehr viel bedeutete.

Der Sabbat wurde im Hause Stein als strenger Ruhetag begangen, an dem man nichts arbeiten oder tragen durfte. Die strenge Vorschrift, sich jeder Arbeit zu enthalten, brachte es mit sich, daß der Sabbat in Edith Steins Familie wie bei vielen jüdischen Familien häufig ein Lektüretag war. Man verfügte zu diesem Zweck über eine brauchbare Hausbibliothek. Gerade hier wird aber die Säkularisierung und Assimilation des Judentums greifbar, die sich in wenigen Generationen vollzog: Hatte der Urgroßvater noch täglich und auch am Sabbat in Talmud und Bibel gelesen, gab schon der Großvater diese Praxis auf, so daß schließlich zu Edith Steins Zeit am Sabbat vorwiegend Weltliteratur und Werke der deutschen Klassik gelesen wurden. Doch nicht zuletzt diese Entwicklung trug erheblich dazu bei, daß das Judentum zu einem wichtigen deutschen Kulturträger wurde.

Es ist leicht zu erahnen, daß das von der Person Auguste Stein geprägte familiäre «Matriarchat» in einer sich vergrößernden Familie auch zu Schwierigkeiten Anlaß geben konnte. Die verheirateten Söhne zogen schließlich mit ihren Familien aus dem Haus, selbst Arno, der doch im Familienbetrieb mitarbeitete. Die beiden ältesten Töchter Frieda und Rosa waren lebenskluge, in ihren Aufgabenbereichen überaus tüchtige Frauen, die sich verständlicherweise nach Selbständigkeit sehnten. Das familiäre Zusammenleben mit der herben, zuweilen aber auch – trotz ihrer Fähigkeit zu Schalk und Humor – unduldsamen Mutter war somit keine leichte Situation. Während Frieda, wie man in der Verwandtschaft sagte, zum «Aschenputtel» des Hauses wurde, setzte Rosa, die die Schule abgebrochen und ein stets «unbefriedigtes Selbständigkeitsbedürfnis» (VII,87) hatte, das sich mit einem Mißtrauen verband, man könne ihre Arbeit geringschätzen, auf lauten Widerspruch. Besonders aber die beiden Schwägerinnen fühlten, daß «die stark ausgeprägte Familieneigenart ein großes Hemmnis für die Aufnahme fremder Elemente» werden konnte. «Meine Brüder leben glücklich mit ihren Frauen», schrieb Edith Stein später, «aber meine Schwägerinnen wissen, daß sie an das Verhältnis zur Mutter nicht rühren dürfen. ... Nur eine große Herzensgüte und Treue machte es ihnen möglich, einen Bruch zu vermeiden» (VII,22). Was Auguste Stein nicht verstand, war die Tatsache, daß die beiden jungen Frauen – beide waren Jüdinnen – über das Hauswesen hinausreichende Interessen hatten, denen sie nachzugehen wünschten: Paul Steins Frau Gertrude geb. Werther war hoch musikalisch; sie nahm und erteilte auch selbst Musikunterricht. Arno und seine Frau Martha geb. Kaminsky hatten vier Kinder, aber Martha liebte auch außerhäusliche Geselligkeiten und erholte sich gern beim Stadtbummel. Sätze wie «Die sind ganz anders als wir» klangen aus dem Mund der Schwiegermutter wie ein Trennungsstrich. Selbst Arno, Auguste Steins Nachfolger als Inhaber des Geschäfts, hatte eine große Zahl von Neben- und Ehrenämtern inne. Obwohl das Haus Stein und auch die jüdische Verwandtschaft liberal eingestellt waren – Edith Stein und ihre Familie lasen täglich die liberale Ortszeitung – war und blieb Arnos Engagement in der Lokalpolitik der Mutter unverständlich.

Zu ihrer jüngsten Tochter hatte Auguste Stein eine besonders innige Beziehung, ja Edith Stein war ihr Lieblingskind. Und dies nicht nur, weil die Jüngste das letzte Vermächtnis ihres verstorbenen Mannes war, sondern insbesondere deshalb, weil ihr Geburtstag auf das «Versöhnungsfest» fiel, den höchsten Feiertag im jüdischen Festkalender. Alle ihre Kinder, so hat Auguste Stein einmal bekannt, gäben ihr Rätsel auf – das jüngste aber vielleicht am meisten.

Edith wuchs, wie bereits erwähnt, in einem Haushalt mit vielen älteren Geschwistern auf. Besonders eng war das Verhältnis zu ihrer Schwester Erna (geb. 1890) und zu derjenigen von den älteren Schwestern, die gerade den Haushalt zu übernehmen hatte. Dies waren nach dem Lehrerinnenexamen von Else (1891) zunächst Frieda, später dann Rosa, nachdem Frieda als Buchhalterin ins Kontor des elterlichen Geschäfts eingetreten war. Nicht zu vergessen in Edith Steins kindlicher Umgebung sind aber auch die vielen Kinder aus der Verwandtschaft, die nachmittags zum Spielen kamen.

Obschon Auguste Stein ihre jüngste Tochter Edith bevorzugte – jeder erste Gang vom Holzplatz ins Haus galt der Jüngsten –, gab es im Geschwisterkreis keine Eifersucht. Im Gegenteil: Auch die großen Brüder wurden nicht müde, die Jüngste zu inspirieren und zu verwöhnen. Frieda machte sie mit Schillers und mit Uhlands Balladen vertraut, die sie bald teilweise auswendig konnte (VII,22). Bei ihrer Tante lernte sie mit fünf Jahren Strümpfe stopfen, und Arno brachte der Siebenjährigen das Tanzen bei. Bereits die Vierjährige, die man mit Stolz den Gästen Gedichte vorsagen ließ, galt als die «kluge Edith».

Ihre ersten Lebensjahre verbrachte Edith also vorwiegend in der behüteten und beaufsichtigten Atmosphäre im Hause Stein, auf dem Holzplatz oder im Haushalt von Tante Cilla und (Groß-) Onkel Jakob Burchard, deren Töchter Martha und Adelheid zu ihr wie Geschwister waren. Auguste Stein, die von den spielenden Kindern auf dem Holzplatz erwartete, daß sie aufs Wort gehorchten, war zu Frieda, Erna und Edith besonders streng und bestand auf «moralischer Sauberkeit» (VII,24). Edith wurde so «zu strengster Pünktlichkeit» (VII,127) und «Gewissenhaftigkeit» (VII,30) erzogen, weshalb ihr Unzuverlässigkeit zeitlebens ein Greuel war. Ihre Tante Cilla hingegen, bei der Edith oft zu Besuch war, charakterisiert sie mit den Worten: Sie «ließ uns machen, was wir wollten» (VII,113).

Edith Stein war in den ersten Lebensjahren «klein und zart, trotz aller Pflege immer blaß» (VII,37) und «blutarm» (VII,26), aber offenbar hoch intelligent. Sie beschreibt sich selbst als ein blondes Kind «von einer quecksilbrigen Lebhaftigkeit, immer in Bewegung, übersprudelnd von drolligen Einfällen, keck und naseweis, dabei unbezähmbar eigenwillig und zornig, wenn etwas gegen meinem Willen ging» (VII,48). Sie besaß auch von Kindheit an ein intensiv empfundenes inneres Leben, was sie jedoch gern vor anderen, selbst vor den nächsten Menschen, verborgen hielt – gerade auch vor der Mutter. Von außen, so schreibt sie, merkte man «nur, daß ich verträumt war, und schreckte mich oft auf, wenn ich nicht merkte, was um mich herum vorging. ... In meinen Träumen sah ich immer eine glänzende Zukunft vor mir. Ich träumte von Glück und von Ruhm, denn ich war überzeugt, daß ich zu etwas Großem bestimmt sei und in die engen bürgerlichen Verhältnisse, in denen ich geboren war, gar nicht hineingehörte» (VII,51). Sie behielt diese Eindrücke aber für sich, weil es ihr gar nicht in den Sinn kam, daß man über so etwas Persönliches mit anderen sprechen könnte. In einem Haushalt voller Leben und mit durchweg älteren und «ernsthaften Menschen» (VII,22) stürmte auf die Jüngste eine Fülle von Eindrücken ein, die sie für sich, in ihrem Innern, zu verarbeiten suchte, denn schließlich wollte sie mithalten, die Großen verstehen und ernst genommen werden.

Doch es gab auch vieles, was sie überforderte und was sie nicht verarbeiten konnte: Streit zwischen der Mutter und den Geschwistern, der Anblick eines Betrunkenen, der ihr die Angst einflößte, «durch eigene Schuld etwas von meiner Geistesfreiheit und Menschenwürde zu verlieren» (VII,48), die Geschichten, die der Mutter, bei der Edith die ersten sechs Jahre schlief, als Bettlektüre vorgelesen wurden. «Wenn in meiner Gegenwart von einer Mordtat gesprochen wurde, lag ich nachts stundenlang wach, und das Grauen kroch aus allen Ecken auf mich zu» (VII,49). Sie war dann im Innersten erschüttert. Sie litt mit den Opfern, durchlitt deren Ohnmacht und Ausgeliefertsein. Angstträume und heftige Fieberphantasien waren die Folge. Im Schrei entlud sich der innere Kampf. «Schlagt doch der Elisabeth den Kopf ab!» (VII,49), schrie sie in einem Angsttraum immer wieder, als sie aus Schillers «Maria Stuart» von Marias ungerechter Verurteilung durch Elisabeth I. gehört hatte. Erst wenn die Mutter sie in den Arm oder auf den Schoß nahm, fand sie wieder Ruhe und das Gefühl der Geborgenheit vor allem, was ihr Angst bereitet hatte. Aber: «Trotz dieser innigen Verbundenheit war meine Mutter nicht meine Vertraute – so wenig wie sonst jemand» (VII,48). Daher war Edith bereits als Kind auch für ihre Geschwister «ein Buch mit sieben Siegeln» (VII,37).

Als Erna 1896 eingeschult wurde, sollte die viereinhalbjährige Edith in den Kindergarten geschickt werden, damit sie mit Kindern zusammen ist. Da sie aber von Anfang an von Menschen umgeben war, die älter waren als sie selbst, empfand sie den Kindergarten als einen «Ort der Erniedrigung» (VII,114), an dem sie unterfordert war. Wie ihre Schwester wollte sie «in ‹die große› Schule» (VII,52), und schließlich setzte sie – nicht ohne die Hilfe von Tante Cilla – diesen Willen durch. Schlußendlich gaben alle nach: Mutter, Geschwister, der Direktor der Schule und das Lehrerkollegium, so daß Edith mitten im Schuljahr in die erste Klasse aufgenommen wurde – und bald eine der besten Schülerinnen war. Sie selbst bemerkt hierzu: Für die «wuchernde Phantasie war es gut, daß ich früh zur Schule kam und daß der lebhafte Geist solide Nahrung bekam» (VII,51). Eine Spielgefährtin und Mitschülerin sagt später über sie: «Daß sie als Jüngste eines großen Geschwisterkreises altklug war, war ja nicht zu verwundern, daß sie viel las und entsprechende Anregung durch ihre Geschwister erhielt, war wohl wünschenswert, daß sie aber einen unbezähmbaren Ehrgeiz entwickelte, dessen Spannung sich in Tränen und Wut auflösen konnte, wenn sie nicht erreichte, was sie wünschte, sich nicht als Beste, als Tüchtigste erwies, das war weniger liebenswürdig. ... Sie war eine vorzügliche Schülerin. ... Aber sie hatte wie jede Sterbliche natürlich ihre Grenzen, und ich werde nie ihr totenblasses, ängstlich-verzweifeltes Gesicht vergessen, das sie gewöhnlich während der Klassenarbeiten im Rechnen bekam.»[8]

In der Erinnerung meint Edith Stein, daß sie sich damals in der Schule fast heimischer gefühlt habe als zu Hause. Dort kam es jetzt immer wieder zu den bereits erwähnten heftigen Auseinandersetzungen zwischen den erwachsenen Geschwistern und der Mutter. Im ersten Schuljahr vollzog sich außerdem eine Veränderung, die Edith als die eine der beiden großen Verwandlungen ihrer Kindheits- und Jugendzeit bezeichnet hat. Sie selbst deutet diese Entwicklung als Reaktion auf die Situation in ihrer Familie, und andererseits meint sie, daß durch die Schule die Vernunft in ihr erwacht sei.

Edith Stein wurde still und schweigsam; sie zog sich in ihr Inneres zurück. Vor allem lag es «wohl daran, daß ich in meiner inneren Welt eingesponnen war. Zum Teil war vielleicht auch die herablassende Art mit schuld, in der Erwachsene mit Kindern zu verkehren pflegen. Wenn ich anfing über Dinge zu reden, für die ich ihnen zu klein schien, dann konnten sie lachen und es sich gegenseitig als Kuriosität erzählen. Da schwieg ich lieber still» (VII,53). Edith wollte sagen dürfen, was sie empfand, um auch als Kind, das seine eigenen Erfahrungen macht, ernst genommen zu werden. Das überschwengliche Lob und der Familienstolz wegen ihrer guten Noten waren nicht die Art von Anerkennung, die sie sich wünschte. All das war ihr eher peinlich, zumal dieser Überschwang die gleichzeitig erlebte Geringschätzung der eigenen Erfahrung nur noch verstärkte. Durch eine Art von passivem Widerstand, durch Rückzug und Schweigen signalisierte sie ihrer Familie die verweigerte Anerkennung: «Ich wurde überhaupt außerhalb der Schule still und schweigsam, sodaß es in der ganzen Familie auffiel» (VII,53). Andererseits erwacht nun die Vernunft in ihr. Selbstbeherrschung und Pflichtbewußtsein gewinnen die Oberhand über den Eigensinn. Auch empfindet sie jetzt den Verlust der Selbstkontrolle bewußt als einen Verlust an Würde. Zu dieser Einsicht haben wohl nicht zuletzt das cholerische Temperament ihrer Geschwister Arno und Rosa sowie die Begegnung mit dem oftmals angetrunkenen Angestellten Hermann beigetragen. Solche Erlebnisse erschreckten Edith, zugleich gaben sie ihr aber gerade als negative Zerrbilder auch eine erste Ahnung von den anderen, den großen und positiven Möglichkeiten, zu denen der Mensch befähigt ist. All das führte dazu, daß sie innerlich ruhig wurde und «fast ohne Kampf eine gleichmäßige Ruhe bewahren konnte» (VII,50). Wie dies geschah, das wußte sie selbst nicht. Aber gerade diese innere Ruhe, die Edith Stein dann zeitlebens ausstrahlte, hatte zur Folge, daß Kinder sich stets zu ihr hingezogen fühlten und daß Erwachsene sie gern ins Vertrauen zogen.

In der Schule fühlte sie sich ernst genommen. Vor allem in den Aufsätzen, so schreibt sie rückblickend, konnte ich «etwas von dem anbringen, was mich innerlich beschäftigte» (VII,53). Im Aufsatz konnte sie sich sammeln und sich auf ein Thema besinnen; die Distanz mittels der Verschriftlichung gab ihr die Möglichkeit, sich über das klarer zu werden, was im Innern lebte, um dann den ihrem Erleben gemäßen Ausdruck zu suchen. Bei ihren Lehrern fand sie Anerkennung. Daher machte es ihr auch nichts aus, daß die Lehrer diese ihr Innerstes spiegelnden Aufsätze lasen. Selbst das «Pfänderspiel», wo man «‹auf Ehre und Gewissen›» (VII,41) die Wahrheit sagen mußte, half ihr, «in die Geheimnisse des menschlichen Herzens einzudringen ...; und wenn die Antwort ... manchmal schwer fiel, so fühlte man sich doch auch merkwürdig erhoben bei diesem Hinabsteigen in die eigenen Tiefen» (VII,41f.). «Manchmal gelang es mir auch, die anderen zum Theaterspielen zu begeistern. Die Handlung dachte ich mir im Augenblick selbst aus; gelegentlich schrieb ich wohl auch so ein ‹Drama› auf» (VII,42). Im Umgang mit anderen – in Familie und Schule – lernte sich Edith selber besser kennen. Sie schätzte Menschen, die humorvoll sein konnten wie ihre Schwägerin Martha, oder solche, die mit ihrer Heiterkeit eine größere Menge begeistern und eine angenehme Atmosphäre schaffen konnten. Ihre Schwester Erna, mit der sie das Zimmer teilte, war «wie geschaffen, um glücklich zu sein und glücklich zu machen» (VII,89). In diesem Kontrast spürt sie, daß sie selbst, obgleich sehr sensibel und gefühlvoll, eher ein ernster Mensch ist. So fühlt sie sich auch innerlich von ernsten Menschen angezogen. Zu diesen zählt ihr Vetter Franz, den sie sehr gern hat, ohne es ihn jedoch wirklich spüren zu lassen. Mit ihm spielt sie zusammen vierhändig Klavier – vor allem Beethovens Symphonien –, besucht Konzerte und Theater. Von ihren Mitschülerinnen stand ihr eigentlich keine sehr nahe.

Die Viktoriaschule, die alle fünf Töchter der Familie Stein besuchten, war eine höhere Mädchenschule. Als Edith 1896 zur Schule kam, konnten in Preußen erstmals sechs Schülerinnen das Abitur ablegen. Das Recht auf ein Studium hatten Frauen damals aber noch nicht. Deshalb studierten begabte Frauen, wenn sie aus begüterten Häusern stammten, im Ausland, und zwar vorwiegend

– wie etwa Rosa Luxemburg – in der Schweiz. Die meisten jungen Frauen jedoch, die sich weiter qualifizieren wollten, besuchten wie Ediths Schwester Else das zweijährige Lehrerinnenseminar. Zudem war es aber damals in Preußen für eine Jüdin «fast unmöglich, ... eine Anstellung im Schuldienst zu bekommen» (VII,63); eine Jüdin konnte allenfalls Hauslehrerin werden. Deshalb wechselte Else 1902 nach Hamburg, wo sie eine Lehrerinnenstelle an einer Privatschule erhielt.

Es war daher für Edith Stein ein Glücksfall, daß 1904 für Mädchen die Möglichkeit eingeführt wurde, direkt aufs Gymnasium überzuwechseln. Sie brauchten jetzt nicht mehr unbedingt die vierjährigen Realgymnasialkurse zu besuchen, die sich an die 9. Klasse anschlossen, um dann als Externe an einer Knabenschule das Abitur abzulegen. Dieser Fortschritt war wohl einer jener lebensentscheidenden «Zufälle», von denen Edith Stein später sagen wird: «Was nicht in meinen Plänen lag, das hat in Gottes Plan gelegen» (II,109f.).

1904 aber wollte Edith nicht auf das Gymnasium wechseln, denn «... gerade im 7. Schuljahr hatten meine Leistungen etwas nachgelassen» (VII,111), und 1906 wurde die bis dahin freiwillige «Selecta» zur 10. Klasse umgewandelt und der Besuch nun an bestimmte Bedingungen geknüpft. In Latein und Mathematik hätte privat das «Pensum von drei Jahren der realgymnasialen Studienanstalt» (VII,125) nachgeholt werden müssen. Davor schreckte Edith Stein zunächst zurück, denn dieser Schritt verlangte auch die bewußte Entscheidung, als Frau einen eigenen Weg zu gehen und selbständig zu sein. Dazu fühlte sie sich noch nicht in der Lage.

Erst in diesen Jahren beginnt für Edith Stein die Pubertät, die Verwandlung zur Frau, die sie später als ihr «Puppenstadium» bezeichnet hat. Sie wird kräftiger, ihr Haar dunkelt. Das Verhältnis zu ihrem Vetter Franz ist ungeklärt. Doch insbesondere beschäftigt sie sich mit weltanschaulichen Fragen, die in der Schule überhaupt nicht behandelt werden. Sie sucht nach einem Sinn in diesem Leben, und sie spürt, daß sie sich von manchem zu lösen beginnt. In diesem Stadium ist sie jedoch unfähig, eine Entscheidung über ihre Zukunft zu treffen. Vielmehr lebt sie mit ihren Geschwistern «im Vertauen auf die mütterliche Fürsorge», ohne daran zu denken, für sich «selbst Sorge zu tragen» (VII,83). Der inzwischen erreichte Wohlstand – man siedelte um 1910 in ein großes gutbürgerliches Haus um – ermöglicht es Auguste Stein, ihrer Tochter die Entscheidung selbst zu überlassen. Und für Edith selbst war und blieb in dieser Hinsicht ein Charakterzug bestimmend: «Ich konnte nicht handeln, solange kein innerer Antrieb vorhanden war» (VII,124). Sie spürt, daß nur dasjenige Handeln echt und eigenständig ist, das nicht nur von außen auferlegt wird, sondern von innen her angenommen werden kann. Man wirft sich im Handeln der Zukunft entgegen, setzt sich anderen aus in der Hoffnung, daß Inneres und Äußeres zur Deckung kommen, ohne alle Gründe aufschlüsseln zu können, die das jeweilige Handeln motivieren: «Die Entschlüsse stiegen aus einer mir selbst unbekannten Tiefe hervor» (VII,124). Für eine Frau jener Zeit, deren Weg als Frau eigentlich mehr oder weniger vorgezeichnet schien, war diese Form von Freiheit damals durchaus neu.

Doch der letzte Anstoß zu jener Veränderung, die Edith Steins zweite große Verwandlung in der Kinder- und Jugendzeit herbeiführen sollte, kam dann von außen. Ihre Schwester Else in Hamburg erwartet ihr zweites Kind und bittet, wie es in der Familie Stein üblich war, um eine Hilfe. Gern geht Edith auf das Ansinnen ihrer Schwester ein. In dieser Bereitwilligkeit ist wohl auch der Versuch zu sehen, sich vom Einfluß der drei Frauen zu befreien, die zu Hause das Regiment führten und die fanden, daß es auch für die Jüngste nunmehr an der Zeit sei, etwas von Haushaltsführung zu lernen. Mit 14 Jahren gibt Edith 1906 der bestürzten Familie also kund, sie habe «das Lernen satt». Tatsächlich setzt sie die Abmeldung vom Unterricht durch, zum Kummer der Mutter und zum Erstaunen des Lehrkollegiums.

Über Ostern, Mitte April 1906, reist sie nach Hamburg zu einem vermeintlich nur kurzen Aufenthalt, mit einer Rückfahrkarte im Gepäck, die nur sechs Wochen Gültigkeit hat. Doch sie bleibt zehn Monate. Else, 15 Jahre älter als Edith, war glücklich, ihre «kleine» Schwester bei sich zu haben, wenngleich ihr Mann zunächst Bedenken geäußert hatte, einem so «verträumten Mädchen» Kinder und Haushalt anzuvertrauen. Edith war im Hause, als Else ihren Sohn Werner zur Welt brachte, und sie war der Schwester eine gute Hilfe in deren Haushalt mit einem Kleinkind und dem Säugling. Edith entwickelte mütterliche Qualitäten, sie entdeckte, daß Kinder sich zu ihr hingezogen fühlten und an ihr hingen: «... auch wenn ich mich gar nicht um sie bemühte» (VII,70). Else sprach mit ihr auch über ihre schwierige Ehe, und durch die Bibliothek ihres Schwagers Max Gordon, der Arzt für Haut- und Geschlechtskrankheiten war, lernte sie Lebensgebiete kennen, von denen im Elternhaus nie die Rede gewesen war und die ihr bis dahin völlig unbekannt waren. Aus der Praxis ihres Schwagers erfuhr sie von der damals weitverbreiteten Syphilis, die sich Männer oft bei einem «Seitensprung» im Bordell holten und mit der sie nicht selten auch ihre Frauen infizierten. So waren Frauen einmal mehr die Opfer der Männergesellschaft. Wenn Edith Stein aus diesen Gründen damit begann, die herrschende Doppelmoral der Zeit zu bekämpfen, wie sie uns in den Romanen Theodor Fontanes (1819–1898), Heinrich Manns (1871–1950) und besonders Eduard von Keyserlings (1855–1918) beschrieben wird, so war dies alles andere als ein «verstiegener Idealismus» (VII,43), den ihr die Verwandtschaft in diesem Punkt später zum Vorwurf machen wollte.

Ein auf den ersten Blick unscheinbares Erlebnis an der Nordsee macht deutlich, welch große Sensibilität sie für andere aufbringt, insbesondere für Leben, dem Leid zugefügt wird. In der Nähe eines Leuchtturms sah sie «ein Schaf an einen Pfahl gebunden. Es blökte jämmerlich, als wir in seine Nähe kamen, und aus seinen hellgrünen, wasserklaren Augen sprach ein solcher Abgrund der Todesangst und Verständnislosigkeit, daß ich es nie vergessen konnte» (VII,122). Dieses Erlebnis erinnert in gewisser Weise an die Berufung Teresas von Avila, die für Edith Steins späteren Lebensweg so entscheidend werden sollte: Der Anblick des leidenden Christus, der an die Geiselsäule gefesselt war, veränderte das Leben Teresas von Grund auf und befreite sie aus ihrer Erstarrung.

In dieser Zeit bricht Edith Steins Kinderglaube zusammen, und sie entschließt sich dazu, «das Beten ganz bewußt und aus freiem Entschluß» (VII,121) aufzugeben. Max und Else, die ihren jüdischen Glauben abgelegt hatten, waren hierbei nicht der Auslöser, wie Edith eigens betont. Was blieb, war ein Glaube an so etwas wie Bestimmung oder Schicksal: «Ich lebte weiter in der Überzeugung, daß mir etwas Großes bestimmt sei» (VII,121).

Jedenfalls scheint es so, daß sie den Glauben an einen persönlichen Gott aufgegeben hat, denn 1915 fragt sie einmal brieflich ihren Studienkollegen Metis, der ein strenggläubiger und gesetzestreuer Jude war, ob er an einen persönlichen Gott glaube. «Er antwortete kurz: Gott ist Geist. Mehr sei darüber nicht zu sagen. Das war mir, als ob ich einen Stein statt Brot bekommen hätte» (VII,182). Auch die Schlußbemerkung ihrer Dissertation «Zum Problem der Einfühlung» (1916) wirft ein bezeichnendes Licht auf diese Frage. Diese akademische Arbeit endet mit einem offenen Ausblick: «Wie steht es aber nun mit rein geistigen Personen ...? Es hat Menschen gegeben, die in einem plötzlichen Wandel ihrer Person das Einwirken göttlicher Gnade zu erfahren meinten. ... Ob hier echte Erfahrung vorliegt» und nicht vielmehr «‹Idole der Selbsterkenntnis›, ... wer will es entscheiden? Aber ist nicht mit den Trugbildern solcher Erfahrung auch schon die Wesensmöglichkeit echter Erfahrung auf diesem Gebiete gegeben? ... Indessen überlasse ich die Beantwortung der aufgeworfenen Fragen weiteren Forschungen und bescheide mich hier mit einem ‹non liquet› [es ist ungeklärt]» (E 131f.).

Edith Steins Entscheidung, die persönliche Religionsausübung aufzugeben, bedeutete einen Bruch mit der jüdischen Familientradition. Für Auguste Stein war der Segen Gottes im Leben erfahrbar, ja er zeigte sich am Erfolg. Als Frau, die es gewagt hatte, das Geschäft ihres Mannes eigenständig weiterzuführen, wurde sie

– selbst von engsten Mitarbeitern – «viel betrogen ..., und das Geschäft hat immer mit großem Verlust gearbeitet. Trotzdem ging es voran. Meine Mutter hat das immer dem Segen von oben zugeschrieben. ... Als ich meinen Kinderglauben verloren hatte, sagte sie mir einmal, gleichsam als ihren Gottesbeweis: ‹Ich kann mir doch nicht einbilden, daß ich alles, was ich erreicht habe, meiner Kraft verdanke›» (VII,35). Von den Geschwistern Auguste Steins hat nur ihre Schwester Friederike Courant («Tante Mieke») am gläubigen Brauchtum festgehalten.

In Edith Steins Augen war diese traditionelle Form von Religion jedoch ein rein äußerlicher Vollzug. Sie regelte zwar den Alltag, aber sie war nicht mehr in einem echten Glauben fundiert. Außerdem spendete die äußere Form keine Kraft, keinen wirklichen Trost, der inneren Halt gewähren und das Handeln hätte bestimmen können. Vor allem in den liberalen Kreisen ihrer Verwandtschaft galten religiöse Vollzüge als Relikte aus vergangener Zeit, als bloße Konvention, die man nur noch äußerlich mitzuvollziehen bereit war. Bezeichnend ist die Wirkung, die ein religiöses Begräbnis damals auf Edith Stein hatte: Es öffneten sich «die Türen der Leichenhalle, und alles strömte hinein. Eine ernste Musik empfing uns, der Raum war feierlich geschmückt; vorn stand zwischen grünen Bäumen der Sarg, ganz mit Blumen bedeckt. Der Rabbiner begann die Leichenrede. Ich habe viele solche Reden gehört. Sie warfen einen Rückblick auf das Leben des Verstorbenen, hoben hervor, was er Gutes getan, und rührten damit den ganzen Schmerz der Angehörigen auf; etwas Tröstendes enthielten sie nicht. Es wurde zwar mit feierlich erhobener Stimme gebetet: ‹Und wenn der Leib zu Staub zerfällt, so kehrt der Geist zu Gott zurück, der ihn gegeben.› Aber dahinter stand kein Glaube an ein persönliches Fortleben und an ein Wiedersehen nach dem Tode» (VII,56). Das Grün, das an das Leben erinnern sollte, die Blumen, die Hoffnung symbolisieren, die tröstenden Worte aus Schrift und Tradition, all das stand in merkwürdigem Kontrast zu der wirklich erlebten Erfahrung und der tatsächlich empfundenen Atmosphäre. Religion erscheint als eine Sonderwelt unausgefüllter Formeln und entleerter Riten neben der wirklichen Welt. Edith Stein spürt, daß die Religion an einem Mangel an Echtheit leidet. Ähnliches klingt noch 1915 an, wenn sie während ihres Lazarettdienstes über die katholische Religion schreibt: «Manchmal kam ein Feldgeistlicher in Uniform in den Saal und ging durch die Reihen. Ich muß sagen, daß er wenig vertrauenerweckend aussah; ich habe auch nicht bemerkt, daß er sich längere Zeit bei jemandem aufgehalten hätte. Nie habe ich es erlebt, daß einem Kranken die hl. Kommunion gebracht oder die hl. Ölung gespendet wurde» (VII,300f.).

Auch der Selbstmord zweier Onkel in den Jahren 1901 und 1902 läßt Edith Stein zu einem nüchternen Fazit kommen: «Ich glaube, die Unfähigkeit, dem Zusammenbruch der äußeren Existenz ruhig ins Auge zu sehen und ihn auf sich zu nehmen, hängt mit dem mangelnden Ausblick auf ein ewiges Leben zusammen. Die persönliche Unsterblichkeit der Seele ist nicht Glaubenssatz. Das ganze Streben ist ein Diesseitiges. Selbst die Frömmigkeit der Frommen ist auf Heiligung *dieses* Lebens gerichtet. Der Jude kann zähe, mühevolle, unermüdliche Arbeit und die äußersten Entbehrungen Jahr um Jahr ertragen, solange er ein Ziel vor Augen sieht. Nimmt man ihm dies, dann bricht seine Spannkraft zusammen» (VII,57).

Im März 1907 wird sie von der Familie nach Breslau zurückgeholt, denn ihr kleiner Neffe Harald, der Sohn ihres ältesten Bruders Paul, liegt im Sterben – die Kindersterblichkeit war damals noch hoch. Zu Hause nimmt sie, ebenso wie ihre Geschwister, weiterhin am jüdischen Brauchtum teil.

Bis September 1907 konnte Edith Stein sich nicht entscheiden, was sie in Zukunft tun wollte. Hin und wieder half sie im Haushalt. Vorschläge aus dem Kreis der Familie, sie könnte doch auf die Kunstschule gehen oder eine Lehre als Fotografin beginnen, lehnt sie ab, denn nach wie vor fühlt sie sich zu Höherem bestimmt. In dieser Zeit liest sie viel, ein Drama nach dem anderen, insbesondere Grillparzer, Hebbel, Ibsen und vor allem Shakespeare. «In diesen farbenprächtigen Welten großer Leidenschaften war ich viel heimischer als im Alltagsleben» (VII,123). Die Sechzehnjährige, die sich jetzt selbst als «kein ganz harmloses Kind» (VII,123) bezeichnet, sucht wieder die Nähe ihrer Vettern, vor allem die ihres neunzehnjährigen Vetters Franz, der als Bankbeamter tätig ist. Sie üben wieder vierhändig Klavier, spielen Tennis und rudern gemeinsam an Sommerabenden.

Das aber war nicht der Lebensstil, der ihr auf Dauer hätte zusagen können, und da Erna jetzt in der Unterprima war und Edith ihr häufig die Aufsätze schreibt, beschließt auch Edith, wieder das Gymnasium zu besuchen. Damit war die lange aufgeschobene Entscheidung gefallen. Die folgenden Sätze, mit denen sich Edith Stein in diesem Zusammenhang 1934 selbst charakterisiert, sind so etwas wie ein Schlüssel zu ihrem Leben und Denken: «Ich konnte nicht handeln, solange kein innerer Antrieb vorhanden war. Die Entschlüsse stiegen aus einer mir selbst unbekannten Tiefe empor. Wenn so etwas einmal ins helle Licht des Bewußtseins getreten war ..., dann ließ ich mich durch nichts mehr aufhalten; ja ich hatte eine Art sportliches Vergnügen daran, scheinbar Unmögliches durchzusetzen» (VII,124f.).

Edith Stein entdeckt, daß echte Erfahrung Zeit braucht. Sie ist nicht einfach ausdenkbar oder erzwingbar. Aus den Tiefen des Bewußtseins steigen ihr die Antworten auf, die sie zu neuem Handeln ermutigen. Ob Menschsein glückt, hängt ganz entscheidend davon ab, ob es authentisch ist, d.h. ob unsere geschichtlichen Erfahrungen selbstgemachte Erfahrungen sind. Eine Grundbedingung dafür ist, daß sie von innen kommen, angenommen und bejaht werden. Sie entstehen nicht einfach durch bloßes Nachdenken. Zu echter geschichtlicher Erfahrung gehört vielmehr auch, daß sie ihre Stunde hat und daß sie uns ergreift. Kein anderer kann uns dabei vertreten und uns das abnehmen, was *wir* zu tun haben. Das Menschsein eines Menschen ist «in ihm wirklich und wirksam; er teilt es mit keinem anderen; es ist nicht, ehe er selbst ist, sondern tritt mit ihm ins Dasein, es bestimmt, was er jeweils ist» (II,213). So erst ist der sich uns erschließende Sinn im vollen Sinne da. Später wird Edith Stein dies «Daseinsfülle» (des Sinns von

Sein) nennen. Umgekehrt gilt aber auch: Es wird sich erst dann zeigen, wer wir sind und wozu wir von unserem Wesen her fähig und da sind (später «Wesensfülle» genannt), wenn wir entschlossen auf die Hoffnung hin handeln, die sich uns durch den Sinn, der sich von innen her zeigt, erschließt und verheißt. Dabei gibt merkwürdigerweise das Ziel, obwohl noch ungestaltet und in seiner Vollendung noch nicht sichtbar, zumindest einen Teil jener Kraft, die wir benötigen, um es zu erreichen und um die Wandlungen durchzustehen, die auf uns zukommen. Durch diesen Kraftüberschuß werden wir zu einem guten Teil geistig, seelisch und leiblich gestärkt und lebendig erhalten. Woher «die Wesens- und Daseinsfülle» kommt, «die in aller echten Erfahrung in das erfahrende Subjekt einbricht und bewußtseinsmäßig alle Fassungsmöglichkeit übersteigt» (B 104f.), darüber ist sich Edith Stein in diesen Jahren noch nicht im klaren. Mit Shakespeare und, wie sich noch zeigen wird, vor allem mit Schiller glaubt sie daran, daß jedem Menschen sein eigenes Schicksal beschieden ist, das er in bestimmten Grenzen selbst mitgestalten kann. Aber bereits 1908 erkennt sie intuitiv, daß der sich mir zeigende Sinn nur dann gegenwärtig bleibt und sich entfaltet, wenn er in vollem Sinne, d. h. mit all dem, was ich dazu beitragen kann, realisiert wird. So kann sinnvolles Handeln, das ich ganz bejahe und in dem ich ganz dabei bin, ein ungeheures Glücksgefühl verleihen. Vielleicht läßt sich vor diesem Hintergrund besser verstehen, weshalb Edith Stein über die nun kommende Zeit schreiben konnte: «Dieses halbe Jahr rastloser Arbeit ist mir immer als die erste ganz glückliche Zeit meines Lebens in Erinnerung geblieben. Es lag wohl daran, daß zum ersten Mal meine geistigen Kräfte in einer ihnen entsprechenden Aufgabe voll angespannt waren» (VII,127). Immer wieder in ihrem Leben wird uns Edith Stein in solcher Höchstspannung begegnen.

Zwischen September 1907 und Ostern 1908 folgt eine Phase intensiver Arbeit. Es kommt für kurze Zeit ein Privatlehrer ins Haus, der sich allerdings nur seufzend dem Schaffenseifer seiner rastlosen Schülerin fügt. Sie nutzt jede freie Minute zum Selbststudium, holt in einem halben Jahr das Latein- und Mathematikpensum von drei Jahren nach und besteht um Ostern 1908 als einzige die Aufnahmeprüfung in die Obersekunda. Obwohl Edith Stein vom Schulzwang und seinen Anstrengungen spricht, waren die Gymnasialjahre für sie doch alles in allem «eine glückliche Zeit» (VII,142). Die Sammlung, die für geistige Arbeit verlangt wird, kommt ihr sehr entgegen. Da der allmählich gewachsene Wohlstand der Familie sie nicht dazu zwingt, daheim mitarbeiten zu müssen, kann sie mit ihren Mitschülerinnen in einer geistigen Welt leben. «Wir steckten doch immer voll von unseren Studienangelegenheiten und konnten das Fachsimpeln nicht lassen» (VII,100). Ihr Vetter Franz, der erkennt, daß Edith hier in ihrem Element ist, in einer Welt, zu der er als Bankbeamter keinen Zutritt fand, zieht sich zurück. Aber auch Edith distanziert sich von ihm, weil er und sein Bruder ihr Mannsein und ihr Leben in Formen genießen, «die bei uns kein Verständnis voraussetzen konnten» (VII,42). Die letzten Schuljahre eröffnen Edith Stein eine ungeheure Fülle an Wissen und führen sie zugleich tiefer in die Welt der Kultur ein: von der Oper über das Theater und die bildende Kunst bis hin zur Musik. Sie lebte ja in einer agnostischen Umgebung, in der gerade die Kultur einen wichtigen Ersatz für die religiöse Welt bildete. In der Oberstufe hatte sie keinen Religionsunterricht mehr. Ihre sieben jüdischen Mitschülerinnen waren nicht strenggläubig erzogen worden, und auch bei ihren anderen Mitschülerinnen hat sie «kaum etwas von tieferer Frömmigkeit bemerkt. ... Über religiöse Dinge haben wir nie gesprochen» (VII,132). Wie so oft in einer säkularisierten Welt half auch ihr der Deutschunterricht, der sie mit den klassischen Autoren vertraut machte, bei der Sinnfindung und gab ihr philosophisch bedeutsame Anregungen: «In Schillers philosophischen Gedichten fand ich die mir genehme Weltanschauung» (VII,141). Ein Literaturzirkel von Mitschülerinnen vertieft ihre Beziehung zu Rose Guttmann und Lilli Platau und bringt sie mit künstlerisch begabten Familien in Kontakt. «Was ich damals an schöner Literatur las, war ein Vorrat fürs ganze Leben. ... Noch größere Freude als das Lesen machte mir der Besuch des Theaters. Wenn in jenen

Jahren die Aufführung eines klassischen Dramas angekündigt wurde, so war mir das immer wie eine persönliche Einladung. Dann lebte ich ganz in dem Geschehen auf der Bühne, und der Alltag versank» (VII,143).

In den Schauspielhäusern rührten damals schöne Herzgeschichten die Gemüter der guten Gesellschaft. Künstler wurden gefeiert, die wir heute kaum noch dem Namen nach kennen. Zu ihnen zählte auch der Lustspieldichter und Bühnenleiter Leo Walter Stein («Die Ballerina des Königs», «Liselotte von der Pfalz»), ein Onkel Edith Steins. Sozialkritische Theaterstücke hingegen, die das Elend der Arbeiter oder der Handwerker schilderten, wie etwa Gerhart Hauptmanns (1862–1946) Drama «Die Weber» (1892), provozierten öffentliche Skandale. Man wollte künstlerische Werke, die selbst Elend und Siechtum noch verklärten. Der Zeitgeschmack verlangte Idealismus. Auch riefen manche bereits nach dem germanischen Geist, an dem die Welt genesen sollte. In der Malerei wurde versucht, die Landschaft so getreu wie möglich, ganz «realistisch» eben, auf die Leinwand zu bringen, während die Porträts die jeweils individuellen Züge der Persönlichkeit hervortreten lassen sollten. Der Impressionismus revolutionierte die Malerei, indem er das flächige Bild in eine Unzahl kleinster Farbeinheiten zerlegte. Nach dem Aufkommen der Fotografie meinten manche Künstler, der Maler sei nun von der Verpflichtung befreit, die Welt abzubilden, die Zeit der «reinen Malerei» sei gekommen. Man verzichtete auf den Gegenstand, ließ die Farben sprechen, gab alle Ordnungformen im Bild auf, um der Phantasie Geltung zu verschaffen. In der Öffentlichkeit aber fanden diese Künstler zunächst kein Verständnis.

Edith Stein bevorzugte die Klassiker: Schiller, Mozart, Bach, Beethoven und Rembrandt. «Eine besondere Liebe hatte ich für Bach. Diese Welt der Reinheit und strengen Gesetzmäßigkeit zog mich im Innersten an. Als ich später den Gregorianischen Choral kennenlernte, fühlte ich mich erst recht heimisch, und von hier aus verstand ich dann, was mich an Bach so bewegt hatte.» Fidelio aber war es, der ihr «immer das Höchste blieb» (VII,143).

Was Edith Stein an Bach faszinierte, war nicht der religiöse oder gar konfessionelle Kontext seiner kirchlichen Werke und auch nicht der Inhalt der Bibeltexte oder der Choräle aus dem überlieferten Liedgut der evangelischen Kirche. Was ihr Innerstes ansprach, waren vielmehr die Stimmigkeit von dichter Emotion und streng rationaler Gestaltung, die Reinheit der Harmonik sowie die jede Ausdrucksbewegung des Textes und jede Gefühlsregung des ergriffenen Gläubigen widerspiegelnde Stimmführung. Letztlich waren es die Reinheit und Gesetzmäßigkeit, was sie an Bachs Musik, an Rembrandts Skizzen und an der lateinische Sprache begeisterte.

Bereits hier scheint Edith Stein – wie später im Gregorianischen Choral oder in den ästhetischen Theorien von Aristoteles und Thomas von Aquin – intuitiv die Gesetzmäßigkeit als höchsten Richtwert des Ästhetischen für sich entdeckt zu haben. Schönheit wird erlebt als Harmonie der Teile, als über das Sinnliche vermittelte Stimmigkeit der Proportionen. Der Mensch als Erkennender «stimmt nicht nur als Seiendes mit allem anderen Seienden darin überein, daß auch ihn diese Gesetzmäßigkeit des Seins durchherrscht, er ist als Geist dadurch ausgezeichnet, daß er dieses Einklangs erlebnismäßig innewerden kann: dieses ‹Innewerden› ist es, was wir als ‹Wohlgefallen› oder ‹Freude am Schönen› oder als ‹ästhetischen Genuß› bezeichnen» (II,298). Nicht das Sinnliche und der Faktor Zeit garantieren die allgemeine Ratio, nach der alles sich ordnet und Wirklichkeit erhält, sondern die transzendentale Vernunft, durch die der Mensch mit der allgemeinen Vernunft der Gesetze und Symmetrien, die die Welt aufbauen, in Übereinstimmung kommt.

Als ihr Cousin Richard Courant, der später Schüler David Hilberts und schließlich Mathematikprofessor in Göttingen wurde, sie fragte: «Wie kommst du eigentlich darauf, Philosophie zu studieren?» (VII,144), mußte Edith Stein zugeben, bis auf Ernst Haeckel (1834–1919) eigentlich keinen Philosophen direkt gelesen zu haben. Über Schiller (1759–1805) war sie jedoch mit der praktischen Philosophie Kants (1724–1804) vertraut geworden, die den Idealen der Französischen Revolution, «Gleichheit, Freiheit, Brüderlichkeit», den Weg bereitet hatte. Neben der Entdeckung, daß sie ein eher ernster und zu geistiger Arbeit und Sammlung geneigter Mensch war, dem Mathematik und Naturwissenschaften keine sonderliche Freude bereiteten, dürfte der philosophische Hintergrund Schillers einen wesentlichen Beitrag zur philosophischen Neigung Edith Steins geleistet haben. Aus dem späteren Werk läßt sich erahnen, was sie an Schiller faszinierte: Schiller verstand sich selbst als Kantianer, und dies wurde ihm auch von Kant in allen wesentlichen Annahmen zugestanden. Nach Schiller ist der Inhalt von Kants «ganzer Philosophie ...: ‹Bestimme dich aus dir selbst›» – und: «Die Natur steht unter dem Verstandesgesetz, und diese große Idee der Selbstbestimmung strahlt aus gewissen Erscheinungen der Natur zurück und wir nennen diese Idee Schönheit.»[9]

Schillers Kritik an Kant bestand hauptsächlich im Vorwurf, dieser habe die menschliche Natur in zwei Teile auseinandergerissen, in Verstand und Affekt. Auch in der Praktischen Philosophie sollte nach Kant allein die «reine Vernunft», das moralische Vernunftgesetz, als Motivation des moralischen Willens handlungsbestimmend sein.

Kant gebraucht in diesem Zusammenhang der Unterscheidung von «Pflicht» und «Neigung» starke Formulierungen: Angenommen, ein Mensch wäre «vom eigenen Gram umwölkt, der alle Teilnehmung am Schicksal anderer auslöscht, ... und nun, da keine Neigung ihn mehr dazu anreizt, risse er sich doch aus dieser tödlichen Unempfindlichkeit heraus und täte die Handlung ohne alle Neigung, lediglich aus Pflicht, alsdann hat sie allererst einen moralischen Wert».[10]

Schiller wiederum sieht nicht ein, warum sich unsere Affektivität nicht soweit durchbilden kann, daß, soweit möglich, «Vernunft und Sinnlichkeit – Pflicht und Neigung – zusammenstimmen»[11], so daß der Mensch einig mit sich selbst ist, um nicht nur einem Vernunftgesetz zu gehorchen, sondern mit seinem ganzem Wesen – auch der Affektivität – moralisch zu sein. Es soll also nach Schiller der Mensch insgesamt moralisch sein, und nicht nur etwas in ihm. Was er damit erreichen kann, sind «Anmut» (Harmonie zwischen Vernunft und Affektivität) und «Würde» (Widerstreit). In dem Maße, wie das «moralische Gesetz in mir» (die Vernunft) die natürliche Affektivität durchdringt, wird der Mensch spontan handeln, und indem der

Mensch «wie von selbst» moralisch handelt, bewirkt dieses freie Spiel der Kräfte den Eindruck von «Anmut» oder einer harmonischen Ganzheit. «Um so stärker ein Mensch im Innersten seiner Seele lebt, um so stärker ist diese Ausstrahlung, die von ihm ausgeht und andere in seinen Bann zieht. ... Um so stärker ist ferner der Leib davon geprägt und eben dadurch ‹vergeistigt›», schreibt Edith Stein in «Endliches und ewiges Sein» (II, 405).

Es gibt aber auch Situationen, in denen das Moralische unweigerlich Opfer von unserer natürlichen Affektivität fordert. Das hatte Edith Stein von Jugend auf in ihrer eigenen Familie erfahren. Sie erreichte, wie gesagt, schon früh eine große Selbstbeherrschung, weil sie Abscheu «bei Zornesausbrüchen anderer empfand» und «das lebhafte Gefühl für die Würdelosigkeit eines solchen Sichgehen-lassens» (VII,50) sie dazu führte, gegen die eigene Versuchung zu Zorn und Aggression zu widerstreiten. Was der Mensch hier in seinen Affekten erreichen kann, ist nicht die vollkommene Übereinstimmung von Affektivität und Vernunft, aber Selbstbeherrschung, Würde und Ruhe im Leiden.

Wo Schillers freie Tatmenschen mit dem Schicksal zusammenstoßen und an ihre Grenzen gebracht werden, drängt sich dann immer wieder die Frage auf: Welchen Sinn haben Größe und die im Geist des Idealismus erbrachten Opfer, die trotz guten Willens scheitern?

Im «Wallenstein» (1800) hat Schiller das Grundgesetz seiner Tragödie gefunden, daß der Mensch nur auf tragische Weise zu Gott gelangt und daß die Ordnung des Ewigen auf Erden nur durch Schuld und Scheitern hindurch verwirklicht werden könne. Und im nächsten Drama «Maria Stuart» (1801), dessen Ausgang Edith Stein als Fünfjährige in Fieberphantasien und große Erregung gestürzt hatte, nimmt Maria Stuart ihr ungerechtes Todesurteil als Sühne für frühere schwere Schuld auf sich und macht dadurch aus einer Gewalttat eine Tat der freien Selbstbestimmung. Das Ideal der Sittlichkeit und Menschenwürde, Freiheit und Humanität muß sich am Widerstand einer oft erbarmungslosen oder trägen Wirklichkeit bewähren und in der Selbstdisziplin opferbereiter Menschen ausreifen.

Im Engagement für die Gleichstellung von Mann und Frau wird diese Weltanschauung in den letzten Schuljahren Edith Steins besonders konkret. Frauen besaßen in Preußen noch nicht das Wahlrecht und hatten erst seit 1896 die Möglichkeit zum Abitur. Edith Steins Schwester Erna mußte ihr Abitur 1909 noch an einer fremden Schule ablegen, Edith Stein legte es 1911 an der eigenen Schule ab. Das Privileg, als Frau «das akademische Bürgerrecht» erwerben «und damit freien Zugang zu den Geisteswissenschaften der Menschheit» (VII,160) haben zu können, verstand Edith Stein als Verpflichtung, sich für die Rechte der Frauen einzusetzen. Gemeinsam mit ihrer Schwester Erna und ihren Freundinnen wird sie eine begeisterte Anhängerin des radikalen Flügels der Frauenbewegung um Anita Augspurg, Helene Stöcker und Linda Gustava Heymann, die eine allgemeine Gleichstellung von Mann und Frau forderten. Mit der bürgerlichen Frauenbewegung wenden sie sich gegen die damals herrschende Doppelmoral, wonach die Frau tugendhaft und unbescholten zu sein hatte, während Seitensprünge und Bordellbesuche bei Männern als Kavaliersvergehen und als Ausdruck von Männlichkeit galten oder gar der Eifersucht und der Unattraktivität der Ehefrau angelastet wurden, deren Lebensfrische unter der Last der Geburten verwelkt war. Männer «sticht eben der Hafer», wie Keyserling die Generalin in «Die Wellen» sagen läßt – Frauen hingegen verloren ihre gesellschaftliche Stellung und ihren guten Ruf. Mit der bürgerlichen Frauenbewegung teilen die Schwestern Stein allerdings die Auffassung, die Frau solle sich nicht der Freizügigkeit des Mannes anschließen, sondern die Männer zu den sittlich höherstehenden Werten der Frauen erziehen. Hatte es nicht schon bei Schiller geheißen: «In der Männer Herrschgebiete / Gilt der Stärke trotzig Recht; / ... Aber mit sanft überredender Bitte / führen die Frauen den Zepter der Sitte / ... Löschen die Zwietracht / ... Lehren die Kräfte die feindlich sich hassen / ... Sich in der lieblichen Form zu umfassen»?[12]

Als Studentin in Breslau trat Edith Stein dann dem dortigen «Preußischen Verein für das Frauenstimmrecht» bei, dem überwiegend Sozialistinnen angehörten. Diese wollten nicht nur erreichen, daß den Frauen gleiches und allgemeines Wahlrecht zugestanden wird, sondern auch, daß sie in die Lage versetzt würden, ihr Stimmrecht selbstverantwortlich wahrzunehmen. Dadurch hofften sie, auf dem Weg über politische Reformen die völlige Gleichstellung von Mann und Frau zu erzielen.

Mit dem Abitur im Jahr 1911 endet diese erste biographische Phase, und es beginnt nun für Edith Stein ein neuer Lebensabschnitt. Im vorhinein hatte sie erwartet, daß die bestandene Prüfung ein lebhaftes Glücksgefühl in ihr auslösen werde. Statt dessen empfindet sie aber eine große Leere, Abschiedsschmerz von der liebgewonnenen Lebensweise der Schülerin – und vor allem Zukunftssorgen. Während die Familie, mitsamt der großen Verwandtschaft, stolz auf ihre Leistung ist, ringt sie selbst mit den neuen Möglichkeiten. Sie ist entschlossen zu studieren. Und während sie noch überlegt, welches Studium sie wählen sollte, lernt Edith Stein einen jungen Mann kennen, zu dem sie sich hingezogen fühlt, nämlich Hans Biberstein: «Er gefiel mir gleich sehr gut, wie er da auf dem Tennisplatz mir gegenüberstand. Der weiße Tennisanzug stand ihm ausgezeichnet zu dem braunen Gesicht und den glänzend schwarzen Haaren, gegen die sich die sehr hellen Augen eigenartig abhoben» (VII,90). Von ihm lernt sie die neuesten Tänze und wird mit der neuesten Mode vertraut gemacht. «Er hat meiner Schwester» – Erna und Hans heirateten 1920 – «später einmal gestanden, daß sie damals einigen Grund gehabt hätte, auf mich eifersüchtig zu sein» (VII,91). Edith Stein hat die Wahl Hans Bibersteins akzeptiert.

Auguste Stein hätte sich inzwischen vorstellen können, daß ihre Tochter Jura studiert; auch geschäftliche Hintergedanken mögen dabei wohl eine Rolle gespielt haben. Aber sie läßt ihr freie Hand. Ein Onkel, selbst Apotheker, wünscht sich die beiden Nichten Erna und Edith als Ärztinnen, die sein Geschäft beleben könnten. Die sanfte Erna, nach Ansicht ihrer jüngsten Schwester die glücklichst veranlagte der sieben Geschwister, ging sofort auf den Rat des Onkels ein. Sie wurde Frauenärztin und übte, neben dem Familienleben mit zwei Kindern, ihren Beruf während ihres ganzen Lebens aus. Edith verspürt ganz andere Neigungen. Sie will an die Universität und wählt die Philosophie. Ihre intensive Suche nach Wissen und Wahrheit beginnt.

Anmerkungen

1 XI,27. Die Zitate aus Edith Steins Werken werden im fortlaufenden Text mit der jeweiligen Bandnummer der Gesamtausgabe (ESW) bzw. – bei den noch nicht in der Gesamtausgabe enthaltenen Werken – mit den entsprechenden Siglen (siehe das Literaturverzeichnis) und der Seitenzahl nachgewiesen. Unveröffentlichte Dokumente werden nach den Siglen des Edith-Stein-Archivs Köln (ESTA) zitiert.

2 Zum Problem der Einfühlung, Halle a. d. Saale 1917, 133 – im Folgenden: E.

3 Siegfried Stein hatte aus dieser Ehe seines Vaters sechs Geschwister, zwei Schwestern und vier Brüder. Wie man es aus einem Foto, das die Verwandten dem Edith-Stein-Archiv schenkten, ersehen kann, zählte Siegfried zu den älteren Geschwistern (er hält in der Rechten eine Pfeife!); hinzu kam noch eine große Zahl von Halbgeschwistern aus den beiden ersten Ehen seines zweifach verwitweten Vaters. Von all diesen Verwandten erfahren wir in Edith Steins Aufzeichnungen kaum etwas. Wohl sagt Edith, daß ihre Großmutter Johanna Stein eine zwar strenge, aber zärtlich-liebevolle Mutter gewesen sei. Sie ließ sich jedoch von einem ungeeigneten Geschäftsführer beeinflussen. Dies scheint der Grund gewesen zu sein, warum Siegfried sich schließlich aus ihrem Geschäft löste, einen selbständigen Betrieb begann und mit seiner Familie nach Lublinitz zog.

4 Erst vierzig Jahre später haben die erwachsenen Töchter das Versprechen ihres längst verstorbenen Vaters eingelöst und die Mutter in eine «Sommerfrische» mitgenommen, und zwar nach Grunwald, unweit der Hohen Mense.

5 Hedwig, «ein besonders liebes Kind, das schon anfing, der Mutter etwas zu helfen» (VII,14), erlag einer damals grassierenden Scharlachepidemie. Über Selma (1873–74) ließ sich bislang kaum etwas in Erfahrung bringen. Sie dürfte kurz nach der Geburt gestorben sein. Ernst ist in Gleiwitz geboren und starb in Lublinitz, wo sich noch heute sein Grab auf dem jüdischen Gemeindefriedhof nachweisen läßt.

6 In einer erhaltenen Anzeige von Siegfried Stein im Lublinitzer Tageblatt vom Januar 1890 heißt es: «Mein Holz- und Kohlengeschäft am hiesigen Bahnhof beabsichtige ich wegen Übersiedlung nach Breslau mit Inventar und Gespann zur baldigen Übergabe zu verkaufen.»

7 Hanna. Gebet- und Andachtsbuch für israelitische Frauen und Mädchen, hg. von Jacob Freund, Breslau 1898, 135. – Auch das im Hause Stein an diesem Tage allgemein übliche Fasten, das Edith Stein in diesem Zusammenhang ken-

nen lernte, ist Ausdruck des aufrichtigen Verlangens nach Umkehr und der Bereitschaft, durch das eigene Handeln die Praxis der Gerechtigkeit zu erneuern. Das allgemein übliche Schuldbekenntnis in der Liturgie «macht die Erkenntnis unserer Fehler zur wirklichen Tat». Man wird sich dadurch bewußt, daß Menschen das durch sie gestörte Gleichgewicht nur zum Teil wiederherstellen können. «In solcher Weise erkennen wir die Versöhnung, mit der Gott der Herr uns alljährlich bedenkt, für ein Geschenk seiner Gnade, das uns ohne Vermittlung vom lebenden Vater zu Theil wird und als eine Gabe, die wir erwerben können durch unsere eigene freie Tat», heißt es in der Festbetrachtung der «Hanna».

8 Posselt, Teresia Renata OCD, Edith Stein. Eine große Frau unseres Jahrhunderts, Nürnberg 1952, 13 (im Folgenden abgekürzt: M. Renata).

9 Friedrich Schiller, Briefe, hg. von E. Streitfeld und V. Žmengač, Königstein 1983, 198.

10 Immanuel Kant, Werke IV, Darmstadt 1983, 398.

11 Friedrich Schiller, Werke, Bd. 8, hg. von L. Bellermann, 87.

12 Friedrich Schiller, Werke, Bd. 1, hg. von A. Brandstetter, 1986, 221.

2. Kapitel

Auf der Suche nach Sinn

Studium in Breslau

Edith Stein war in der Schule die Beste ihres Jahrgangs gewesen. Diesen Erfolg wollte sie nun auch im Studium fortsetzen. Von Anfang an hatte sie vor, «den Doktor zu machen» (VII,237); Fach und berufliche Perspektive schienen zunächst zweitrangig. Dennoch war ihre Studienfächerwahl (Germanistik, Geschichte, Latein, Philosophie) keineswegs beliebig. Sie war überzeugt: «Wir sind auf der Welt, um der Menschheit zu dienen. ... Das kann man am besten, wenn man das tut, wofür man die geeigneten Anlagen mitbringt» (VII,148). Doch in welche Richtung tendierten die Fähigkeiten dieser Studienanfängerin? Edith Steins eigener Einschätzung zufolge in Richtung der Philosophie. Während die einzelnen Wissenschaften (wie etwa die Medizin) sich vor allem um bestimmte Wissensinhalte und deren Vertiefung bemühen, geht es in der Philosophie um die Klärung der Grundfrage, wie Wissen und Wahrheit überhaupt zustande kommen. Die Philosophie ist eine Grundlagenwissenschaft, jedoch kein Studienfach, dessen Wissen man praktisch anwenden kann, um damit seinen Lebensunterhalt zu verdienen. Das wußte auch Edith Stein. Sie wählte deshalb – wohl auch, um ihre Familie zu beruhigen – eine Fächerkombination, die nicht nur ihren Fähigkeiten entsprach, sondern zugleich für den Beruf der Lehrerin geeignet war.

Zunächst ging es ihr ohnehin nicht um irgendeine praktische Anwendung, sondern «nur um die Wissenschaft» (VII,157). Edith Stein konnte sich ein ganz und gar der Wissenschaft gewidmetes Dasein leisten, denn sie mußte nicht wie viele ihrer Kommilitonen durch Nachhilfeunterricht oder Ferienjobs ihr Studium (mit-)

finanzieren. Ihre Großmutter Johanna Stein hatte ihr «einige tausend Mark hinterlassen» (VII,177), die ins elterliche Geschäft investiert worden waren und sich auf 10000 Reichsmark vermehrt hatten. Damit besaß sie ein kleines Vermögen – das jährliche Einkommen betrug im Jahr 1913 pro Kopf durchschnittlich 739 Reichsmark. Edith Stein konnte über ihr Konto bei der Dresdner Bank frei verfügen und ihre Unkosten decken. Am Jahresende stockte ihr die Mutter sogar die verbrauchte Summe in voller Höhe wieder auf. Später erinnert sie sich daran, daß unter ihren Mitstudierenden nur Fritz Kaufmann in einer ähnlich günstigen finanziellen Lage war.

Als sie mit Beginn des Sommersemesters 1911 ihr Studium aufnahm, trat Edith Stein in die Welt der Universität ein, die damals noch sehr viel überschaubarer war als heute. Das Lehren und Lernen vollzog sich im direkten Kontakt zwischen Dozenten und Studierenden. Am 13. April 1911 stand sie also vor dem «schwarzen Brett» der Universität, an welchem die Professoren ihre Vorlesungen ankündigten. Vieles davon klang interessant, doch sie hatte Mühe, sich in diesem Angebot zurechtzufinden. Für das geisteswissenschaftliche Studium gab es nämlich im Unterschied zur Schule oder zu den naturwissenschaftlichen Studiengängen keine festen Vorschriften. Das einzig Bindende waren die Bestimmungen des Staatsexamens für das höhere Lehramt, das sie aber eigentlich gar nicht anstrebte.

Die angehende Studentin war also mehr oder weniger auf sich allein gestellt. Weder Mutter noch Geschwister konnten ihr raten, und von einer Berufsberatungsstelle, wie Edith Stein sie 1914/15 für Studentinnen in Göttingen betrieb, wußte man damals in Breslau noch nichts. Ihr Eindruck war: «Am besten sind natürlich die dran, die aus einer Gelehrtenfamilie stammen und vom Vater die rechte Anleitung bekommen» (VII,157). Schon damals galt, was auch heute noch oft zu beobachten ist: «Es gibt viele Leute, die mehrere Semester an der Universität verbringen, ehe ihnen klar wird, was sie eigentlich anfangen sollen. Viele wechseln das Studienfach, weil sie merken, daß sie sich auf der Schule über ihre

Begabung und Neigungen getäuscht haben» (VII,157). Edith Stein mutet sich nicht nur vier Hauptfächer zu – verlangt waren «ein Fach für die Oberstufe und zwei für die Mittelstufe» (VII,157) –, sie stellt sich in ihrem Wissensdrang auch sogleich einen übervollen Stundenplan zusammen: Indogermanisch, Urgermanisch, Geschichte des deutschen Dramas, Preußische Geschichte im Zeitalter Friedrichs des Großen, Englische Verfassungsgeschichte, Naturphilosophie, Einführung in Psychologie, Anfängerkurs für das Graecum. Zudem tritt sie mehreren Vereinen bei – einem «Verein für Volksbildung», einer «Pädagogischen Gruppe», dem «Frauenverein» und dem «Studentinnenverein» – und nimmt damit vielerlei «Nebenbeschäftigungen» an. Bei all dem fehlte aber, wie sie später selbst einsieht, eine sachkundige Führung und Beratung. Edith Stein schließt sich – vielleicht gerade auch deswegen – vor allem älteren Studierenden an. Dadurch erhält sie eine gewisse Führung, empfängt Anregungen und Förderung. Dies «war aber auch eine Gefahr. ... Ich besuchte die Kollegs für Fortgeschrittene und übersprang manche Grundlagen, die mir nötig gewesen wären» (VII,168). Ihr studentisches Fazit benennt zugleich ein Grundproblem akademischer Ausbildung, damals wie heute: «Immerhin, zu der Erkenntnis kommt wohl jeder am Ende seines Studiums: daß er jetzt erst wüßte, wie es anzufangen sei. ... Erst lange Jahre später ist mir die Erkenntnis gekommen, welche verhängnisvolle Folgen auch bei mir der Mangel einer sachkundigen Leitung hatte» (VII,158).

Morgens gab sie Nachhilfestunden für eine Gymnasiastin. Dann ging sie zur Universität und «wählte möglichst einen Platz in der ersten Reihe, um ungestört der Vorlesung folgen zu können. ... In den freien Stunden setzte ich mich gern in einen Hörsaal auf eins der breiten Fensterbretter, die die tiefen Mauernischen ausfüllten, und arbeitete dort» (VII,172), mit Blick auf die «stille, in sich abgeschlossene Welt» (VII,174) der Breslauer Dominsel.

Je einmal wöchentlich abends waren die Sitzungen der Vereine, denen Edith Stein beigetreten war. Im *Akademischen Zweigverein des Humboldtvereins für Volksbildung*, der sich zum Ziel gesetzt hatte, vorwiegend Arbeitern und Angestellten kostenlos Bildung und Wissen zu vermitteln, hielt Edith Stein 1911 und 1912 zwei Rechtschreibkurse und 1912/13 einen Anfängerkurs in Englisch. Im *Bund für Schulreform,* der sich mit neuen Formen des Unterrichts beschäftigte, besuchte man «unter sachkundiger Leitung Hilfschulen, Taubstummen- und Blindenanstalten, Fürsorgeerziehungsanstalten, Heime für Schwachbefähigte und für verwahrloste Kinder» (VII,162) sowie ein Kinderheim in Oberschlesien. Der *Frauenverein* bemühte sich um die Gleichstellung der Geschlechter, während der *Studentinnenverein,* aus dem Edith mit ihrem Kleeblatt nach dem zweiten Semester wieder austrat, eher für gesellige Veranstaltungen zuständig war. In der *Pädagogischen Gruppe* wurden vorwiegend Erziehungsfragen diskutiert, etwa die Frage, ob Mädchen und Jungen gemeinsam unterrichtet werden sollten (Koedukation), wofür Edith Stein sich stark machte. Der eigentliche Studienplan sah für solche Themen keinen Platz vor. Hugo Hermsen (1886–1916), der Gründer dieser «Pädagogischen Gruppe» und später Erzieher auf dem Gut des Grafen York von Wartenburg, hatte auf Edith Stein einen prägenden Einfluß. Er strebte eine Lebensgestaltung in freier Selbstbestimmung, eigener Verantwortung und innerer Wahrhaftigkeit an. Die Massenerziehung lehnte er ab, weil sie dem einzelnen zu wenig Raum gibt und ihm zu wenig gerecht wird. Er trat für einen Arbeitsunterricht ein, d. h. für das gemeinsame Erarbeiten des Stoffes. Lehrer sollten nicht mehr in erster Linie die Dozierenden, Schüler nicht mehr nur Rezipienten sein. Durch Hermsen, aus dessen Augen Edith Stein «ein heiliges Feuer» (VII,163) entgegenleuchtete, lernte sie auch die Jugendbewegung kennen und schätzen, eine Protest- und Reformbewegung gegen die als unwahrhaftig und naturfremd empfundenen Verhältnisse im Wilhelminischen Deutschland.

In der Rückschau schreibt sie: «Wenn ich auf alles das zurückblicke, was ich in meinen ersten Semestern trieb, dann frage ich mich selbst, woher ich die nötige Zeit zum Studium hernahm. Tatsächlich füllte es aber doch meine Tage aus» (VII,178). Verständlich ist, daß nun für die Familie kaum noch Zeit blieb. Edith Stein stürzte sich ganz ins Studium und schien darin aufzugehen. Die Mutter sah sie jetzt oft zwei Tage lang nicht mehr, und ihre Studienfreundinnen brachte sie nicht mit nach Hause. Allmählich empfanden ihre Freundinnen ihr «Versinken in der reinen Wissenschaft als menschlichen Verlust» (VII,188). In Edith Stein aber erweckte «die ständige Anspannung aller Kräfte ... das beglückende Gefühl eines hochgesteigerten Lebens, ich erschien mir als ein reiches und bevorzugtes Geschöpf» (VII,184). Innere Ruhe und Ausgeglichenheit fand sie jedoch nicht, vielmehr wechselten Phasen euphorischer Schaffenskraft mit depressiveren Zuständen. Als sie eines Morgens nur noch mit Mühe aus einer schweren Betäubung erwacht, die durch nachts ausströmendes Gas verursacht worden war, fragt sie sich: «Warum hat man mich nicht für immer in dieser tiefen Ruhe gelassen?» (VII,185).

Einen ersten Höhepunkt erreichen die Depressionen im Sommer 1912. Sie werden noch verstärkt durch die schmerzhafte Diskrepanz zwischen Edith Steins gesellschaftpolitischen Idealen und der rauhen Wirklichkeit. Der Studienbetrieb war geprägt und dominiert von der Farbenpracht, dem Beziehungsgeflecht und den Umtrieben der Burschenschaften. Wissenserwerb war damals ja ein noch vorwiegend männliches Privileg. Das «schwache» Geschlecht wurde in großen Teilen der männlichen Studentenschaft als nicht vollwertig angesehen. Mit seiner Äußerung «Amazonen sind auch auf geistigem Gebiet naturwidrig» hatte der Physiker Max Planck (1858–1947), der Lehrer Lise Meitners, 1897 eine bei Professoren und Studenten weit verbreitete Einstellung auf den Punkt gebracht. Literarisch vermittelte Hermann Poperts Tendenzroman «Helmut Harringa» Edith Stein im Sommer 1912 einen ersten Eindruck von dieser den Frauen verschlossenen Männerwelt, in welcher die adligen (Reserve-)Offiziere und militaristisches Gehabe den Ton angaben.

Dieser Roman führt eine morbide Gesellschaft vor, indem er zeigt, wie die ursprünglich sinnvollen traditionellen Verhaltensweisen, auf die Preußen so stolz war, zu einem veräußerlichten und menschenverachtenden Ehrenkodex verkommen waren, wie das reine Machtinteresse führender Kreise das Gesetz des Handelns diktierte, gegen das nur wenige Idealisten vereinzelt anzukämpfen versuchten, wie der Stolz auf die Leistungen einer Nation in bloße Phraseologie und eine angepaßte Mitläufer produzierende aufgesetzte nationalistisch-militaristische Gesinnung abgeglitten war. Er zeigt schonungslos die Hohlheit und die Abgründe der damaligen Gesellschaft.[1]

Diese Zustände erfüllten Edith Stein mit solchem Ekel, daß sie sich «wochenlang nicht davon erholen konnte» (VII,185). Hier stieß sie auf die Kehrseite der ständischen Gesellschaft, von der sie nach der Niederlage im Ersten Weltkrieg 1918 schreiben wird: «Der Zusammenbruch des alten Systems hat mich davon überzeugt, daß es überlebt war» (XIV,111; 30.11.18). Sie war derart erschüttert, daß sie «alles Vertrauen zu den Menschen verloren» (VII,185) hatte. Ein innerer Kampf beginnt, wie wir ihn bereits aus ihren Kinder- und Jugendjahren kennen. Nach außen läßt sie sich nichts anmerken, sie beherrscht sich. Im Inneren jedoch hat sie die Herrschaft über sich verloren. Sie findet aus eigener Kraft ihre innere Mitte nicht mehr, sie kann sich nicht mehr selbst motivieren, ihre Willenskraft versagt.

In dieser Situation hilft die Romanfigur des Helmut Harringa ihrem Idealismus wieder auf. Als dieser vom Selbstmord seines Bruders erfuhr, war er deprimiert. Bei einem Spaziergang kommt ihm eine Strophe des Luther-Chorals «Ein feste Burg ist unser Gott» in den Sinn, und dieser Zuspruch erneuert seine Lebenskraft: «Als er ... stromabwärts schreitet», heißt es dort, «da fühlt er, wie aus den Tiefen seiner Seele etwas emporwächst, langsam und stetig, das alles hinausdrängt, was da feindlich eingedrungen; ... da ist es, als steige aus dem Strom zu seiner Linken ein altes geliebtes Lied. ... Trotzig tönt es über die gelben Wellen: ‹Und wenn die Welt voll Teufel wär!› Nun hat er das Maß wieder gefunden.»[2] Edith Stein kannte Luthers «Trutzlied» aus den Schulandachten der evangelischen Viktoriaschule. Auf dem Breslauer Bachfest hört sie es im August 1912 in der Vertonung Johann

Sebastian Bachs (BWV 80). So identifiziert auch sie sich mit dem Heilvorgang ihres Romanhelden: «Als nun so recht kampfesfroh die Strophe erklang: ‹Und wenn die Welt voll Teufel wär'› / und wollt' uns gar verschlingen, / so fürchten wir uns nimmermehr, / es muß uns doch gelingen ...›» – im Lutherlied und in der Bachkantate heißt es: «es soll uns doch gelingen!» –, «da war mit einmal mein ganzer Weltschmerz verschwunden. ... Wenn wir unsere ganze Kraft einsetzen, die kleine Schar von Freunden, auf die ich mich verlassen konnte, und ich – dann würden wir schon mit allen ‹Teufeln› fertig werden» (VII,185).

Solche Erfahrungen veranlaßten Edith Stein wohl auch dazu, «die Masse der Studenten ... als quantité négligeable» (VII,172) oder gar als «Idioten» zu betrachten, weil diese «ziemlich stumpf dahinlebten» (VII,161). Die Mitstudierenden, auf die sie sich näher einließ, wählte sie sehr kritisch aus. Einen entspannenden Ausgleich zum großen Arbeitspensum boten die im Stile des Wandervogels gehaltenen Ausflüge und Urlaube in den Semesterferien. Im schlesischen Gebirge lebte sie auf und fühlte sich im Kreise ihrer Freundinnen «frei und ungezwungen und ... einträchtig» (VII, 197), obgleich es auch hier bisweilen Unstimmigkeiten gab.

In Breslau lernte sie Kaethe Scholz kennen, eine Lehrerin, die zur Finanzierung ihres Studiums «mehrere Zirkel» unterhielt, «in denen sie Damen der Gesellschaft in geschichtliche und philosophische Fragen einführte» (VII,158). Nach deren Vorbild hat Edith Stein später (1920/21), ebenfalls in Breslau, ihre «Akademie» errichtet.

Trotz der anfänglichen Schwierigkeiten und der auf jeden Neuling an einer Universität einströmenden Vielfalt hat Edith Stein erstaunlich zielstrebig studiert. In den folgenden Semestern bemühte sie sich, die Auswahl des Studienstoffes noch stärker sachlich zu koordinieren und dabei auch an schulische Themen anzuknüpfen. Obwohl sie versichert, daß sie eigentlich vor allem Philosophie studieren wollte und das Lehramtsstudium nur mit Rücksicht auf ihre Familie gewählt hat, besteht zwischen den von ihr gewählten Fächern doch ein innerer Bezug:

Die lateinische Sprache interessierte sie aufgrund der Sachlichkeit und der fast mathematischen Strenge der Grammatik. Als sie jedoch einsehen mußte, daß sie sich damit verzettelte, und als ihr bewußt wurde, daß «Latein ohne Griechisch ein halbe Sache sei» (VII,157), gab sie in der ihr eigenen Geradlinigkeit das Lateinstudium auf. Kriegsbedingt hat sie aber später an ihrer ersten Lehrerinnenstelle in Breslau vorwiegend Latein unterrichtet.

Edith Steins Vorliebe für Literatur, in deren Welt sie geradezu versinken konnte, dürfte der ausschlaggebende Grund für die Wahl des Faches Deutsch gewesen sein. Hier waren ihre Schwerpunkte Lessings Dramen mit ihren tragischen Frauengestalten («Minna von Barnhelm», «Emilia Galotti»), das Entwicklungs- und Naturdenken in Goethes «Faust», über den sie 1932 (zum hundertsten Todestag Goethes) mehrfach öffentlich referierte und einen Aufsatz veröffentlichte, sowie «Börne und das junge Deutschland». Beim Studium des Althochdeutschen und Gothischen stieß sie erstmals auf einen biblischen Text, der aber nur ihr philologisches Interesse weckte.

Was Edith Stein im Studium der Geschichte suchte, war das Verstehen der Gegenwart als gewordener Geschichte, um «an dem politischen Geschehen der Gegenwart als der werdenden Geschichte» lebendige, sogar «leidenschaftliche Teilnahme» (VII, 160) zu gewinnen. Sie wollte – wie ihr gesellschaftspolitisches Engagement für die kleinen Leute in der Volksbildung und für die Frauen deutlich macht – die geschichtlichen Zusammenhänge verstehen, die das Gegenwartsbewußtsein geprägt haben, um auf dieser Grundlage die Gegenwart verändern zu können. Das politische Interesse im Elternhaus und die Identifizierung mit Preußen ließen für sie schon im Geschichtsunterricht der letzten Gymnasialjahre die preußische Geschichte (Brandenburg, Preußen, das neue Deutsche Reich, Friedrich der Große, Großer Kurfürst, Wilhelm I.) zum herausragenden Thema werden. Auch im Studium in Breslau und später in Göttingen bestimmt ihr Interesse an «einer wirklichen Berührung mit dem geschichtlichen Leben» (VII,258) die Auswahl der Studieninhalte. Sie besucht Vorlesungen und Übungen zu den Themen «Preußische Geschichte im Zeitalter Friedrichs des Großen», «Englische Verfassungsgeschichte», «Das Zeitalter des Absolutismus und der Aufklärung», «Bismarck» sowie bei Max Lehmann in Göttingen das Seminar «Vergleich der Reichsverfassungen von 1871 und 1849». Bei aller Breite sind als Schwerpunkte ihres Geschichtsstudiums die Zeit der Aufklärung (Lessing, Kant, Voltaire, Montesquieu, Rousseau) und die preußische Geschichte bis in die Gegenwart des Deutschen Reiches zu erkennen. Viele historische Beispiele in Edith Steins späteren Veröffentlichungen entstammen dem hier Gehörten und Erarbeiteten.

Aufgrund ihrer Einsicht in die geschichtlich gewachsenen Unterschiede zwischen den Völkern konnte sich Edith Stein, obwohl sie der sozialdemokratischen Frauenbewegung nahestand, nicht mit den kosmopolitischen Gedanken der Arbeiterbewegung anfreunden, die auf die Gleichheit aller zielten. Ebenso entschieden lehnte sie aber auch die nationalistische Gedankenwelt ab, die im Sinne des «darwinistischen Nationalismus'» ein Recht der stärkeren Rasse oder Nation vertrat. An der liberalen Staatsauffassung kritisierte sie die Überbewertung des Individuums und der Freiheitsrechte des einzelnen auf Kosten der Solidarität mit dem Ganzen. Nicht zuletzt die Krisen der imperialistischen Politik zwischen 1880 und 1913 dürften auch bei ihr zu der ernüchternden Erkenntnis beigetragen haben, daß der weltweite Freihandel, die Verflechtung der Handelsinteressen und die gesteigerte Kommunikation unter den Völkern allein noch keine Garantie für eine gesteigerte Völkerfreundschaft und Friedenssicherung waren. Es hatte sich im Gegenteil herausgestellt, daß Kapital- und Machtinteressen leicht zu politischen Konflikten führten und daß eine verbesserte Kommunikation auch den gegenseitigen Völkerhaß vermehren konnte.

Zugleich distanzierte Edith Stein sich von der Haltung der schlesischen Landbevölkerung, die «unter dem Druck des beherrschenden Großgrundbesitzes überwiegend preußisch-konservativ» (VII,159f.) eingestellt war. Die Untertanenmentalität des offiziellen preußischen «Hurra-Patriotismus» (VII,140), insbesondere an staatlichen Feiertagen wie der Sedansfeier oder Kaisers Geburtstag, war ihr wegen der Zurschaustellung nationaler Überlegenheit zuwider. Schon als Schülerin hatte sie, gleichsam als Gegengewicht hierzu, vorzugsweise die liberalen Blätter gelesen, die im Hause Stein gehalten wurden. Recht bezeichnend für sie ist, daß ihr die alljährlichen Sedansfeiern, die am 2. September den Sieg über Napoleon III. von 1870 begingen, als «Blödsinn» erschienen und sie sich schwor – Pflicht hin oder her –, in der Oberstufe nur einmal und dann nie wieder daran teilzunehmen. In der Oberprima ersann sie sogar eigens einen damals völlig unüblichen Wandertag für die ganze Klasse, um der Sedansfeier samt den «zündenden patriotischen Reden» und vaterländischen Deklamationen zu entgehen. Um der «staatsbürgerlichen Pflicht» zu genügen, ließ sie eine Fingerpuppe – «ein Chinesenköpfchen aus Celluloid»! (VII,141) – während der Bahnfahrt ins Grüne die Ansprache halten.

Auch zum Kaiserhaus ging Edith Stein innerlich auf Distanz. Wilhelm II. hatte ihrer Ansicht nach kein Gespür für die Menschen, er schien ihr undiplomatisch und volksfern. Dies bestätigte ein persönliches Erlebnis: Für Breslau war der Sommer 1913 eine festliche Zeit, man beging die Jahrhundertfeier der Befreiungskriege. Zu diesem Zweck war die berühmt gewordene Jahrhunderthalle mit prächtigen Ausstellungsräumen, Gartenanlagen und einer pompösen Orgel erbaut und der Dichter Gerhart Hauptmann mit der Abfassung eines Festspiels beauftragt worden. Doch beides geriet zum Fiasko: Kaiser Wilhelm II. fand weder an der Feierhalle noch am Festspiel Gefallen, woraus er auch öffentlich keinen Hehl machte. Hauptmann hatte, da ein Hohenzoller nicht auf einer Bühne erscheinen durfte, den Ausweg gewählt, das Ganze – «Preußens Größe, Fall und Erhebung, Napoleons Aufstieg und sein Sturz» (VII,240) – als Puppenspiel in Szene zu setzen. Bei aller Stimmigkeit der historischen Darstellung war für das Kaiserhaus aber Friedrich der Große, der als Puppe aus einer Sänfte steigt, gänzlich undenkbar. Stück und Autor fielen in

Ungnade, weitere Aufführungen wurden abgesagt. Wilhelm II. besuchte nicht einmal das Konzert, das 10 000 Volkschulkinder in der Festhalle für ihn gaben. «Ich fand das Verhalten des Kaisers», schreibt Edith Stein, «unbegreiflich töricht. ... Es war ihm nicht gegeben, solche Gelegenheiten zu erfassen» (VII,240).

Einige Sätze über den Grundzug der Deutschen, die Hauptmann dem Philosophen Fichte in Erinnerung an dessen denkwürdige «Reden an die deutsche Nation» in den Mund gelegt hat, dürften aber Edith Steins Zustimmung gefunden haben. Gefragt wird: «Was ist der Grundzug der Deutschheit?», und die Antwort lautet: «Jeder Deutsche muß ganz Deutschland sein, und ganz Deutschland stärke dem Deutschen Herz und Hand.»[3] Auch für Edith Stein war das ideale Preußen, dem sie sich verpflichtet wußte, eines der ganz wenigen Völker in der Geschichte, die im eigentlichen Sinne Staat waren: eine vernünftig organisierte Einheit zum Wohle und zur Freiheit aller. Solche Gedanken waren nicht nur Gegenstand z. T. heftiger politischer Diskussionen mit Studienfreundinnen und Kommilitonen, sie bilden auch eine Grundlage für Edith Steins späteres Nachdenken über die sinnstiftenden Zusammenhänge menschlichen Lebens.

Neben der historischen Wissenschaft beschäftigte sich Edith Stein in Breslau «wohl am meisten mit Psychologie» (VII,155), und dies von Anfang an. Die ersten Lehrveranstaltungen, die sie besuchte, waren eine vierstündige «Einführung in die Psychologie» und ein Kolleg über «Naturphilosophie» bei Richard Hönigswald (1875–1947).

Die Psychologie hatte sich erst im Laufe des 19. Jahrhunderts zur eigenständigen Wissenschaft entwickelt und war bald eine Art Modefach geworden. Wer wissen wollte, was im Menschen vorging und wie das Verhalten des Menschen zu erklären sei, der studierte Psychologie, die Wissenschaft von den Gesetzmäßigkeiten des menschlichen Erlebens und Verhaltens. Hierbei gab es zwei Schulen: Die damals wie heute vorherrschende Richtung betrachtet die Psychologie als experimentelle Disziplin, die methodisch der Naturwissenschaft verpflichtet ist, indem sie aus statistisch gewonnenem Material die Ursachen menschlichen Verhaltens ausfindig zu machen und zu erklären versucht. Die andere Richtung der phänomenologischen Psychologie (Dilthey, Brentano, Ebbinghaus, Jaspers) geht vom Erleben in der Selbstbeobachtung aus.

Edith Steins psychologischer Lehrer William Stern (1871–1938), im übrigen der Vater von Günther Anders, vermittelte ihr die empirisch orientierte Richtung der Psychologie.[4] Er gilt als Wiederentdecker der Persönlichkeitspsychologie («Person und Sache», 1918) und vor allem als Begründer der differentiellen Psychologie. Diese hat zahlreiche Standardtests und Interviewmethoden entwickelt, durch die sie in der Lage ist, die verschiedenen sozialen Gruppen (Alter, Geschlecht, soziale Schicht etc.) miteinander zu vergleichen. Sie betrachtet menschliches Erleben und Verhalten in erster Linie unter dem Aspekt der individuellen Unterschiede hinsichtlich persönlicher Eigenheiten, sozialer Herkunft und anderer Merkmale. Es geht ihr dabei um die Herausarbeitung des Typischen und Wesenhaften, etwa um «die Beschreibung der allgemeinen Typen des Kindes, des Jünglings, der Geschlechter, der Berufsgruppen u. dgl.» (B 272). Ihre Ergebnisse finden in der Praxis vor allem überall dort Verwendung, wo eine möglichst präzise Kategorisierung oder Beurteilung der Fähigkeiten oder Verhaltensweisen einzelner Individuen erwünscht ist, also im Personalwesen, in der Betriebspsychologie usw. Der Philosoph Max Müller (1906–1994) berichtet, daß Philosophen aufgrund dieser psychologischen Vorbildung noch im Zweiten Weltkrieg häufig als Heerespsychologen eingesetzt wurden.

Bei dieser kausalanalytischen Erklärung des menschlichen Verhaltens scheiden metaphysische Aspekte als Ursachen aus. Im Sinne eines «methodologischen Atheismus» wird gänzlich davon abgesehen, daß man nur auf dem Hintergrund einer transzendenten Wirklichkeit das Verhalten des geschichtlichen Menschen verstehen kann. Im Zuge ihres Psychologiestudiums bei William Stern sei sie schließlich zur Atheistin geworden, erklärte Edith Stein 1918 der Freiburgerin Philomene Steiger. Noch in ihrer Dissertation (1916) unterstreicht sie, daß der Typ des «homo religiosus» ihr «wesensfremd» sei. Aber dennoch ist Edith Stein mit der Methode Sterns nicht zufrieden. Methodisch wird nämlich das Individuum hier aus dem Gesamtzusammenhang seiner geistigen Welt isoliert und mit Bedeutung erfüllt, indem man es zum Träger von (Charakter-)Eigenschaften macht. Es wird zum ding-analogen Objekt.

Edith Stein sucht Klärung bei Hönigswalds Denkpsychologie und in Kants Philosophie. In diesem Zusammenhang liest sie 1912 Kants «Kritik der reinen Vernunft». Hönigswald war ein Schüler Alois Riehls (1844–1924), der in Freiburg i. Br. eine Richtung der Kant-

Interpretation begründete, die man den «kritischen Positivismus» nennt. Hier wird auf das Bewußtsein und die Vernunft zurückgegangen, und zwar mit einem strengeren Begriffsapparat als in der Psychologie.

Edith Stein drängt es zur Freilegung der Ursprünglichkeit des Menschen. Keine psychologische Arbeit kann das leisten, denn sie setzt die Eigenerfahrung des Individuums immer schon voraus. Auch vermag die Psychologie ihre eigenen Grundbegriffe nicht selbst zu fundieren, sie ist vielmehr in ihrer wissenschaftlichen Begründung auf eine Grundlagenwissenschaft verwiesen, die die Bildung von Begriffen wie etwa «Psyche» zu leisten hätte. «Die Idee der psychischen Realität», schreibt Edith Stein 1918, «und die Kategorien, die sie konstituieren, sind für alle Erfahrung von Psychischem vorausgesetzt und müssen durch eine *apriorische Psychologie* herausgestellt werden» (B 274).

In diesem Zusammenhang wurde Edith Stein im Herbst 1912 von ihrem Mitstudenten Georg Moskiewicz, genannt «Mos», auf die neue philosophische Richtung der Phänomenologie und deren Grundlagenschrift «Logische Untersuchungen» (1900/01) von Edmund Husserl (1859–1937) hingewiesen. In den Winterferien studiert sie den zweiten Band dieses Werkes. Dabei kommt sie zur Überzeugung, daß mit Hilfe einer solchen «deskriptiven Psychologie», wie Husserl seine Methode zunächst nannte, das ursprüngliche Leben freigelegt werden könne.

Im 11. Kapitel des ersten Bandes der «Logischen Untersuchungen» fragt sich Husserl, was eigentlich Wissenschaft zur Wissenschaft mache. Er bemerkt dazu: «... das ist jedenfalls nicht der psychologische und überhaupt reale Zusammenhang, dem sich die Denkakte einordnen, sondern ein gewisser objektiver oder idealer Zusammenhang.» Gegenüber der damals herrschenden psychologischen Erklärungsweise will die Phänomenologie zeigen, daß noch vor allen Empfindungen und empirischen Daten (als Bewußtsein von *etwas)* allein ein der Vernunft (als *Bewußtsein von* etwas) immanenter rein gedanklicher (Wesens-)Bestand die sichere Grundlage für wahre Erkenntnis ist.

Husserl erkennt die Leistung Kants an. Auch für ihn gibt es Bewußtseinsgesetze in unserem Denken. Im Unterschied zum Neukantianismus der Zeit, der allein das «Subjekt», d. h. das transzendentale Bewußtsein, als Bezugspunkt aller Beziehungen denkt, begreift die Phänomenologie nun aber all das, was uns erscheint, als ein Sich-Zeigen, als eine unauflösliche Wechselbeziehung («Korrelation», «Intentionalität») von «Subjekt» und «Sache» («Noese» und «Noema»), die auch das Subjekt in den Bezug zum Ganzen einrückt. «Kant hatte gefragt: *Wie* erscheint etwas? Husserl wird weiterfragen: Wie erscheint *etwas?* ... Dies setzte die seit Kant entzogene Möglichkeit, ‹zu den Sachen selbst› zu gelangen, wieder frei. ‹Die *Sachen selbst›* aber, die durch den Sinn der Worte getroffen werden sollen, sind nicht die einzelnen Dinge der Erfahrung, sondern wie der Wortsinn selbst etwas Allgemeines: die *Idee* oder das *Wesen der Dinge.* Dementsprechend ist die Anschauung, die uns solche Sachen zur Gegebenheit bringt, nicht sinnliche Wahrnehmung und Erfahrung, sondern ein geistiger Akt eigener Art, den Husserl als *Wesensanschauung* oder *Intuition* bezeichnet hat›».[5]

An einem Beispiel verdeutlicht: Im Verstehen sind wir immer auf Zusammenhänge, auf Sinn gerichtet. Wenn man dabei nur etwa die psychologischen und physiologischen Umstände klärt, die einen Künstler dazu befähigt haben, ein Werk zu schaffen, so ist damit noch keineswegs die Qualität und Wirkung seines Kunstwerkes erfaßt. Diese zeigt sich erst, wenn ich es sprechen lasse. Und das gilt für jede Rede: Man kann zwar klären, aus welchen psychologischen oder physiologischen Ursachen jemand etwas sagt, wir sind aber beim Verstehen dessen, *was* jemand sagt, nicht auf diese Ursachen gerichtet, sondern auf den Sinn dessen, was gesagt wird, auf die Sache, um die es – durch die Worte vermittelt – geht. Dies verlangt meine Aufmerksamkeit und erschließt sich als ein unmittelbares Schauen oder phänomenologisches Wahrnehmen. Die phänomenologische Methode sollte ein Weg sein, zu den Dingen zurückzukommen («Reduktion»), d. h. zu dem im Denken Vorausgesetzten zu gelangen. Zum Zweck dieser Selbstaufklärung hat Husserl eine bestimmte Technik entwickelt, die Edith Stein erlernen will und die sie später meisterhaft beherrschen wird.

Die Phänomenologie versucht also, durch ein methodisch geleitetes Verfahren, das alle Fehlerquellen beseitigen will, aus ihren Untersuchungen alles auszuschalten oder wegzustreichen (in der Sprache der Phänomenologie: zu «reduzieren»), «was irgendwie ‹bezweifelbar› ist, was sich irgend beseitigen läßt» (E 1): die Irrtümer fehlerhafter Schlußweisen, Ergebnisse mittelbaren Denkens, Sinnestäuschungen natürlicher Erfahrung usw. Das bedeutet, daß sie sich nur auf Erkenntnisse stützen darf, die eindeutig erwiesen und somit unbezweifelbar sind. So versucht Husserl, den methodischen Zweifel Descartes' weiterzudenken und die Vernunftkritik Kants von ihren unkritischen Bestandteilen zu befreien. Die Erkenntnisarbeit der Phänomenologie muß daher gleichsam von vorn beginnen, denn sowohl unsere natürliche Erfahrung als auch die wissenschaftliche Erkenntnis können nicht-ursprüngliche, noch weiter reduzierbare Elemente enthalten, seien es unausgewiesene Interpretationen oder gar Täuschungen. Deshalb wird auch die Existenzsetzung, die Setzung von etwas als Existierendem, eingeklammert. Zunächst ist nämlich zu klären, wie wir überhaupt dazu kommen, etwas als existierend anzusehen. «So bleibt das ganze ‹Weltphänomen› nach der Aufhebung der Weltsetzung. Und diese Phänomene sind das Objekt der Phänomenologie» (E 2). Die phänomenologische Reduktion klammert sämtliche Theorien, Vormeinungen und Traditionen ein, um so zum Wesentlichen, d. h. zu sicherer und wahrer Erkenntnis, zu gelangen. Wie das geht, das will Edith Stein bei Husserl lernen, und deshalb geht sie nach Göttingen.

In Breslau läßt sie sich aber noch – bereits nach dem vierten Semester! – von Professor Stern im Anschluß an ihre Seminararbeit über die Entwicklung des kindlichen Denkens (WS 1912/13)[6] das Thema zu einer Doktorarbeit geben. Hierzu sollte sie Bildmaterial – im Umfeld von Sterns Untersuchungen zur «Psychologie der frühen Kindheit» (1914) – aus dem «Institut für angewandte Psychologie» in Klein-Glieneke in Berlin verwenden. Ein Besuch in Berlin erbringt jedoch die Einsicht, daß das Material nicht zu gebrauchen ist. Dieser Umstand und die Schwierigkeiten, auf die Moskiewicz sie hinweist, der sich bei Ebbinghaus habilitieren wollte, führen sie zur Erkenntnis: «Mein ganzes Psychologiestudium hatte mich ... zu der Einsicht geführt, daß diese Wissenschaft noch in den Kinderschuhen stecke, daß es ihr an dem Fundament geklärter Grundbegriffe fehle und daß sie selbst nicht imstande sei, sich diese Grundbegriffe zu erarbeiten» (VII,190f.). Was Edith Stein als junger Mensch suchte, war nichts weniger als eine Klärung und damit letzte Begründung aller Erkenntnis. Sie suchte ein sicheres und gegründetes Fundament, einen Halt für ihr Wissen – und für ihr Leben. Ihr Studium begriff sie auch als Chance, den Dingen auf den Grund zu gehen, die letzten Gründe der Wahrheit zu suchen, wozu das Alltagsleben, das uns seinen Takt aufzwingt, kaum Zeit läßt.

Einen Wechsel des Studienortes nach einigen Semestern, wie er damals und heute üblich ist, hatte Edith Stein bereits vage ins Auge gefaßt und dabei an Heidelberg gedacht. Doch erst die Anfrage von Nelli Courant, ob sie nicht nach Göttingen kommen wolle, wird zum unmittelbaren Anlaß, Breslau zu verlassen. Nelli war mit dem Mathematiker Richard Courant verheiratet, einem Cousin Edith Steins, der zu dieser Zeit Privatdozent in Göttingen war. Sie war frisch verheiratet, fühlte sich einsam und kannte in Göttingen kaum jemanden. Ihr Mann widmete sich ganz und gar seiner Arbeit und hatte kaum Zeit für sie, was später zum Scheitern dieser Ehe führen sollte. Daher wünschte sie sich jemanden aus ihrem Bekanntenkreis, der ihr in der Anfangszeit Gesellschaft leistet. So zieht Edith Stein nach Göttingen und bringt ihrerseits zur Gesellschaft ihre Freundin Rose mit. Wie in Hamburg sollte auch hier der Aufenthalt befristet sein, nämlich auf ein Semester, doch daraus wurden schließlich vier.

Edith Steins Göttinger Jahre

Göttingen I: Die ersten Semester in Göttingen – die Phänomenologie und die Phänomenologen

Göttingen war für Edith Stein «der Anfang eines neuen Lebensabschnitts» (VII,237), in dem sie intensiv mit der Philosophie vertraut wurde. Hier erschloß ihr Edmund Husserl die neue Wissenschaft der Phänomenologie, der Philosoph Max Scheler wies sie auf «einen Bereich von ‹Phänomenen›», an denen sie nun «nicht mehr blind vorbeigehen konnte» (VII,230), und schließlich eröffnete ihr die Begegnung mit Adolf Reinach «einen ersten Blick in eine ganz neue Welt» (VII,218).

Göttingen, eine ehemalige Hansestadt im Herzen Deutschlands mit vielen historischen Baudenkmälern, war damals ein überschaubares Städtchen mit ca. 30 000 Einwohnern. Die Stadt hatte sich im 19. Jahrhundert durch das Wirken der Gebrüder Grimm (Germanistik), durch den Mathematiker und Physiker C. F. Gauß und die Göttinger Sieben – sieben Professoren, die 1848 für die Rechte des Volkes und gegen die Aufhebung der Verfassung durch den Kurfürsten von Hannover protestiert hatten – einen bedeutenden Namen als Ort der Wissenschaft gemacht. Edith Stein erschloß sich zunächst die Stadt und mit der Zeit dann auch die Umgebung. Mit Freunden und Freundinnen unternahm sie viele Wanderungen in die mitteldeutsche Landschaft. Dabei lernte sie Kassel und Goslar, Weimar, Jena und Hildesheim kennen, den Harz und das Weserland. Wenn sie auch ein rechtes Studentenleben führte, so stand doch immer das ernste Arbeiten im Vordergrund.

Für den Anfang in einer fremden Welt spielen persönliche Kontakte eine überaus wichtige Rolle. Durch ihre Freundin Rose und durch Mos, die Edith Stein nach Göttingen gefolgt waren, sollte der Übergang menschlich leichter werden. Durch ihren Cousin Richard Courant blieb nicht nur ein Stückchen Familienbindung erhalten, sondern es war zugleich ein erster Kontakt zur universitären Welt gegeben. Um Wohnung, Unterhalt und Verpflegung mußte sich jeder Studierende selbst kümmern. Edith Stein mietete in Göttingen eine «Bude» in der Langen Geismarstraße 2, zunächst gemeinsam mit ihrer Freundin Rose, die Mathematik studierte. Später ist sie mehrfach umgezogen. Sie kochte nicht selbst, sondern ging zum Essen in eine günstige Gaststätte oder hatte Vollpension.

Die Professoren legten Wert darauf, ihre Studenten und Studentinnen persönlich kennenzulernen. Husserl hielt sich sogar einen Nachmittag frei, an dem ihn jeder seiner Studierenden aufsuchen und ihm seine Probleme oder Gedanken vortragen konnte. Am Ende eines Semesters pflegten die Professoren ihre Studenten zu einer Abschlußfeier bei sich zu Hause einzuladen. Empfehlungen anderer Professoren oder bedeutender Persönlichkeiten anderer Universitäten waren in diesem überschaubaren Studienbetrieb immer von Vorteil.

Als Hauptgrund, der sie nach Göttingen führte, nennt Edith Stein «die Phänomenologie und die Phänomenologen» (VII,217). Sie studierte hier aber auch bei anderen renommierten Professoren wie dem Philosophen Leonard Nelson und dem Historiker Max Lehmann, einem Schüler des großen deutschen Historikers Leopold von Ranke. Voller Stolz bezeichnet sich Edith Stein in ihrer Autobiographie als Enkelschülerin Rankes. Und dies durchaus nicht nur in einem äußerlichen Sinne. Edith Stein ließ sich von der historischen Weltanschauung Rankes anregen.

Ranke sah den Sinn von Geschichte nicht mehr wie die christliche Geschichtsdeutung oder deren säkulare Vertreter im deutschen Idealismus in der Ausrichtung auf ein Ziel hin – sei es das Reich Gottes oder das Reich des Geistes und der Freiheit –, dem sich die Geschichte immer mehr annähert, so daß im Sinne eines Fortschrittsdenkens alles Frühere vom Späteren überholt wird. Obwohl Ranke an der Einheit der Geschichte festhält, liegt der Sinn der Geschichte für ihn – mit Herder – in der Geschichte selbst. Geschichte ist der lebendige Zusammenhang des Lebens, in dem wir stehen, den aber keiner von uns ganz erlebt. Mit unserer Freiheit greifen wir in diesen Zusammenhang ein und werden zugleich von ihm bestimmt. Lebendige Freiheit erfährt am Vorgegebenen zugleich Ausdruck und Grenze und wird so erst, zunächst für die Zeitgenossen, verständlich. Gerade dieses Spiel von Freiheit und Begrenzung schafft eine unerschöpfliche Vielfalt geschichtlicher Gestalten, eine Fülle und Mannigfaltigkeit des Menschlichen. Dieser Reichtum macht den eigentlichen Wert und den Sinn der Geschichte aus. Dabei ist jedoch keine Epoche der anderen überlegen, vielmehr hat jede ihre eigene Wertigkeit und ihren eigenen Sinn oder, wie Ranke sich ausdrückt: Jede Epoche ist «unmittelbar zu Gott». Damit aber erschöpft sich noch nicht die Kraft geschichtlicher Freiheit. Geschichtliche Lebenskraft kann in anderen Zeiten erneut zur Wirkung kommen und hier vielleicht sogar auf Bedingungen treffen, unter denen sie neu und besser verstanden wird. Die geschichtliche Kraft ist nicht nur die Wirkung einer Ursache, sondern ein Vermögen, immer neue Wirkungen hervorzubringen. Daraus folgt, daß diese Kraft nicht von ihren Äußerungen her empirisch rekonstruiert werden kann, sondern vielmehr nur in der Weise des «Inneseins» zu verstehen ist. Und dies wiederum ist es, was Edith Stein an der Geschichtswissenschaft ihrer Zeit kritisiert: «Die genaueste Feststellung alles dessen, was Friedrich der Große vom Tage seiner Geburt bis zu seinem letzten Atemzuge getan hat, gibt uns nicht einen Funken von dem Geist, der in die Geschicke Europas umgestaltend eingriff, während der verstehende Blick sich seiner in einer hingeworfenen Bemerkung, in einem kurzen Brief bemächtigt. Die bloße Aneinanderreihung der Tatsachen macht aus einem sinnvollen Geschehen ein blind kausal geregeltes» (E 126).

Bei Max Lehmann besuchte Edith Stein im Sommersemester 1913 ein Seminar, in dem die Reichsverfassung von 1871 mit der von 1849 verglichen wurde. Dafür verfaßte sie eine aufwendige Arbeit, durch die sie «das ganze Semester hindurch etwas unter Druck» (VII,236) stand. Das Resultat mit dem Titel «Die Verwirklichung der Parteiprogramme in dem Verfassungsentwurf von 1849» war schließlich so überzeugend, daß Max Lehmann bereit war, diese Arbeit als Staatsexamensarbeit in Geschichte anzunehmen.

Als Edith Stein 1913 nach Göttingen kam, war der Ruf der Phänomenologie über die Fachphilosophie noch kaum hinausgedrungen. Zu einer Modeerscheinung mit der Faszination des Neuen wird die Phänomenologie erst in den Nachkriegsjahren. Edith Steins Studium der Phänomenologie begann mit dem Kennenlernen der Phänomenologinnen und Phänomenologen im Kreis der «Göttinger Philosophischen Gesellschaft» um Edmund Husserl, Adolf Reinach und Max Scheler.

Die Phänomenologie Edmund Husserls stellte sich die ungeheure Aufgabe, die ganze Wirklichkeit neu zu erforschen. Das war eigentlich nur mittels einer gemeinsamen Anstrengung zu verwirklichen, im intensiven Dialog einer sich über Generationen erstreckenden idealen Lebens- und Arbeitsgemeinschaft. Insofern gehörte eine Schule, die gemeinsam nach Wahrheit suchte, der Sache nach zum Wesen der Phänomenologie. In den Kreis der

«Göttinger Philosophischen Gesellschaft» wurde Edith Stein von Georg Moskiewicz eingeführt, der ein Semester in Göttingen studiert hatte.

Bei dieser «Gesellschaft» handelte es sich ursprünglich um eine Gruppe von Münchner Studenten, Schülern von Theodor Lipps, die unter Führung von Johannes Daubert und Theodor Conrad 1905 nach Göttingen gekommen waren, um bei Husserl zu studieren. Moskiewicz hatte selbst noch an den Sitzungen dieser «Phänomenologischen Gesellschaft» teilgenommen, die den Ruf begründeten, in Göttingen philosophiere man Tag und Nacht. Das Leben dieser Gruppe erstreckte sich nicht nur auf philosophische Begegnungen, sondern führte bald auch zu persönlichen Bindungen, die oft ein Leben lang hielten. Mit Roman Ingarden hat Edith Stein eine lebenslange (Brief-)Freundschaft unterhalten, Hedwig Conrad-Martius wurde ihre engste Freundin, und auch deren Mann Theodor Conrad blieb sie – ebenso wie Hans Lipps, Alexander Koyré, Dietrich von Hildebrand, Erika Gothe, Jean Hering und anderen – ein Leben lang verbunden. Viele Mitglieder der «Phänomenologischen Gesellschaft» waren erst nach einem anderen Beruf zur Phänomenologie gekommen. Hans Lipps war Dragoner, als er die Phänomenologie entdeckte, Winthorp Bell Ingenieur. Manche hatten auch anderswo schon Philosophie studiert wie Fritz Kaufmann (bei Natorp in Marburg) oder Betty Heymann (bei Georg Simmel).

Meist zum Ende des Semesters lud man bekannte Professoren von auswärts – zu Edith Steins Zeit war es Max Scheler – zu oft mehrwöchigen Gastvorlesungen ein. So wurden die neuesten Erkenntnisse der Wissenschaften, insbesondere der Philosophie, ausgetauscht und mit führenden Persönlichkeiten erörtert. Durch diese Arbeitsweise floß auch manches in Edith Steins schriftliche Arbeiten ein, von dem sie später nicht mehr genau wußte, ob sie es selbst entdeckt oder von anderen gehört hatte.

Im Sommersemester 1913 war zwar kaum noch jemand aus der «ersten Generation» der «Göttinger Philosophischen Gesellschaft» anwesend, aber die Gruppe um Rudolf Clemens (Sprachwissenschaftler), Fritz Frankfurther (Mathematiker), Hans Lipps (Mediziner), Friedrich Neuman und Günther Müller (Germanisten), Fritz Kaufmann, Betty Heymann, Grete Ortmann und Erika Gothe erlebte gerade eine der fruchtbarsten Zeiten der Phänomenologie.

Der eigentliche Begründer der Phänomenologie und Orientierungspunkt der Göttinger Phänomenologen war *Edmund Husserl* (1859–1937), den die Studierenden respektvoll «Meister» (VII,220) nannten und der ihnen und auch Edith Stein als «der Philosoph unserer Zeit» (VII,188) galt. Husserl hatte 1876–1882 in Leipzig Philosophie und Mathematik studiert. «Man darf sich nicht zu gut sein, um an den Fundamenten zu arbeiten», pflegte er zu sagen. Über der Klärung von Grundlagenfragen in der Mathematik war er zum Philosophen geworden. Seine Dissertation trug den Titel «Über den Begriff der Zahl. Psychologische Analysen» (1883). Dann folgten lange Jahre der Umorientierung, die Husserl als Privatdozent in Halle (1887–1901) ohne jede Zukunftssicherung verbrachte. Seine Frau betrachtete diese harten Jahre und die Philosophie insgesamt «als das Unglück ihres Lebens. ... Diese Erfahrungen bestimmten Frau Malvine, ihre drei Kinder der Philosophie fernzuhalten» (VII,221). Mit den «Logischen Untersuchungen» (1900/01) gelang Husserl zwar der philosophische Durchbruch, aber erst 1906, im Alter von 47 Jahren, erhielt er eine ordentliche Professur.

Edmund Husserl war «ein vornehmer Professorentypus» (VII,219), ein Herr Geheimrat, tief im 19. Jahrhundert verwurzelt und persönlich distanziert. Bei kaum einem anderen Lehrer aber dürfte Edith Stein eine radikalere Hingabe an die Sache der Philosophie und eine bedingungslosere Suche nach der Erkenntnis von Wahrheit erlebt haben. Husserl ging ganz in seiner Arbeit auf und ordnete ihr alles unter. Er litt selbst «am meisten darunter ..., daß er seine Menschlichkeit seiner Wissenschaft geopfert hat» (VIII,44; 22.11.19). Den Studierenden gegenüber «gab er sich die größte Mühe, (sie) zu strenger Sachlichkeit und Gründlichkeit, zu ‹radikaler intellektueller Redlichkeit› zu erziehen» (VII,229). Er brauchte «einen Menschen, bei dem er Verständnis voraussetzen durfte, um laut zu denken und vor ihm eigene Entdeckungen zu entfalten. Da wurden in ihm Kräfte des Schauens und auch des sprachlichen Fassens wach, die beim einsamen Arbeiten doch nicht so leicht zu wecken waren. ... Ich habe» – dies schreibt Roman Ingarden – «Husserl einmal ... gesehen, wie er einsam arbeitete. Ich sah, wie unruhig er im Zimmer wandelte, wie lebhaft er gestikulierte, sich von Zeit zu Zeit an den Schreibtisch setzte, um einige Worte zu notieren, und dann wieder aufsprang und im Zimmer wandelte, als ob er gewisse Widerstände zu überwinden suchte. Er machte den Eindruck, als ob ihm das Denken bzw. das Erschauen viel kostete. Im Gespräch war dies durchaus nicht der Fall.»[7]

Max Scheler (1874–1928) war der allseits bewunderte Genius der Phänomenologie. Während Husserl abstrakt blieb, verband Scheler die Phänomenologie mit dem Leben. Auch Edith Stein empfand ihn als mitreißende und faszinierende Persönlichkeit von großer Ausstrahlungskraft und mit einem ungeheuren Bildungshorizont. Er hatte seine Einfälle mitten in Gesprächen und schrieb sie auch dann und wann auf die gestärkte Manschette, wenn kein Papier zur Hand war. «Nie wieder ist mir an einem Menschen», schreibt Edith Stein sechs Jahre nach Schelers Tod, «so rein das ‹Phänomen der Genialität› entgegengetreten. ... Schelers Art aber, geniale Anregungen auszustreuen, ohne ihnen systematisch nachzugehen, hatte etwas Blendendes und Verführerisches» (VII,229). Husserl setzte dem etwas despektierlich entgegen: «Man muß Einfälle haben; aber man darf sie nicht veröffentlichen.» Während sich bei ihm die Manuskripte häuften und unbearbeitet liegenblieben, so daß das Publizieren für ihn zur Qual wurde, brachte Scheler Schrift um Schrift heraus. Während Husserl «von nüchternen und abstrakten Dingen» dozierte, redete Scheler «von lebensnahen Fragen ..., die jedem persönlich wichtig sind und besonders junge Menschen bewegen» (VII,229). Er sprach von ethischen Fragen, von Liebe und Haß, Sympathiegefühlen usw. Und er konfrontierte die jungen Studenten so auch wieder mit Fragen der Religion und der Religionsphilosophie. Scheler war nämlich zu dieser Zeit «ganz erfüllt ... von katholischen Ideen» (VII,230).

Der eigentliche Lehrer Edith Steins in Göttingen aber war *Adolf Reinach* (1883–1917). Er war Jurist und Philosoph, seit 1909 Privatassistent Husserls und habilitierter Privatdozent. Husserl bezeichnete ihn als «eine der wenigen sicheren und großen Hoffnungen der zeitgenössischen Philosophie» (Frankfurter Zeitung vom 6.12.1917). Neben einer außergewöhnlichen Auffassungsgabe besaß er auch eine für Philosophen ungewöhnliche didaktische Begabung. Mos hatte Edith Stein schriftlich bei Reinach angekündigt und angedeutet, daß sie sich bereits mit Phänomenologie beschäftigt habe. Trotz mancher Erzählung von Mos war Reinach für Edith Stein zunächst ein Fremder. Um so überraschter war sie dann über den Menschen, der ihr zu Beginn des Sommersemesters 1913 entgegentrat. Trotz seiner vielversprechenden Zukunft war Reinach weder eitel noch eingebildet, er war weder in seine Gedanken versponnen noch distanziert, sondern vielmehr interessiert und offen. Edith Stein erlebte ihn als herzlichen und gütigen Menschen, von dem sie sich angenommen fühlte und zu dem sie sofort Vertrauen faßte. Bei Reinach und in seinem Arbeitszimmer, das ein Nachdruck von Michelangelos Fresko der Erschaffung Adams aus der Sixtinischen Kapelle zierte, fühlte sie sich zu Hause: «Die Stunden in dem schönen Arbeitszimmer» – hier fanden auch Reinachs Seminare statt –, schrieb sie später, «waren die glücklichsten in meiner ganzen Göttinger Zeit» (VII,243).

Nach außen ließ sie sich das nicht anmerken, sie war wie gewöhnlich eher wortkarg. Bald kündigte Reinach sie auch bei Husserl an und erbot sich sogar, sie in sein Seminar für Fortgeschrittene aufzunehmen, das sich damals mit dem Thema «Farben ... und die Eigenfarben von Dingen» beschäftigen sollte. «Ich war nach dieser ersten Begegnung sehr glücklich und von tiefer Dankbarkeit erfüllt. ... Daß die nächsten Angehörigen, die einen jahrelang kennen, einem Liebe erweisen, schien mir selbstverständlich. Aber hier lag etwas ganz anderes vor. ... Es war mir, als sei mir noch nie ein Mensch mit einer so reinen Herzensgüte entgegengekommen» (VII,218).

Auf Husserl trifft Edith Stein das erste Mal im philosophischen Seminar, wo die neuen Studenten sich nach der Sitzung vorstellen mußten. Sie will seine Vorlesung «Natur und Geist» und sein Seminar über die «Ideen I» besuchen. Er erkundigt sich freundlich nach ihren Vorkenntnissen. Als Edith Stein ihm berichtet, sie habe den zweiten Band der «Logischen Untersuchungen» ganz gelesen, meinte er: «‹Den ganzen II. Band? Nun, das ist eine Heldentat›» (VII,219). Damit war Edith Stein ins Seminar über die «Ideen I» aufgenommen. Sie kaufte sich umgehend das Buch, las es und ging auf Husserl zu: Bereits «am ersten ‹offenen Nachmittag› fand ich mich als erster Gast bei Husserl ein und trug ihm mein Bedenken vor» (ebd.). Diese Bedenken wurden im Seminar noch verstärkt. Sie sollten ihre sachliche Auseinandersetzung und ihr weiteres Arbeiten mit Husserl prägen.

So lernte Edith Stein im Sommersemester 1913 Göttingen und die Phänomenologen kennen. Ihr Studienschwerpunkt lag in diesem Semester auf dem bereits erwähnten Seminar bei Max Lehmann und auf Fragen der Ethik und der phänomenologischen Erkenntnistheorie. Mit ihrem Besuch der Vorlesungen von Leonard Nelson vertiefte sie ihre bei Hönigswald und im persönlichen Studium erworbenen Kenntnisse über Kant. Nelson behandelte in diesem Semester die «Kritik der reinen Vernunft» und den «kategorischen Imperativ»: *«Handle so, daß du die Menschheit, sowohl in deiner Person als in der Person eines jeden anderen, jederzeit zugleich als Zweck, niemals bloß als Mittel brauchest.»*

Damit stand der Sommer 1913 also ganz im Zeichen zahlreicher neuer Eindrücke und Begegnungen. Edith Stein lebte sich in Göttingen ein. Am meisten fühlte sie sich zu Adolf Reinach und Hans Lipps hingezogen und überhaupt zu Menschen, die ihr Herzlichkeit und Güte entgegenbrachten wie Fritz Kaufmann und Georg Moskiewicz. Edith Stein wollte nun aber auch in diesem Kreis ihre Fähigkeiten unter Beweis stellen. So beschließt sie, ohne daß irgendein äußerlich zwingender Grund vorgelegen hätte, bereits jetzt – im sechsten Semester! – sich das Thema zu einer Doktorarbeit geben zu lassen, und zwar im Fach Philosophie und von keinem Geringeren als von Husserl selbst. Üblich war, daß man zuerst das Staatsexamen ablegte, eine Staatsexamensarbeit anfertigte und dann mit dem Professor über ein Doktorthema sprach. Zudem war bekannt, daß eine Promotion bei Husserl für gewöhnlich mehrere Jahre in Anspruch nahm. Aber Edith Stein hat sich in den Kopf gesetzt, im darauffolgenden Semester sowohl mit den Vorbereitungen zum Staatsexamen als auch mit der Erarbeitung ihrer Dissertation zu beginnen. Die Depressionen, die sich noch in den letzten Semestern immer wieder an solche Phasen der Überanstrengung angeschlossen hatten, schienen vergessen.

In seiner Vorlesung «Natur und Geist», die Edith Stein im Sommersemester 1913 besuchte, hatte Husserl «davon gesprochen, daß eine objektive Außenwelt nur intersubjektiv erfahren werden könne, d. h. durch eine Mehrheit erkennender Individuen, die in Wechselverständigung miteinander ständen. Demnach sei eine Erfahrung von anderen Individuen dafür vorausgesetzt ..., aber er sprach sich nicht darüber aus, worin sie bestünde. Das war also eine Lücke, die es auszufüllen galt» (VII,238). Edith Stein wollte klären, wie unsere «Erfahrung von anderen Individuen» – damals «Einfühlung» genannt – aussieht und welche Bedeutung sie für das Zustandekommen von Erkenntnis hat.

Sie faßt sich also ein Herz und bittet Husserl um ein Thema für ihre spätere Doktorarbeit – wohl die Kühnheit einer ahnungslosen Anfängerin. Husserl verlangt denn auch ungerührt, daß sie zunächst einmal ihr Staatsexamen ablegen sollte. Er weist sie darauf hin, daß man genügend Sachkenntnis haben müsse: «Es tauge nichts, nur Philosophie zu betreiben, als solide Grundlage brauche man gründliche Vertrautheit mit den Methoden der anderen Wissenschaften» (VII,238). Aber schließlich kommt er ihr doch mit dem Angebot entgegen, das von ihr gewünschte Thema der «Einfühlung» als Thema einer Staatsarbeit zu akzeptieren, die dann später zur Doktorarbeit ausgeweitet werden kann.

Noch bevor das Semester zu Ende geht, lernt Edith Stein Max

Scheler persönlich kennen und mit ihm das zweite, soeben im «Jahrbuch» erschienene große Werk der Phänomenologie zu jener Zeit mit dem Titel «Der Formalismus in der Ethik und die materiale Wertethik» (1913/16), eine Kritik der Kantschen Ethik. Die «Philosophische Gesellschaft» bereitete sich auf Schelers Besuch vor, indem man zwischen dem 21. Mai und dem 18. Juni in jeweils wöchentlicher Sitzung zu klären versuchte, was unter dem Begriff «Zweck» zu verstehen sei. Da Edith Stein bis zum Ende des Sommersemesters 1914 die Protokollführerin war, sind uns diese Gespräche durch ihre Aufzeichnungen erhalten geblieben. Scheler selbst sprach dann über sein ganz neues Buch «Zur Phänomenologie und Theorie der Sympathiegefühle» (1913) und äußerte sich «scharf gegen die idealistische Wendung» der Husserlschen Phänomenologie. Edith Stein war darauf aus, auch hier «möglichst viele sachliche Anregungen zu erhaschen» (VII,228).

Von Scheler lernt Edith Stein, daß nicht nur Wille und Vorstellung zu den Erkenntnisquellen des Bewußtseins gehören, sondern auch die Liebe. Denn: Je liebloser wir mit etwas umgehen, desto weniger sind wir offen für diese Sache oder diesen Menschen; je liebevoller, desto mehr sind wir bereit, uns zurückzunehmen, damit Sache und Person selbst sprechen. Diese Haltung entspricht dem ursprünglichen Sinn von Demut, der Edith Stein auf diesem Wege erschlossen wird.

Scheler macht seinen Zuhörern aber auch klar, daß die Liebe einen ausgezeichneten Wert für die Erkenntnis des Menschen bedeutet. Von sittlicher Liebe im prägnanten Sinne könne man nur dann sprechen, wenn man nicht etwas *an* der Person liebt, sondern die Person *als Ganzes,* das Du und sein Geheimnis. Sie ist allein dann «absolute» Liebe, wenn sie nicht abhängig ist vom Wechsel der Eigenschaften einer Person, d. h.: Liebe ist eine gegenstandslose Erkenntnis. «Die Liebe gründet sich auf den erfaßten Wert der geliebten Person, und andererseits: nur dem Liebenden erschließt sich der Wert einer Person voll und ganz» (VI,191), heißt es bei Edith Stein 1918. Und etwa um dieselbe Zeit schreibt sie: «Es gibt ... ein *Festhalten* an einem Menschen allen Erfahrungen zum Trotz und durch sie prinzipiell nicht tangierbar. Es orientiert sich an etwas im Menschen, was durch allen Wandel hindurch und unter allem Wandel bleibt. Der wahrhaft Liebende sieht den Geliebten so wie er ‹aus Gottes Hand hervorging›, so wie er in der Aktualität sein könnte, wenn er ganz er selbst und bei sich wäre. ... Wir werden in dieser absoluten Beziehung zu einem Menschen von seinem personalen Seinsbestand berührt wie von der Hand Gottes. Hier ist ... absolute und in sich selbst als absolute gekennzeichnete Gewißheit, die bleibt, auch wenn sich die Überzeugung, ‹daß es wirklich so ist› eventuell auf Grund von Erfahrungen in Zweifel und schließlich in ihr Gegenteil verwandeln mag» (VI,190f.). Diese Einsichten, die ihr Denken über den Kern und die unableitbare Würde der Person bestimmen, verdankt Edith Stein Max Scheler.

Mit einer Fülle neuer Eindrücke, den Themen zu zwei Staatsexamensarbeiten und der Aussicht auf eine Doktorarbeit verläßt Edith Stein Göttingen. War sie im April auf Wunsch der Frau ihres Cousins nach Göttingen gekommen, um nur für ein Semester zu bleiben, so stand jetzt bereits fest, daß sie wiederkommen würde. Weil Rose aber endgültig nach Breslau zurückging, kündigte sie ihr Zimmer und verbrachte den Sommer 1913 zu Hause in Breslau. Zeitig vor Beginn des Wintersemesters kehrt sie sehr motiviert nach Göttingen zurück. Und doch wird gerade dieser Winter für sie zu einer sehr harten Zeit. Es sollte «der schreckliche Winter 1913/14» (VII,341) werden.

Zwar brachte ihr auch dieses Semester reiche philosophische Anregungen: Die «Philosophische Gesellschaft» diskutierte über das Wesen der «Doxa» (Meinung), ein Thema aus dem Gebiet der reinen Logik (4.12.1913 bis 2.2.1914), Husserl las über Kant, und bei Reinach hörte sie eine «Einführung in die Philosophie». Auch konnte sie nun endlich am Seminar Reinachs (über das «Problem der Bewegung») teilnehmen und an die Prüfungsvorbereitungen sowie an die Staatsexamensarbeit bei Husserl gehen. Aber seelisch geriet sie in mancherlei Bedrängnisse. Bereits die Tatsache, daß ihre Freundin Rose nicht mehr bei ihr war, erfüllte sie mit qualvollem Heimweh. Sie brachte es nicht fertig, die früheren Wirtsleute zu besuchen, ja sie wagte es nicht, durch die Lange Geismarstraße zu gehen; ihr neues Quartier lag in der Schillerstraße 32. Man geht wohl nicht fehl, wenn man sich bei diesen Bemerkungen an ihre frühkindlichen Ängste erinnert, von denen bereits die Rede war. Vermutlich bilden sie eine Seite ihres Wesens, die Außenstehenden zwar verborgen blieb, die aber von Zeit zu Zeit wirksam wurde. Das sollte sich jetzt wieder bestätigen, denn es folgten nun schlimme Monate. Doch niemand hatte sie gezwungen, schon in diesem Semester für Staatsexamen und Doktorarbeit gleichzeitig zu arbeiten. Niemand drängte sie zu solcher Eile. Sie allein hatte sich all das in den Kopf gesetzt, gemäß dem Motto ihrer Mutter: «Was man will, das kann man!» Aber jetzt erlebt sie das Gegenteil. Sie will, und sie kann nicht. Sie will unbedingt, aber der Wille gehorcht ihr nicht. Sie will eisern, aber «die unerbittliche Wand wollte nicht nachgeben» (VII,246). Die zweite große Krise ihrer Studienzeit hatte begonnen.

Hatte sie sich nicht im vorigen Semester noch klargemacht, daß Erkennen, daß die Intuition, der Initialakt der Phänomenologie, ein Empfangen ist? Nun erfährt sie leibhaftig, wie schwierig diese Haltung ist. Sie liest und schreibt, schreibt und liest: die Werke von Theodor Lipps vor allem, aber auch Scheler, Karl Jaspers, Volkelt, Klages, F. Vischer. Jeder hat seine Theorie darüber, wie wir zur Erfahrung von äußerer Wirklichkeit kommen. Doch welche Theorie ist richtig? Welche trifft die Sache? Und woher kommt der Maßstab zur Beurteilung? Edith Stein arbeitet unermüdlich, aber eine Antwort bleibt ihr versagt. Ihre Arbeitstage dauern von sechs Uhr morgens bis Mitternacht, mit nur kurzen Unterbrechungen, oft ohne richtige Mahlzeit. Selbst wenn sie zu Bett geht, läßt die innere Anspannung nicht nach. Sie legt sich Papier und Bleistift auf den Nachttisch, fährt immer wieder im Traum auf und schreibt nieder, was ihr eingefallen ist. Schlaflosigkeit stellt sich ein. Eine Fülle von Notizen entsteht. Gelesenes und Gedachtes wirbelt chaotisch in ihrem Kopf. Der Faden will sich nicht finden lassen, an dem das Vielerlei sich ordnen ließe, und die

Fragen werden immer verschachtelter. «Ich tastete mich wie im Nebel voran. Was ich niederschrieb, erschien mir selbst seltsam, und wenn jemand anders alles für Unsinn erklärt hätte, so hätte ich ihm sofort geglaubt» (VII,251).

In dieser Situation sehnt sich jeder nach einem vertrauten Menschen. Es tat ihr gut, Hans Lipps' «hohe Gestalt und seine marineblaue Jacke irgendwo auftauchen zu sehen» (VII,248). Aber die kritischen Einwände dieses Kommilitonen zerstörten die Hoffnung auf Bestätigung und Klarheit. Der Eindruck verstärkt sich, daß sie sich an etwas herangewagt hat, was über ihre Kräfte geht. Allmählich wird ihr dieser Zustand unerträglich, sie fällt in schwere Depression. Gefühle von Verzweiflung stellen sich ein. Todeswünsche tauchen auf. Sie phantasiert von Unfällen, die sie aller Qual entreißen würden. Sie will Vernunftgründe zu Hilfe rufen, aber sie wirken nicht.

Steckt da ein Prüfling in Weltschmerzstimmung? Das vielleicht auch. Aber es ist noch etwas Tieferes: Ein junger Mensch wird in eine Grenzerfahrung gestoßen, die ihn zu zerbrechen droht. Bislang hatte Edith Stein aus ihrer Person und aus ihrem Leben all das gemacht, was sie daraus machen wollte. So war sie «etwas geworden»: der bewunderte Liebling der Familie, die glänzende Schülerin und Abiturientin, zielbewußt und willensstark. Nun ist ihr alles entschwunden. Daß ihre Begabung völlig ausreicht, beweist das spätere Ergebnis. Jetzt aber will der zündende Funke nicht mehr überspringen, jener schöpferische Innenstoß, der alles Angesammelte in sinnvolle Bewegung setzt, bleibt aus. Inzwischen ist es Weihnachten 1913, und sie fährt zu ihrer Schwester Else nach Hamburg. Der Mutter, die sie dort trifft, sagt sie von ihren Schwierigkeiten kein Wort. Und als sie nach Göttingen zurückkehrt, wird es nicht besser.

In einer solchen Lage kann Hilfe wohl nur von außen kommen. Bereits des öfteren war sie ihrer Arbeit wegen bei Husserl vorstellig geworden. Aber der Gelehrte ergreift jedesmal selbst das Wort, und sie bleibt ungetröstet zurück. Da gibt ihr Mos den Rat, sich an Adolf Reinach zu wenden, Husserls jungen Privatdozenten, mit dessen Frau sie inzwischen herzlich befreundet ist. Zu Reinach hatte sie ja von Anfang an Vertrauen gefaßt, und während des Semesters hatte er sich fachlich und menschlich als ein guter Mentor erwiesen: «Wir waren uns wohl alle darin einig, daß wir hier methodisch am meisten lernten. ... Das war kein Dozieren und Lernen, sondern ein gemeinsames Suchen, ähnlich wie in der philosophischen Gesellschaft, aber an der Hand eines sicheren Führers» (VII,243).

«Alles ist so unklar», klagt sie ihm. Er lacht freundlich auf. «Über Unklarheiten können wir uns sicher klarwerden» (VII,250), meint er. Und er gibt ihr den Rat, frischweg mit dem Niederschreiben eigener Gedanken zu beginnen. Er will es dann ansehen und weiterhelfen. Tatsächlich ist ja die Schreibhemmung in solchen Lagen das schwerste Hindernis. Edith Stein faßt wieder Mut und fängt an. «Es war», so schreibt sie, «eine so große Anspannung wie noch nichts in meinem Leben. Ich glaube, es kann sich niemand davon eine Vorstellung machen, der nicht schon philosophisch-schöpferisch gearbeitet hat» (VII,251). Hier ist schöpferisch das wichtige Wort. Schöpferisch ist die aus der Mitte der Person aufsteigende Kraft. Mag sich die Wahrheitssuche denkerisch oder künstlerisch oder sonstwie artikulieren – auch das Kontemplative ist schöpferisch –, nie wird Wahrheit verdient oder geleistet, sie wird letztlich geschenkt und empfangen. Sie ist Ereignis, das den Suchenden mit einbezieht und umfängt. Durch solche Grunderfahrungen, die in irgendeiner Form zur menschlichen Reifung unerläßlich sind, ist sicherlich auch in Edith Stein Schritt für Schritt der Zugang freigelegt worden zu jenen meditativen Fähigkeiten, die ihr späteres Leben immer deutlicher begleiten. Innerhalb von drei Wochen waren 30 große Seiten beschrieben. Diese bringt sie zu Reinach, der liest es und ermuntert sie zur zügigen Weiterarbeit. Reinach hatte durch seinen Zuspruch freigesetzt, was sich in ihr angestaut hatte. Menschliche Zuwendung und Vertrauen hatten die Erkenntnishemmungen gelöst. Wie «durch ein Zauberwort [war] die ungeheuerliche Ausgeburt meines armen Kopfes in ein klares Ganzes verwandelt» (VIII,253).

Während Reinach acht Tage in Mainz war – das Semester war eben vorüber –, arbeitete Edith Stein fast ohne Unterbrechung. 1934 erinnert sie sich: «Nach einer Woche war ich fertig. Es war acht Uhr abends, ein feiner Regen begann herabzurieseln. Aber ich konnte es nicht mehr im Zimmer aushalten, ich mußte hingehen und feststellen, wann Reinach zu erwarten war. Als ich zum Steingraben kam, bog gerade eine Taxe vom Friedländerweg her ein und fuhr die Straße hinauf. Sie hielt vor Reinachs Haus – einige Augenblicke später wurde in seinem Arbeitszimmer Licht. Ich machte auf dem Absatz kehrt und ging heim. Mit welcher Freude und Dankbarkeit, das vermag ich nicht zu sagen. Noch heute, nach mehr als zwanzig Jahren, spüre ich etwas von dem tiefen Aufatmen.» Auch diesmal nahm er ihr die Angst davor, versagt zu haben. «Husserl werde sich darüber freuen, er bekäme nicht oft solche Arbeiten.» Edith Stein fühlte sich nach diesen beiden Besuchen bei Reinach «wie neugeboren. Aller Lebensüberdruß war verschwunden» (VII,252). Und der, dem sie dieses neue Leben verdankte, kam ihr vor wie «der Retter aus Not» und «wie ein guter Engel» (VII,253).

Noch war zwar die Einfühlungsarbeit nicht fertig, noch nicht zur Dissertation ausgereift – Husserl verlangte später noch die Berücksichtigung neuester Literatur –, Weg und Richtung waren jedoch gefunden.

Edith Stein ging in ihrem Denken von der Tatsache aus, daß im eigenen Bewußtseinsstrom Erlebnisse auftreten. Diese sind uns unmittelbar gegenwärtig, und es ist uns darin ganz ursprünglich etwas gegeben. Wir erleben uns dabei als ein unbezweifelbares Ich, dem die eigene Person, Welt und Objekte leibhaft, hier und jetzt, gegenwärtig sind. Doch wie kommt man aus dieser Sphäre heraus? Schließt sie das Ich ein, so daß es immer nur sich selbst erleben und um sich selbst kreisen kann? Sind alle Erfahrungen von Fremdem nur Projektionen eigener Vorstellungen in die anderen? Ist mein Leben letztlich nur ein unendlicher Monolog, unaufhebbare Einsamkeit? Nein, sagt Edith Stein. Wenn wir uns jemandem zuwenden und in seinem Gesicht oder Verhalten Freude aufscheinen sehen, dann handelt es sich dabei nicht nur um eine Vorstellung von uns, die wir auf den anderen übertragen und mit der wir uns an die Stelle des anderen setzen. Ursprünglicher als solche Vorstellungen ist ein Erleben von Fremde und Nähe zugleich. Und für dieses Phänomen gebraucht Edith Stein den Ausdruck «Einfühlung»: Ich erlebe ganz unmittelbar eine andere Ursprünglichkeit als die meine. Ich werde in sie hineingezogen, und sie erscheint mir zugleich als von mir verschieden, ohne mir völlig fremd zu sein. Es liegt darin ein Zug zur Einheit, Steigerung und Erfüllung.

In einem zweiten Schritt wird dieses Ich nun entfaltet, es wird als Person betrachtet, um das Verständnis von Einfühlung und Verstehen zu vertiefen. «Von da aber war ich weitergegangen, zu etwas, was mir persönlich besonders am Herzen lag und mich in allen späteren Arbeiten immer wieder beschäftigte: zum Aufbau der menschlichen Person» (VII,359).

Als Menschen sind wir nie nur als Bewußtsein da, sondern leiblich. Der Leib ist der Ort, wo sich Sein ursprünglich bekundet. Und mit dem Leib hat es seine eigene Bewandtnis. Wir können uns nicht von unserem Leib trennen. Ob ich mich auf eine Wahrnehmung konzentriere oder im Raum bewege, immer ist es ein Ausschnitt der Wahrnehmungen meiner Wahrnehmungen, die mir sichtbar sind. Nie sehe ich meinen Rücken oder schaue mir ins Gesicht. Nie sehe ich meinen Leib in seiner Ganzheit. Er bleibt der mir verborgene Untergrund, ein «Leibraum», auf dessen Grundlage ich wahrnehme, anderes empfinde und mit einem «Außenraum» von Dingen kommuniziere. Was Leibraum und Außenraum verbindet, sind die Empfindungen, die an meinem Leib (als Kälte, Schmerz, Wärme usw.) auftreten. Sie «stimmen» meine Wahrnehmungen (Stimmungen, Befindlichkeiten), ohne je voll reflexiv bewußt zu werden.

So bin ich selbst bei allen Erlebnissen nicht nur leiblich da, sondern als so und so gearteter, empfindender, fühlender, d.h. beseelter Leib. Die Psyche läßt eine gewisse Struktur und Ordnung, einen gewissen Umfang an Eigenschaften und Erlebnisweisen erkennen, zu denen ich fähig bin und die meine Wahrnehmung und mein Erleben begrenzen. Die Psyche selbst tritt in personalen Bekundungen hervor, ohne aber ihre Mitte oder ihren Kern, das, was ich im Grunde bin und immer wieder in den Grenzen der Äußerungsmöglichkeiten zum Ausdruck kommt, je ganz auszuschöpfen. Indem mir aber eine andere Sicht der Welt durch «Einfühlung» gegeben ist, erweitert sich meine Welt. Und weil ich nicht nur mein Bewußtsein, sondern auch meine Wirkungen bin, erschließt sich mir mein Ich und erschließen sich mir Schichten meines Ichs im Spiegel des Verhaltens und des Ausdrucks anderer. So ist auch mein Selbstbewußtsein durch andere vermitteltes Bewußtsein. Das andere meiner selbst liegt daher meinem Selbstseinkönnen immer schon zugrunde.

Von hier aus wagt Edith Stein einen dritten und letzten Schritt, der aber nur noch abschließend skizziert wird. Nun wird es nämlich möglich, die intersubjektiv gegebene Welt als Verstehensaufgabe näher zu bestimmen. Wir verstehen uns, und wir verstehen andere immer nur eingebettet in «Verständnis – und Sinneinheit»: «Verstehen heißt (deshalb) gar nichts anderes als den Übergang von einem Teil zum anderen innerhalb eines Erlebnisganzen (zu) erleben» (E 95). Es ist nach Edith Stein immer ein motiviertes, freies Ergreifen, ein geistiges Geschehen, in dem Werte erfaßt werden und Menschen eine Kulturwelt aufbauen.

Mit dieser Fülle eigener Gedanken trifft Edith Stein am Ende des Semesters auf Max Scheler, der nach Göttingen gekommen war, um diesmal zehn Vorlesungen zum Thema «Geschichtsphilosophie» (9.2. bis 1.3.1914) zu halten. Hier findet sie manche Bestätigung und Anregung für ihr eigenes Denken. Scheler zeigt ihr die religiöse Sphäre als eine, die wesenhaft zum Verständnis der menschlichen Person beiträgt. Seine geschichtsphilosophischen Vorlesungen versuchen zu klären, wie sich das vielfältige Geschehen des Lebens zu einem sinnvollen Ganzen verbinden kann. Dichtgedrängt greift er darin seine Wertethik auf und weist bereits voraus auf die künftige Religionsphilosophie seines Hauptwerkes «Das Ewige im Menschen» (1921). Die Mitschrift Edith Steins, die zeigt, daß sie aus dieser Vorlesung einige wichtige Anregungen gewonnen hat, ist uns erhalten (ESTA, E I 5).

Als eigener Wertbereich wird die Religion behandelt. Darauf kommt Scheler in zwei Vorlesungen (23.2. und 25.2.1914) zu sprechen. Er stellt darin die These auf: «Religion gehört ursprungshaft zum Menschen, im Gegensatz zur Metaphysik» (35). Religion sei eine Urgegebenheit des menschlichen Bewußtseins. Die Religionsphänomenologie, wie sie Scheler vorschwebt, hat es mit der «Erkenntnis der Gegenstände, die jeweils als heilig gegolten haben und (der) Haltung des Menschen zu ihnen» (ebd.) zu tun. Die Religionsphänomenologie, die das Wesen von Religion untersucht, hat daher als Thema erstens den Bereich, zu dem der Gott und allenfalls die Götter gehören, d.h. das Göttliche (als «Noema») und zweitens den religiösen Akt.

Wer sich religiös verhält, wer etwa an Gott denkt, wer betet, glaubt oder über Gott meditiert, dem ist zuallererst der «Gegenstand» (Gott) gegeben und nicht zuerst sein Denken, sein Glaube, seine Meditation. Er ist das schlechthin Erstgegebene im religiösen Akt, etwas Eigenständiges, das sich von ihm selbst her erschließt und nicht von anderen Verhaltensweisen abgeleitet werden kann. Wer an Gott oder das Göttliche denkt oder von ihm spricht, meint absolut Seiendes und absolut Heiliges, allem anderen Seienden an Fähigkeit schlechthin Überlegenes: Inbegriff der lebendigen Macht, sein eigenes Sein zu vollziehen. Wo solches nicht gemeint ist und intentional auch nicht als gegenwärtig erfahren wird, handelt es sich nach Scheler nicht um wirkliche Erfahrung von Göttlichem; da bewege man sich außerhalb des Bereichs des Religiösen. Schließlich ist eine weitere Bestimmung Gottes die Allwirksamkeit: Wo das Göttliche erfahren wird, da ist das Dasein von Welt und Ich und Wir als absolut abhängig neu erfahren; d. h., alles offenbart sich erst in seinem Sein, und der Zusammenhang von allem offenbart sich erst im Licht des Göttlichen. Alles zeigt Gott an und weist auf ihn hin, auf jenes Geheimnis, von dem alles durchstrahlt wird («religiöse Kausalität»). In dieser Hinsicht unterscheidet sich das Gebiet der Religion von allen anderen Gebieten, denn das religiöse Bewußtsein ist ja durchaus ein totales Bewußtsein. Es umfaßt das Ganze, Gott und Welt, die ganze Natur, die Geschichte und alle Auffassungen, die in der Geschichte aufgestiegen sind. Religiöse Kausalität spricht von der Totalität aller möglichen Hinsichten und ist insofern, wie alle anderen phänomenologischen Gebiete, ein eigenständiges Gebiet, aber nicht im Sinne eines Ausschnittes, sondern des Ganzen. Das ist nicht ursprünglich durch einen Kausalschluß (abstrakte oder physikalische Kausalität) zustande zu bringen, sondern aus einer erlebten Beziehung. Darum kann man auch nicht mit abstrakten oder nur physikalisch verstandenen Kausalsätzen den göttlichen Gott beweisen.

Hier erhält Edith Stein also zum ersten Mal im Rahmen einer geisteswissenschaftlichen Kultur- und Geschichtsphilosophie die Skizze zu einer künftigen Religionsphänomenologie. «Als *Schelers* Verdienst wird wohl dauernd der Hinweis auf die Welt der *materialen Werte* ... und ihre Bedeutung für den Aufbau der *Persönlichkeit* gelten. Insbesondere für die Werte der religiösen Sphäre» (VI,15), schreibt Edith Stein um 1931. Und in ihrer Familiengeschichte (1933/34) fügt sie hinzu: «Das war meine erste Berührung mit dieser bis dahin völlig unbekannten Welt. Sie führte mich noch nicht zum Glauben. Aber sie erschloß mir einen Bereich von ‹Phänomenen›, an denen ich nun nicht mehr blind vorbeigehen konnte» (VII,230). Mit diesen Eindrücken geht sie 1914 in die Semesterferien. Noch ahnt niemand etwas vom bevorstehenden Krieg, der das nächste Semester jäh beenden sollte.

DIE FAMILIE

 1

Die um 1894 entstandene Fotografie zeigt die Eltern und Geschwister Edith Steins. Das Bild ist eine Fotomontage: Nach dem plötzlichen Tod des Vaters bedauerte die Familie, kein vollständiges Bild zu besitzen. Daher ließ man in die Aufnahme ein Paßbild des Verstorbenen einfügen.
(Hintere Reihe von links: Paul, Else, der Vater Siegfried Stein, Elfriede, Arno; vordere Reihe von links: Rosa, die Mutter Auguste Stein, Edith, Erna.)

2 

Auguste Stein mit ihrer Enkelin Suse Biberstein, Breslau (ca. 1923).

 3

Edith (links) und Erna Stein mit ihrem Neffen Gerhard Stein, Breslau (ca. 1907).

4

Breslau um 1871 mit Dominsel und der Universität, wo Edith Stein zu arbeiten pflegte.

5

Breslau. Ca. 1910 erwarb Auguste Stein für ihre Familie dieses stattliche Wohnhaus an der Michaelisstraße 38 und bereits 1904 in nächster Nähe den Holzplatz Matthiasstraße 151.
An den Fenstern der ersten Etage sind Familienmitglieder zu sehen, am Gitter des Vorgartens die Emailschilder der ärztlichen Praxis von Dr. Erna Biberstein-Stein.

6

Göttingen: In diesem Haus an der Langen Geismarstraße 2 wohnte Edith Stein als Studentin (1913).

7

Mährisch-Weißkirchen. Edith Stein als Krankenschwester im Seuchenlazarett (1915).

8

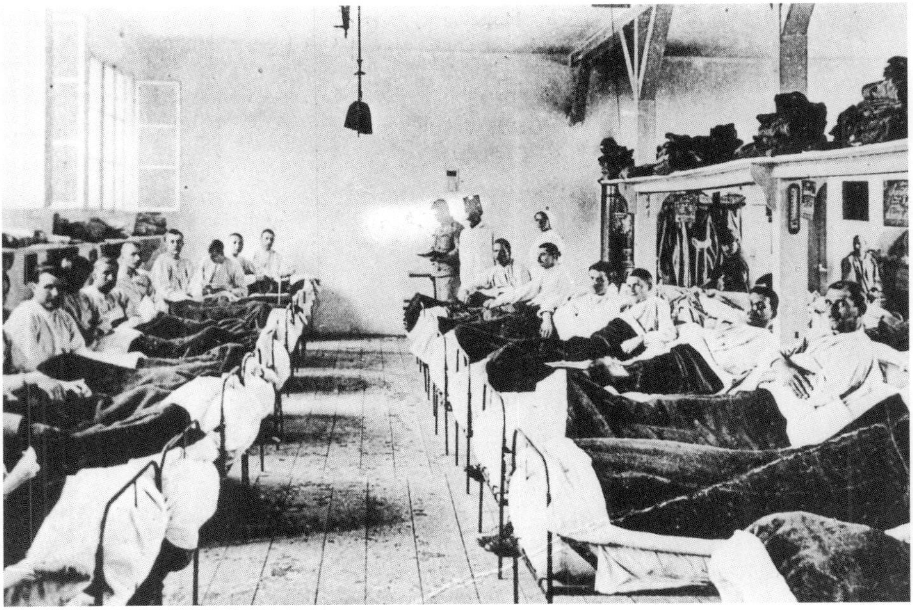

In der Kadettenanstalt Mährisch-Weißkirchen war 1915 ein Typhuslazarett eingerichtet worden. Gegen den Willen ihrer Mutter meldete Edith Stein sich freiwillig zum Dienst als Krankenschwester.

9

Freiburg im Breisgau. Die Kaiser-Joseph-Straße mit dem Martinstor im Jahr 1913.

10

Die Albert-Ludwigs-Universität Freiburg. Aufnahme aus den zwanziger Jahren. Hier legte Edith Stein 1917 die Doktorprüfung ab und lehrte als Assistentin des Phänomenologen Edmund Husserl.

Auch das Sommersemester 1914 beginnt vielversprechend. Edith Stein findet wieder Menschen, denen sie sich anschließen kann: Toni Meyer, Pauline Reinach und die Psychologin Lotte Winkler.

Toni Meyer, aus wohlhabenden Verhältnissen und bereits im 36. Lebensjahr, kümmert sich hingebungsvoll um Edith Stein. Sie sorgt für regelmäßige Mahlzeiten sowie eine heimelige Atmosphäre und begleitet sie auf ihren Sonntagsspaziergängen. «Die liebevolle Fürsorge, ... ihr warmer Anteil an allem, was mich betraf, hat sicher dazu beigetragen, daß dieser Sommer wieder recht sonnig für mich wurde» (VII,257f.). Gegen Ende des Semesters lernt sie auch Pauline, die Schwester Adolf Reinachs, kennen, «eine tiefe, stille und wahrhaft beschauliche Seele» (VII,259). Hinzu kommt ein Besuch ihrer Schwester Erna, die mit Hans Biberstein in Göttingen eintrifft. Grete Ortmann und Jean Hering, dessen «tiefe und zarte Güte» (VII,260) und seine heitere Art sie beeindrucken, kommen zu ihren Abschlußprüfungen. Edith Stein selbst lernt auf ihr Staatsexamen, liest Ranke, Montesquieu und Locke. Sie besucht Husserls Vorlesung über Ethik und führt weiterhin das Protokoll der «Philosophischen Gesellschaft», die diesmal über das Problem der realen Existenz diskutiert (9.6. bis 2.7.1914).

Der Weltkrieg beginnt

Die Staatsexamensarbeit, die im November 1914 abgeliefert werden sollte, nahm bereits Gestalt an. Da geschieht das Unfaßbare. Am 28. Juni, an dem Tag, an dem in Serbien der Schlacht auf dem Amselfeld 1389 gedacht wird – bis heute ein Eckdatum des serbischen Nationalismus –, wird das österreichische Thronfolgerpaar in Sarajevo von einer Bombe getötet. Mit einem Male war das Studium zweitrangig geworden: «Der Juli war erfüllt von der Frage: Wird es zu einem europäischen Kriege kommen? Aber wir konnten es nicht fassen, daß es wirklich dazu kommen sollte. Wer im Kriege oder nach dem Kriege herangewachsen war, der kann sich von der Sicherheit, in der wir bis 1914 zu leben glaubten, keine Vorstellung machen. Der Frieden, die Festigkeit des Besitzes, die Beständigkeit der gewohnten Verhältnisse waren uns wie eine unerschütterliche Lebensgrundlage» (VII,261 f.). Die Nachrichten überschlugen sich; Dozenten und Studenten meldeten sich freiwillig oder wurden einberufen. Die Erregung wuchs. Doch wie verhält sich Edith Stein in dieser Situation? Als ihr klar wird, daß es Krieg geben wird, versucht sie, dem Unaufhaltbaren mit Ruhe und Vernunft entgegenzusehen. Bald ist sie sich sicher, «daß es ganz anders würde als alle früheren Kriege» (VII,262). Damit sollte sie recht behalten. Der Bündnismechanismus unter den Nationen machte aus diesem Krieg das erste die ganze Welt umspannende Ereignis der Geschichte. Die technischen Errungenschaften der industriellen Revolution veränderten auch den Krieg radikal. Der Mensch zählte weniger denn je. Dieser Einsicht glaubt Edith Stein zunächst sogar noch eine positive Seite abgewinnen zu können: «Eine so entsetzliche Vernichtung würde es sein, daß es nicht lange dauern könnte» (VII,262). Doch hierin sollte sie sich täuschen.

In ihren autobiographischen Aufzeichnungen schreibt sie 1934: «Ich verhielt mich aber damals so, wie ich es später in solchen Krisentagen ganz bewußt zu tun pflegte: ich blieb ruhig bei meiner Arbeit, obwohl innerlich bereit, jeden Augenblick abzubrechen. Es widerstrebte mir, durch Herumlaufen und unnützes Gerede die allgemeine Aufregung zu vermehren» (VII,262 f.). Für Edith Stein war solche Selbstbeherrschung die allein angemessene und vernünftige Form des Verhaltens. In einem Geschehen, das unvermeidlich über einem hereinbricht, kann man nur noch versuchen, seinen Platz zu finden und ihn auszufüllen. Was letztlich aus uns wird, ist Schicksal, über das wir nicht entscheiden. Wegweisend wird für sie in diesem Zusammenhang ein Wort Hektors aus der «Ilias». Kurz bevor er in seine letzte Schlacht zieht, erinnert Andromache ihren Mann daran, daß Mut tötet und Frauen und Kinder am Ende die Leidtragenden sind. Darauf antwortet Hektor: «Keiner wird gegen das Geschick dich hinabsenden zum

Hades ...; besorge du deine Geschäfte ... und befiehl den dienenden Frauen, fleißig am Werk zu sein.»[8] So ging denn auch Edith Stein zunächst ganz dem gewohnten Studium nach. Von Freundinnen wird sie bei der Lektüre mit der Mitteilung überrascht, daß die allgemeine Mobilmachung befohlen worden war. Damit schien der Krieg unvermeidlich.

Edith Stein hatte sich in Friedenszeiten als Teil ihres Volkes begriffen. Die Privilegien, die mit einem akademischen Studium verbunden waren, wollte sie durch die Möglichkeiten ihrer Persönlichkeit in ihrem späteren Wirken für die Menschen vergelten. Doch galt nicht auch jetzt die Kantsche Forderung, man solle so handeln, daß das eigene Handeln auch als «allgemeine Maxime» gelten könne? Daher wußte sie sich nun in einer Schicksalsgemeinschaft mit allen anderen. Schließlich gehörte man doch durch Herkunft, Geburt, Sprache und Erziehung zu einem bestimmten Land. Sie wollte nach Breslau zur Familie, und sie wollte zum Roten Kreuz. Nun war auch Edith Stein «in einer fieberhaften Anspannung». Sie sagte sich: «Ich habe jetzt kein eigenes Leben mehr. ... Meine ganze Kraft gehört dem großen Geschehen. Wenn der Krieg vorbei ist und wenn ich dann noch lebe, dann darf ich wieder an meine privaten Angelegenheiten denken» (VII,265). Ihre Maxime hieß: «Ich stellte mich bedingungslos zur Verfügung» (VII,266).

Eine vaterländische Euphorie, fast ein Übermut lag über Deutschland, wovon auch die Familie Stein nicht unberührt geblieben war. In Breslau war die Grenze zu Rußland nahe; mit einem Einfall, wie er tatsächlich geschehen ist, war zu rechnen. Doch wenn so etwas passieren sollte, «dann nehmen wir einen Besenstiel und hauen sie wieder raus» (VII,265), hieß es im Hause Stein, ganz im Sinne der allgemeinen Euphorie und Selbstüberschätzung, die auch die privaten Haushalte erfaßt hatte.

Soldaten zogen mit Marschmusik in den Krieg und schwenkten Blumensträuße. Es hatte den Anschein, als wäre die Fahrt zur Front ein Sonntagsausflug, und das Wort, daß der Krieg in vier Wochen vorüber sei, machte die Runde. Diese Stimmung dauerte zunächst an. «Wir hatten die Hörsäle, Schulbänke und Werktische verlassen und waren in den kurzen Ausbildungswochen zu einem großen, begeisterten Körper zusammengeschmolzen», so beschreibt Ernst Jünger, der wie Reinach an der belgischen Westfront stand, diese merkwürdige Situation.

Das neutrale Belgien und Luxemburg wurden in den ersten Tagen überrannt – eine eklatante Verletzung des Völkerrechts. Am 1. August begann der Durchmarsch durch Belgien, Rußland wurde der Krieg erklärt, am 3. August folgte die Kriegserklärung Frankreichs. Nun stand Deutschland in einem Zweifrontenkrieg. Englands Ultimatum wegen Belgien folgte am 4. August. Ihre Studienkollegen waren jetzt an der Front, und Edith Stein meldete sich zu einem Krankenpflegekurs für Studentinnen am Allerheiligenhospital in Breslau. Sie wollte Krankenschwester werden. Während sie sich Wissen über Kriegschirurgie und Seuchen aneignete, Verbände anzulegen und Spritzen zu geben lernte, starben bereits ihre ersten Bekannten an der Front.

Die Schlacht bei Tannenberg (23. bis 31.8.) brachte die ersten großen Siege im Osten. Reinachs Artillerieregiment wurde an die Westfront verlegt. Edith Stein markierte die Truppenbewegung mit Stecknadeln auf der Landkarte. Doch dann, etwa zu der Zeit, als Edith Stein ihre Helferinnenprüfung bestand, begann die Ernüchterung. In der Marneschlacht (5. bis 9. September) kam der deutsche Vormarsch im Westen zum Stehen. Am 13. September begann der Stellungskrieg. Die Soldaten lagen in dem vom Regen aufgeweichten Dreck der Schützengräben und Bombentrichter. Anfang Oktober schrieb Reinach an seinen Freund Theodor Conrad: «Ob sie in dem dreckigen Kerl mit dem struppigen schwarzen Vollbart den friedlichen Göttinger Privatdozenten erkannt hätten?»[9] Die Illusion vom schnellen Sieg war vorbei, der Krieg zeigte sein häßliches Gesicht.

Dies wurde nun auch in der Zivilbevölkerung immer deutlicher spürbar. Angst begann sich auszubreiten, Kriegspsychosen stellten sich ein. «Das Gerücht, die Russen hätten uns das Trinkwasser vergiftet, führte sogar zu sehr peinlichen obrigkeitlichen

Verordnungen» (VII,267). Der Krieg begann aber auch, das Land auszubluten. Er wirkte wie «eine große Saugpumpe ..., die alle Kräfte aus dem Land herausholte» (VII,268). Erste beklemmende Gefühle kamen bei Edith Stein auf, die zunächst auf einer Tuberkulosestation, dann auf einer chirurgischen Station in Breslau arbeitete, bis eine Bronchitis im Oktober diese Tätigkeit beendete.

Göttingen II: Ein Zwischenspiel – das Staatsexamen

Da an Pflegekräften kein Mangel war, kehrt Edith Stein Ende Oktober auf Abruf zu ihrem Studium nach Göttingen zurück. Sie beginnt erneut mit Prüfungsvorbereitungen und mit der Fertigstellung ihrer Staatsexamensarbeit, die im November abzugeben war. Nun bewohnt sie allein das Haus ihres Cousins Richard Courant und übernimmt die Berufsberatungsstelle für Studentinnen. In der «Frankfurter Zeitung», die sie jeden Abend studiert, verfolgt sie das politische Geschehen.

Erste Todesmeldungen aus dem Kreis der Phänomenologen erreichen Göttingen. Von der engeren Runde war nur noch Erika Gothe zurückgekehrt. Der Kontakt zu Pauline Reinach wird nun enger. «Ich ging jetzt sogar mit meinen Freundinnen manchmal in eine protestantische Kirche (die Vermischung von Politik und Religion, die dort in den Predigten vorherrschte, konnte mich freilich nicht zur Kenntnis des reinen Glaubens führen und stieß mich auch oft ab)» (VII,283). Während des Semesters kam der Pole Roman Ingarden (1893–1970), der wegen eines Herzfehlers aus der Armee entlassen worden war. Edith Stein sah ihn täglich und hatte mit ihm einen intensiven wissenschaftlichen Austausch. Daraus entwickelte sich mit der Zeit eine Freundschaft, die ein Leben lang dauern sollte.

Trotz des Krieges hat Edith Stein gerade dieses Wintersemester 1914/15 als ihr glücklichstes bezeichnet: Die Freundschaften mit älteren Studentinnen «waren tiefer und schöner als die alten Studienfreundschaften. Es war zum ersten Mal, daß nicht ich der führende und umworbene Teil war, sondern daß ich in den andern etwas Besseres und Höheres sah als ich selbst war» (VII,275).

Im November kann sie die beiden Arbeiten für das Staatsexamen abliefern. An ihre Studienkollegen an der Front schickt sie Päckchen mit kleinen Überraschungen. Besonders bei Hans Lipps, der ihr sehr sympathisch war und in den sie sich verliebt hatte, versucht sie herauszufinden, was er gerade brauchte. An Fritz Kaufmann sendet sie die Mitschrift von Husserls Logikvorlesung, die sie in diesem Wintersemester gehört hatte. Für Edith Stein beginnen Mitte Januar die mündlichen Prüfungen. Wenig später erhält sie das Zeugnis. Es trägt den Vermerk: «Mit Auszeichnung bestanden».

Krankenschwester im Lazarett in Mährisch-Weißkirchen

Bald nach dem Staatsexamen meldet Edith Stein sich in Breslau erneut zum Einsatz beim Roten Kreuz. Aber nur in einem Seuchenlazarett im österreichischen Mährisch-Weißkirchen kann sie unterkommen. Ihr Wunsch, «möglichst bald und möglichst weit hinaus, am liebsten an die Front in ein Feldlazarett» (VII,266), ging nicht in Erfüllung. In der ehemaligen Kadettenanstalt in Weißkirchen – Rainer Maria Rilke hatte dort als Knabe schwer gelitten – lagen mehrere tausend typhuskranke Soldaten – in der Donaumonarchie war die Impfpflicht noch nicht überall eingeführt. Auguste Stein geriet außer sich, als sie von Ediths Plänen hörte, sich dort einsetzen zu lassen. Edith gab zur Antwort, dann müsse sie leider ohne die mütterliche Erlaubnis gehen.

Als sie Anfang April ihren Dienst antrat, begann in Göttingen das Sommersemester. Auch Reinach hatte für den Fall eines Friedensschlusses eine Vorlesung über die Grundlinien der Erkenntnistheorie angekündigt. Doch er blieb an der Front, und hier vollzog sich in ihm ein Wandel. Für ihn gehörte die Philosophie nun einer Welt an, «die seit langem versunken ist in der alles erstickenden Tätigkeit des Soldaten im Kriege».[10]

Knapp ein halbes Jahr lang war Edith Stein in Mährisch-Weißkirchen. In ihren Aufzeichnungen bildet diese Zeit ein eigenartiges Kapitel. Gemessen an der Zeitdauer des Geschilderten ist es das längste Kapitel des ganzen Buches. Mit fast unbegreiflicher Genauigkeit schildert sie ihre verschiedenen Einsätze und die teils befremdenden, teils beglückenden Arbeiten im Lazarett. Stellenweise könnte man fast den Eindruck gewinnen, als wolle sie ihr eigenes Wirken – im Gegensatz zur Lazarettatmosphäre – als ein Beispiel untadeligen Dienstes hervorheben.

Das Lazarettpersonal mußte versuchen, sich im Chaos einzurichten. Die Anspannung aller Kräfte, die Überanstrengung im Dienst und die menschlichen Nadelstiche suchten sich eine Art Ventil in einem «Budenzauber» des Personals und der Ärzte. Dabei kam es zu Vertraulichkeiten und Ausgelassenheiten, die die Grenzen des vormals Üblichen überschritten. Edith Steins Bericht hierüber erinnert an ihren Schock über das Treiben der Korpsstudenten, von dem sie im Roman «Helmut Harringa» gelesen hatte. Nun schreibt sie: «Der Ekel zitterte noch in mir nach und die Empörung, daß sich so etwas unter einem Dach mit den Schwerkranken abspielte» (VII,295).

Edith Stein versuchte, im Chaos des Lazarettlebens ihren Dienst zu tun, indem sie sich – wie gewöhnlich – mit ihrer außerordentlichen Energie und ihrem Leistungswillen ganz ihrer Arbeit hingab. «Bei allem, was sie arbeitete und tat, konnte man fühlen, daß ihr nichts genug war. Befriedigung kannte sie nicht.» Diese Sätze, mit denen Gertrud Koebner 1962 die Freundin charakterisierte, gelten auch hier. Nach vierzehn Tagen wurde ihr zunächst der Nachtdienst auf einer Station mit 60 Typhuspatienten anvertraut; schließlich mußte sie auch auf zwei weiteren Stationen und dem Absonderungszimmer das Verabreichen der Spritzen übernehmen. Sie war auf Station «von abends 7 bis früh um 7 – und hatte den Tag zum Ausruhen. Um 9 Uhr früh gab es für die Nachtwachen Mittagessen, dann sollten sie bis etwa 6 Uhr abends schlafen, um halb sieben ihr Nachtessen nehmen und dann auf die Station gehen» (VII,302f.).

Im Lazarett erlebt sie auch zum ersten Mal aus der Nähe das Sterben von Menschen und den Kampf um ihr Leben, und sie erfährt die verschiedenen Weisen, wie Menschen sich in ihrem Sterben dem Tod gegenüber verhalten. Für sich selbst erlebt sie das Sterben zunächst nur als etwas, das mit Arbeit verbunden ist, als einen Fall, der geordnet werden muß: Arztholen für den Totenschein, «mit dem Totenschein zur Torwache gehen und Männer bestellen, die den Toten auf der Tragbahre abholten; schließlich alles Bettzeug entfernen» (VII,304). Erst als sie beim Nachlaß eines Verstorbenen das Gebet seiner Frau um Erhaltung seines Lebens findet, empfindet sie mit einem Male, daß das Sterben nicht nur Routine ist, sondern eine menschliche Beziehung mit all ihren Hoffnungen für immer zerreißt: Es war das Sterben eines Menschen, das Zerreißen eines menschlichen Bandes, ein untilgbarer Riß auch für die Hinterbliebenen. «Das ging mir durch und durch» (VII,304).

Edith Stein will diese Erfahrung aber zunächst nicht an sich heranlassen. Ihr Pflichtgefühl versagt ihr, sich diesen Gefühlen zu überlassen: «Ich durfte mich nicht dabei aufhalten. Ich raffte mich auf, um den Arzt zu holen» (VII,304). Das sollte sich erst ändern, als sie vom Tod Adolf Reinachs selbst persönlich betroffen wird. Die Überanstrengung und äußerste Anspannung zehren an ihr. Sie wird wie gewöhnlich bleich und erschöpft, putscht sich mit Kaffee und Zigaretten auf, denn «die Nerven verlangten wohl nach etwas Aufpeitschung, wenn man aus den Krankensälen kam» (VII,302). Alkohol lehnt sie nach wie vor ab.

Sie schreibt und liest Briefe. Auch Husserl, der für ihren Wunsch, in den Pflegedienst zu gehen, Verständnis gezeigt hatte, schreibt ihr ausführlich und herzlich. Nebenbei holt sie Husserls «Ideen» und Homer hervor und blättert in dem dicken Stoß von Auszügen und Entwürfen, die sie bereits für ihre Dissertation gemacht hat. Durch diesen Rückgriff auf das vormals Alltägliche versucht sie ihr Leben etwas zu ordnen. Als sich im Juli die Typhusstation leert, fühlt sie sich unbefriedigt, weil nicht mehr genügend Arbeit da war. Als jedoch wenig später ein Transport mit 1000 Kranken das Lazarettpersonal vor eine schier unlösbare Aufgabe stellt, fühlt sie sich so wohl, daß dieser Tag ihr immer «als der schönste aus meinem ganzen Lazarettleben in Erinnerung geblieben ist» (VII,315). Denn diese «Höchstanspannung» setzt Kräfte frei, von denen man zuvor keine Ahnung hatte.

Sie verbindet damit die Hoffnung, daß damit der einzelne das, was er vermag, zum Sieg der guten Sache beiträgt; und das meint in diesem Falle: den Sieg der Verbündeten. Einen Zweifel daran gestattet sie sich nicht, denn er hätte unweigerlich die eigene Willenskraft geschwächt, – und sie gestattet ihn auch den anderen nicht. Das Aufkommen von Zweifeln am Sieg bei verwundeten Soldaten, die ja die Niederlagen und das dauernde Zurückweichen miterlebt hatten, war ihr daher unverständlich. Darüber war sie «ganz empört» (VII,298). Schock, Angst und Schmerzen waren zwar verständlich, aber deshalb aufzugeben, das mußte Edith Stein wie eine vorauseilende Resignation erscheinen.

Bezeichnend ist – auch für sie selbst –, was sie in dieser Hinsicht von einem verwundeten deutschen Soldaten schreibt: «Einmal redete ich meinem kleinen Bergmann unter vier Augen ins Gewissen. Ich fragte ihn, ob denn das Verbinden so sehr weh tue. Ach nein, gar so schlimm sei es nicht. Dann sollte er die Zähne zusammenbeißen und nicht schreien. Es seien lauter Polen und Tschechen um ihn herum, der Arzt selbst sei ein Pole. Denen müsse er doch zeigen, daß ein deutscher Soldat etwas aushalten könne. So, das seien alles Polen und Tschechen? Er hatte es noch gar nicht gemerkt. Gut, er wollte tapfer sein. Vor dem nächsten Verbandwechsel fragte ich noch einmal: ‹Also, wenn heut der Herr Doktor kommt …?› ‹Wird nix gesagt!› war die entschlossene Antwort. Und er hielt Wort» (VII,318).

Edith Steins Gesundheit war bereits im Juli so angegriffen, daß man ihr nahelegte, Urlaub zu nehmen. Zwei Monate später war es dann unumgänglich. «Aber der Entschluß, fortzugehen, kam doch erst nach heftigen inneren Kämpfen zustande. Bei meinen Überlegungen spielte noch etwas anderes als die nervöse Erschöpfung eine Rolle. Es kehrte jetzt öfters der Gedanke wieder, ob es nicht doch unklug sei, meine wissenschaftliche Arbeit so lange zu unterbrechen. ... Andererseits hatte ich Bedenken, ob das nicht eine egoistische Regung sei» (VII,328). Aber sie wollte den Urlaub mindestens dazu nutzen, um das Graecum abzulegen, das für die Zulassung zur Promotion verlangt wurde. Als sie im September 1915, nach fünf Monaten, Urlaub nahm, wurde das Lazarett wegen Frontverschiebungen aufgelöst. Eine neue Einberufung erhielt sie nicht mehr. Und als dann auch noch die Anklage vor dem Kriegsgericht wegen Umgehung der Zensur niedergeschlagen wurde – sie hatte in ihrem Koffer Briefe von Krankenschwestern an deren Verwandte in der Heimat mitgenommen, ohne zu wissen, daß das verboten war –, stand der Wiederaufnahme ihrer wissenschaftlichen Arbeit, wenn auch möglicherweise auf Abruf, nichts mehr im Wege.

Dissertation und Schuldienst in Breslau

Nach Ende des Lazarettdienstes und bestandenem Graecum ging Edith Stein, nun zu Hause in Breslau, von neuem an die unterbrochene Doktorarbeit. Die Scheidung ihres Cousins Richard Courant sowie der neuerliche Ausbruch der psychischen Erkrankung bei ihrer Freundin Toni Meyer, die nach München gezogen war und nun endgültig in eine Nervenheilanstalt eingeliefert werden mußte, litt sie mit – aber sie nimmt all ihre Kraft zusammen und konzentriert sich in erster Linie auf ihre Arbeit.

«O wie anders ging das jetzt als damals! ... Es füllte sich Seite um Seite, ... und ein ungekanntes Glücksgefühl durchströmte mich. ... Ich war ganz erstaunt, was ich nun alles wußte. ... Dennoch war es jeden Tag wie ein neues Geschenk, daß es weiterging. Und es ging immer weiter, etwa drei Monate lang in einem Zuge. Dann hatte sich etwas von mir abgelöst und wie zu einem Dasein gerundet» (VII,341). An Weihnachten 1915 war sie so weit, daß sie nach Göttingen fahren konnte, um Husserl ein beachtliches Stück ihrer Arbeit vorzulegen. Ihre Zimmerwirtin meinte zu diesem

Wiedersehen: «Man sieht es Fräulein Stein an, daß sie den Ernst des Lebens kennengelernt hat» (VII,342). Auch Edith Stein selbst muß es gefühlt haben, daß nun ein Reifungsschritt gelungen, ein Lebensabschnitt abgerundet und vollendet war. In den Kreis ihrer Lehrer wird sie nun auch privat gebeten.

Am 23.12.1915 ist sie zu Reinachs Geburtstag eingeladen. Bei Reinachs gehört sie nun endgültig zur Familie, zu den «Trauernden erster Ordnung» im Falle seines Todes, wie Reinach scherzend – oder nach dem Erlebten doch eher vorausahnend? – bemerkt. Reinach hatte sich verändert. Er spricht mit ihr über Ahnungen. Die Anspannung an der Front hatte ihre eigene Hellsichtigkeit und stellte ihn vor Grenzerfahrungen, die er in Friedenszeiten nicht erlebt hatte. In den Bombennächten entdeckt er wieder Gott und nähert sich dem christlichen Glauben. In jenen Wintertagen gab es «oft furchtbare Stunden, in denen man mit dem Leben abgeschlossen hatte»[11]. Dennoch resigniert er nicht. Es war für ihn sogar, wie er bemerkt, die stolzeste Zeit seines Lebens. In einem Brief vom 1. Dezember spricht er erstmals von der Erfahrung der Dankbarkeit, die ihn in diesen dunklen Stunden zu erfüllen beginnt und ihm einen neuen Zugang zum religiösen Erleben erschließen wird: «Wie eine schwere finstere Nacht liegt die Zeit der großen Offensive hinter mir. ... Und doch erfüllt mich Glück und unendliche Dankbarkeit, daß ich diese Zeit erleben und überleben durfte. *Nun* lebe ich in einer ganz anderen Welt.»[12] Man hat die Vermutung geäußert, Reinach habe sich vielleicht während dieses Weihnachtsurlaubs taufen lassen. Edith Stein erwähnt davon nichts.

Der Besuch ihrer ersten Christmette mißlingt, weil sie die Uhrzeit verwechselt. Katholisch wie Siegfried Hamburger oder Dietrich von Hildebrand, die regelmäßig die Messe besuchen, ist sie ja nicht, aber auch nicht mehr gleichgültig. Ein ernstes Interesse an gelebtem Christentum ist in ihr erwacht und beginnt langsam zu wachsen.

Den zweiten Weihnachtstag verbringt sie bei Husserls. Man erschließt sich den Sinn der christlichen Sitte des Weihnachtsbaums.

Zum politischen Disput im Hause Husserl, der ihr wenig zusagt, schweigt sie. In dieser Zeit erhält Husserl einen Ruf an die Universität Freiburg i. Br. als Nachfolger Heinrich Rickerts (1863–1936), eines der Lehrer Martin Heideggers. Die Gespräche mit Husserl, der sich aus der Dissertation vorlesen läßt, sind ermutigend. Dennoch beschließt Edith Stein, sich sowohl die schulische als auch die universitäre Möglichkeit offenzuhalten. Als sie gebeten wird, an ihrer alten Schule vertretungsweise Latein, Deutsch, Geschichte und Erdkunde zu unterrichten, geht sie ab Februar in den Schuldienst und beginnt nach Ostern das Seminarjahr für die weitere Ausbildung im Lehrberuf. Auguste Stein atmet auf. «Nach den merkwürdigen Zickzacklinien meines bisherigen Lebens hatte sie nun den Eindruck, daß ich in einem sicheren Hafen gelandet war» (VII,356), bemerkt Edith Stein dazu. Die Mutter sollte sich jedoch täuschen. Nun verändert sich Edith Stein im übrigen auch äußerlich. Sie legt die etwas legere Kleidung ab, die Richard Courant immer an ihr gerügt hatte, und schafft sich das erste seidene Kleid an.

Es beginnt wieder eine Schaffensphase mit totaler Auslastung und Hingabe. Nach der Schule arbeitet sie an der Fertigstellung ihrer Dissertation und an der Vorbereitung auf die mündliche Prüfung. Sie war bestrebt, Husserl zu zeigen, was in ihr steckte. Zugleich war sie bereit, den Schuldienst aufzugeben, falls Husserls Urteil über ihre wissenschaftliche Qualifikation positiv ausfallen sollte. Insofern ging es jetzt um die Entscheidung über den Lebensweg. Nach 22 Uhr begann sie mit der Vorbereitung des Schulunterrichts. Wenn sie dabei ermüdete, hielt sie sich nicht etwa durch Kaffee wach, sondern stärkte sich mit Keksen und Schokolade – und mit Shakespeare-Lektüre. Appetitlosigkeit gesellte sich zur Schlaflosigkeit, die sich bereits seit der ersten Arbeitsphase eingestellt hatte. Und dies wiederholte sich seitdem im Sommer fast jeden Jahres – im Sommer 1916 nahm sie elf Kilogramm ab (vgl. VII,358) –, ebenso wie im Herbst oder Winter die fast alljährliche Erkältung oder Bronchitis.

In diese Zeit – April/Mai 1916 – fällt ein Ereignis, das für Edith

Stein später wichtig werden sollte. Adolf Reinach hatte beschlossen, sich nach dem Krieg der Religionsphilosophie zuzuwenden. «Mein Plan steht mir klar vor Augen – er ist natürlich *ganz* bescheiden. Ich möchte von dem Gotteserlebnis, dem Erlebnis des Geborgenseins in Gott, ausgehen und nichts weiter tun als zeigen, daß man von dem Standpunkt ‹objektiver Wissenschaft› nichts dagegen einwenden kann, möchte darlegen, was im Sinne jener Erlebnisse eingeschlossen liegt, inwiefern es auf ‹Objektivität› Anspruch machen darf, weil es sich als Erkenntnis zwar eigener Art, aber in echtem Sinne darstellt, und schließlich die Folgen daraus ziehen. ... Ich meine, eine solche Arbeit in aller Demut zu leisten, ist heute das Wichtigste. ... Denn wozu dieses ungeheure Geschehen, wenn es die Menschen nicht näher zu Gott heranführen wird?»[13] Scheler dachte im übrigen ähnlich und warb öffentlich für einen religiösen Neuanfang der Gesellschaft aus dem Geist des Katholizismus.

Daß auch für Edith Stein die Sphäre religiöser Erfahrung immer stärkere Anziehungskraft gewinnt, wird im Laufe dieses Sommers 1916 mehrfach sichtbar. Am Tag nach Schulschluß reist sie nach Freiburg. In Dresden trifft sie Hans Lipps, der «in seiner feldgrauen Uniform mit den braunen Ledergamaschen sehr stattlich» (VII,361) aussah. Er wollte von Augenblick zu Augenblick in Hochspannung das Leben ganz bewußt leben. «Das Unberechenbare des Kriegslebens entsprach ihm so sehr, daß er einmal ... sagte: ‹Was fang' ich nur an, wenn mal der Frieden ausbricht?›» (VII,334).[14] Lipps hielt nicht viel von der religiösen Zuwendung einiger Phänomenologen zur katholischen Kirche. Edith Stein mußte über seine Bemerkungen lachen. Sie empfand zwar seinen Mangel an Ehrfurcht, aber sie hat ihn nicht darauf hingewiesen und getraute sich auch nicht, ihm mitzuteilen, daß sie diese Fragen beschäftigten.

Dieser Kontrast verstärkt sich, wenn man die Notizen berücksichtigt, die Edith Stein 1939 ihren Lebenserinnerungen hinzugefügt hat. Sie erwähnt dort, daß sie möglicherweise auf dieser Reise – ganz sicher ist sie sich nicht – in Frankfurt und Heidelberg zwei Erfahrungen machte, die sie überaus tief beeindruckt haben. In Frankfurt wollte sie eigentlich auf Goethes Spuren wandeln und Myrions «Athena» im Liebiegschen Institut anschauen, in Heidelberg das Schloß und die «Manessische Handschrift» besichtigen. Doch statt dessen wird sie von religiösen Zeugnissen ganz in Bann gezogen: Von einer Beterin, die mitten am Tag den Frankfurter Dom besucht, um zu beten, von einem Kunstwerk, in dem sich die ganze Tragödie des Kreuzes und zugleich die bleibende Liebe Jesu ausdrückt, und drittens von einer Simultankirche, die die getrennten christlichen Konfessionen an einem Ort vereint. Hier kommt ein Lebensstil zum Ausdruck, der sich bemüht, Gegensätze zu umfangen und zu versöhnen: Alltag und Gebet, Leben und Tod, die Trennung der Menschen im Glauben an den Vater Jesu Christi. Die Beterin verbindet Alltag und Transzendenz, Kontemplation und Handeln miteinander. Sie kommt «mitten aus den Werktagsgeschäften in die menschenleere Kirche wie zu einem vertrauten Gespräch» (VII,362), nimmt den Alltag mit ins Gebet und läßt sich von Gott Kraft für ihren Alltag schenken, damit ihr Leben ein Segen sei. Das war Edith Stein völlig neu. Die «Flämische Grablegung» wiederum vereint Tod und Leben in der Trauer. Gerade im Entzug und in den Tränen wird die Lebendigkeit und Nähe des Toten erfahrbar. Und die Heidelberger Heilig-Geist-Kirche schließlich ist ein Bild der Hoffnung für ein künftiges und wahrhaft «katholisches» Christentum, für eine lebendige Einheit in Verschiedenheit.

Im Zug erfuhr sie von Lipps, daß Husserl ihre Arbeit noch nicht einmal gelesen hatte, da der Neubeginn in Freiburg seine ganze Kraft forderte. Tatsächlich kam es dann in Freiburg noch schlimmer, als man nach den Andeutungen von Lipps erahnen konnte. Husserl wollte die Promotion Edith Steins verschieben, denn er war nicht bereit, eine Arbeit anzunehmen, die er nicht kannte. Aber hatte er nicht bereits große Teile davon mit Edith Stein besprochen und sie im Januar noch ausdrücklich ermutigt? Edith Stein muß nun viermal in der Woche seine neue Vorlesung hören. Auf diese Weise hat sie aber, die nun das erste Mal in Günterstal logierte, überraschend mehr Zeit als angenommen, was sie zu einem Ausflug an den Bodensee nutzt. Malvine Husserl war über das Verhalten ihres Mannes derart verärgert, daß sie ihm keine Ruhe ließ. Schließlich erreicht sie, daß er der Arbeit Edith Steins Priorität einräumt, wenn sie mit dem Dekanat einen möglichst späten Termin für die Prüfung vereinbart. Damit beginnt die letzte Phase auf einem langen und mühsamen, doch letztlich – in Edith Steins Augen – für sie zukunftsweisenden Weg.

Husserl machte Edith Steins Aussichten auf eine gute Bewertung zunächst einmal gründlich in den Julitagen 1916 zunichte. «Die Anforderungen seien sehr hoch. *Cum laude* sei ein sehr gutes Prädikat, *magna cum laude* werde selten vergeben, *summa cum laude* nur für Habilitationskandidaten.» Sie solle froh sein, wenn sie überhaupt durchkomme. Gleichzeitig lies er aber auch durchblicken, daß es sich bei ihrer Dissertation keineswegs nur um eine Schülerarbeit handele. «‹Nein, durchaus nicht›, antwortete er entschieden, ‹ich finde sie sogar sehr selbständig›» (VII,369). Damit gab Husserl ihrem eigenständigen Versuch einer Skizze des Personalen, das welthafter ist als das bloße Bewußtsein, seine Anerkennung. Am 2. August 1916, dem Tag vor dem Rigorosum, meint er schließlich, daß Edith Stein Teile seiner eigenen Arbeit, die er später als zweiten Teil der «Ideen» veröffentlichen wollte, vorweggenommen habe. Es stehe für ihn außer Frage, daß diese Arbeit in einer der nächsten Ausgaben des «Jahrbuchs» erscheinen solle; die Autorin sei ein «begabtes kleines Mädchen». Das war es, was Edith Stein hören wollte. Und das ermutigt sie, mitten auf der Friedrichsbrücke Husserl die Frage zu stellen, ob er sie letztlich für so begabt halte, daß sie ihm als Assistentin zur Seite stehen könne. Erika Gothe hatte ihr nämlich einige Tage zuvor erzählt, daß Husserl jemanden suche, der ihm helfen könne, weil er seine Arbeit allein nicht mehr bewältige. «Ja, mit Ihnen möchte ich arbeiten!» (VII,371), erklärt Husserl daraufhin.

Am nächsten Tag bestand Edith Stein die Promotion mit «summa cum laude». Nach Husserls eigenen Angaben bedeutete diese Note zugleich eine Empfehlung zur Habilitation. Das Attest für ihre Begabung hatte sie nun also schriftlich. Aber versprach Husserl ihr damit auch, daß er ihre Habilitation tatsächlich vor der Fakultät durchzusetzen bereit war? Für Edith Stein schien die Entscheidung über ihren weiteren Berufsweg gefallen. Sie kündigt den Schuldienst und will am 1. Oktober wieder in Freiburg sein. Der Entschluß, nach Freiburg zu gehen, bedeutet einerseits den selbstlosen Dienst an der Wissenschaft, denn sie konnte nicht von Husserls Honorar – es betrug «100 Mark im Monat» (VII,372) – leben und brauchte weiterhin die finanzielle Unterstützung ihrer Mutter. Andererseits verbindet sie damit die Hoffnung auf philosophisch selbständige Arbeit, auf die Ausarbeitung ihrer Skizze zu einer Philosophie der Person und vielleicht zu einer philosophischen Grundlegung der Geisteswissenschaften. Möglicherweise konnte sie sich gar habilitieren und einen eigenen Lehrstuhl erhalten.

Zunächst aber gibt es nun eine glänzende Promotionsfeier bei Husserl. Vielleicht bei diesem Anlaß – jedenfalls um diese Zeit – begegnet Edith Stein auch zum ersten Mal Martin Heidegger, der eine Annäherung an Husserl sucht.

Anmerkungen

1 Der Autor lenkt den Blick auf die Opfer des wilhelminisch-preußischen Deutschland: Eine sozial verelendete *Arbeiterschaft*, die ihre Geldnöte in Alkohol ertränkt, ein *kleiner Angestellter*, der Opfer einer voreingenommenen Zwei-Klassen-Justiz werden soll, ein *akademischer Mitläufer*, dem ein Bordellbesuch zum Verhängnis wird, und die *Frauen:* Besonders drastisch wird die Opferrolle der Frauen an der Figur der «Lilli» dargestellt. Als ahnungslose «höhere Tochter» aus «gutem Hause» ist sie ganz dazu erzogen, ihr Glück bei einem Mann zu finden, dem sie Kinder schenken und das Haus führen darf. Doch der hochverschuldete Offizier, der um sie wirbt, hat es nur auf ihr Geld abgesehen. Es ist ihm sogar gleichgültig, daß er seine Frau mit Syphilis infiziert. Seine Freunde wagen es nicht, die Heirat zu unterbinden, weil sie seine Herausforderung zum Duell fürchten. Die Familie der Braut überhört alle Warnungen. Während die angesteckte Lilli mit dem Tod ringt, sucht er bereits nach einer neuen guten Partie.

2 Hermann Popert, Helmut Harringa, 1912, 319.

3 Gerhart Hauptmann, Festspiel in deutschen Reimen, Berlin 1913, 73.

4 Im Zusammenhang seiner Studien zur frühkindlichen Psyche kommt Stern auch auf Sigmund Freuds Psychoanalyse zu sprechen. In deren Grundgedanken, gewisse Äußerungen und Bewußtseinserscheinungen als Ausdruck des Unbewußten aufzufassen, sieht er einen anerkennenswerten psychologischen Neuansatz. Er kritisiert jedoch die Tendenz der Psychoanalyse, aus jeder Äußerung oder Betätigung eine sexuelle Note herauspräparieren zu wollen.

5 Hanna-Barbara Gerl, Unerbittliches Licht. Edith Stein – Philosophie, Mystik, Leben, Mainz 1991, 84 (zitiert wird Edith Stein).

6 In diesem Zusammenhang lernte Edith Stein Maria Montessoris Pädagogik kennen.

7 Roman Ingarden, Edmund Husserl. Briefe an Roman Ingarden, Den Haag 1968, 133.

8 Homer, Ilias/Odyssee. In der Übertragung von Heinrich Voß, München 1986, 485 ff.

9 Adolf Reinach, Sämtliche Werke. Textkritische Ausgabe in zwei Bänden, hg. von Karl Schumann und Barry Smith, München u. a. 1989, 789.

10 Ebd. 590.

11 Ebd. 789.

12 Ebd. 789.

13 Adolf Reinach, Gesammelte Schriften, 1921, Einleitung XXXVII (Brief vom 23.5.1916).

14 Lipps selber schreibt dazu: «Der *Mensch selbst* ... wird gebildet als Soldat. Kalte Herzhaftigkeit und Kühnheit, Klarheit des Denkens – das sind Tugenden, die auf die generelle Lage des Menschen zugeschnitten sind. Im Ruhm, den der Soldat sich erwerben kann, zeigt sich die Richtung, unter der er begriffen wird: als menschliche Möglichkeit, ein Maß menschlicher Größe zu sein.» (Hans Lipps, Die Wirklichkeit des Menschen. Werke V, Frankfurt a. M., ^{2}1977, 92).

3. Kapitel

«Ich weiß, wofür ich lebe ...»

Im Herbst und Winter 1916/17 trat der Krieg in eine entscheidende Phase. Als Antwort auf die militärischen Siege und großen Eroberungen der Aliierten im Osten und die Ausrufung eines «unabhängigen» Königreiches Polen am 5. November 1916, das militärisch, politisch und wirtschaftlich ganz von den Verbündeten beherrscht wurde, verhängte die Entente eine Seeblockade, die schon bald Wirkung zeigte. Rohstoffe und Lebensmittel wurden knapp und Ersatzstoffe meist minderer Qualität eingeführt. Da die Kartoffelernte infolge des Kunstdüngermangels schlecht ausgefallen war, mußten die Menschen sich mit Steckrüben behelfen. Brot wurde mit Stärke und Sägemehl gestreckt. Hunger prägte jetzt den Alltag der Deutschen. Der Krieg hatte bereits die gigantische Summe von 155 Milliarden Reichsmark verschlungen und das in Jahrzehnten erarbeitete Volksvermögen aufgezehrt. – Auch Familie Stein verlor durch Kriegsanleihen einen Teil ihres Vermögens. – Kriegswichtige Stoffe wurden beschlagnahmt. Das Hindenburgprogramm mobilisierte nicht nur alle Arbeitskräfte, sondern auch sämtliche Materialreserven von der Kirchenglocke bis zur Türklinke. Die «Saugpumpe» Krieg (VII,268), wie Edith Stein sich ausdrückt, zeitigte ihre Wirkungen. Der Krieg wurde nun allumfassend und allgegenwärtig.

Am 5. Oktober 1916 ist Edith Stein wieder in Freiburg gemeldet. Während der Stadt täglich ein Bombenangriff droht, beginnt der Universitätsbetrieb zum Wintersemester fast wie in Friedenszeiten. In diesem Kontrast bewegt sich alles Leben, als Edith Stein ihre Stelle als Privatassistentin Husserls antritt. Mit Bedacht wählt sie eine Wohnung in der Nähe der Familie Husserl, um dem «Meister» jederzeit rasch zur Verfügung stehen zu können. Wie immer stürzt sie sich gewissenhaft in die Arbeit. Aber es quält sie auch die Frage, ob sie nicht mehr für das Vaterland tun müßte.

Die Arbeit bei Husserl gestaltete sich von Anfang an problematisch, weil es keine zureichenden Absprachen gab. Edith Stein verstand unter Zusammenarbeit einen echten sachlichen Austausch. Sie erhoffte sich davon, auch mit ihrem eigenen ehrgeizigen Projekt, einer Philosophie der Person, voranzukommen und in der Fachwelt bekannt zu werden. Husserl hingegen suchte eher eine wissenschaftliche Hilfskraft, eine kompetente Zuhörerin, vor der er sein Denken im Gespräch entwickeln konnte, außerdem jemanden, der ihm half, seine Manuskripte druckreif zu machen, die Studienanfänger betreute usw. – im Grunde ein Mädchen für alles.

Im Dezember zieht Edith Stein eine erste Zwischenbilanz ihrer Arbeit: «Husserl war sichtlich ganz glücklich bei dem Gedanken, einen Menschen ganz zu seiner Verfügung zu haben – obwohl er noch gar keine klare Vorstellung davon hat, wie sich unsere gemeinsame Tätigkeit gestalten soll» (VIII,12). So wuchsen ihr immer mehr Aufgaben zu: Sie begann – vermutlich in ihren Privaträumen – mit einem Anfängerkurs für Phänomenologie (das Thema war Husserls VI. Logische Untersuchung mit der Frage: Was ist Wahrheit?) und versuchte damit, Husserl eine Brücke zu den Anfängern zu bauen. Zudem hielt sie den Kontakt zu den auswärtigen Kommilitonen. Ihre Hauptaufgabe bestand jedoch zunächst darin, Husserls Vorlesungsmanuskript «Natur und Geist» für den Druck vorzubereiten. Um nachzuvollziehen, was das bedeutet, muß man sich Husserls Arbeitsstil vergegenwärtigen. Husserl pflegte nämlich schreibend zu denken. Dabei beschrieb er alles, was irgendwie greifbar war, vom Briefkouvert bis zum kleinsten Fetzen Papier, in einer veralteten Kurzschrift (Gabelsberger Stenographie), häufte so Notiz auf Notiz, schritt immer weiter fort – und hatte oft bald wieder vergessen, was ihm früher gedanklich gelungen war. Er wollte sich vom Weiterarbeiten nicht abbringen lassen und ließ daher das ungeordnete Ganze mehr oder weniger liegen. Ein Husserlsches Manuskript druckreif zu ma-

tion diszipliniert. Da nun das Erstarken des Selbstbewußtseins mit einer aufsteigenden Entwicklungstendenz verbunden zu sein scheint, so scheint mir die Organisation als ein Zeichen innerer Kraft und das Volk das vollkommenste (seiner Durchbildung als Volk, natürlich nicht seinen ‹Charakteranlagen› nach), das am meisten Staat ist. Und ich glaube bei ganz objektiver Betrachtung sagen zu können, daß es seit Sparta und Rom nirgends ein so mächtiges Staatsbewußtsein gegeben hat wie in Preußen und im neuen Deutschen Reich. Darum halte ich es für ausgeschlossen, daß wir jetzt unterliegen.» Daher ist «die Stimmung bei uns ... keineswegs gedrückt, vielmehr ein heller, heiterer Trotz: ‹und wenn die Welt voll Teufel wär!›» (XIV,39f.; 3.2.17). Die Abdankung des Zaren (15.3.) und die vorrevolutionären Zustände, die Rußland schwächten, taten ein übriges, die Hoffnung auf ein siegreiches Ende des Krieges zu nähren. Weil aber schließlich auch Schiffe der USA versenkt wurden, beendeten die USA ihre Friedensbemühungen und traten am 2. April 1917 auf seiten der Ententemächte in den Krieg ein. Doch die Seeblockade und der Hunger zeigen Wirkung. Auch in Deutschland wird die Bevölkerung unruhig. Zu Ostern muß der Kaiser politische Reformen in Aussicht stellen (u. a. das allgemeine Wahlrecht), von denen auch Edith Stein sich eine Verbesserung der Stellung der Frau in der Gesellschaft verspricht.

Gegen Ende des Semesters hat sie ihren Teil an der Husserlschen Arbeit erledigt: Die Teile der Vorlesung «Natur und Geist» sind «zu einem Ganzen verschmolzen», das als zweier Teil der «Ideen» möglichst bald veröffentlicht werden soll. Husserl ist damit sichtlich zufrieden. Er will nun sogar, daß Edith Stein wird, «was Reinach in Göttingen war» (XIV,43; 20.2.17). Sie soll sich nun auch offiziell um die neu ankommenden Studierenden kümmern und für ihn die Anfänger in die Phänomenologie einführen. Husserl übergibt ihr für die Ferien seine im Wintersemester gemachten Aufzeichungen zur Überarbeitung der VI. Logischen Untersuchung. Dieses Manuskript soll sie lesen und ihre Anregungen und kritischen Bemerkungen dazu einbringen. Husserl schätzt Edith Stein zweifellos als vollwertige Mitarbeiterin. Er läßt jedoch ebenso klar erkennen, daß er grundsätzlich nicht gewillt ist, sie zu habilitieren. Malvine Husserl protestiert gegen diese Ansicht ihres Mannes, wie schon bei der Promotion Edith Steins. Auch ihre Tochter Elisabeth schließt sich dieser Kritik an. Doch dieses Mal erreichen sie nichts. Edith Stein wartet ab, sie scheint auf eine Veränderung der politischen Situation zu hoffen. Sie tut das ihr Mögliche, um aus eigenen Kräften dafür zu sorgen, daß ihr Name und ihre wissenschaftliche Leistung in der Fachwelt bekannt werden. Auf eigene Kosten läßt sie ihre Dissertation drucken. Vielleicht rechnet sie auch damit, später zu Reinach gehen zu können, um es dort zu versuchen.

Wie erklärt sich Husserl Haltung zum Habilitationsvorhaben Edith Steins? Bislang war noch nie eine Frau an einer Universität im Fach Philosophie habilitiert worden, denn eine Frau auf einem philosophischen Lehrstuhl schien undenkbar. Husserl rechnete nicht damit, daß die Freiburger Universität in dieser Hinsicht eine Ausnahme machen könnte. Daher schien ihm der Versuch, Edith Stein zu habilitieren, von Anfang an als grundsätzlich unrealisierbar. Dahinter verbirgt sich freilich auch seine eigene konservative Einstellung. Seine prinzipielle Einstellung gegen die Frauenhabilitation geht klar aus seiner Antwort auf eine Umfrage des Ministeriums für geistliche und Unterrichtsangelegenheiten vom 19.1. 1907 hervor, in der gefragt wurde, ob Frauen für die akademische Laufbahn zugelassen werden sollten. Nur Max Lehmann, David Hilbert und Carl Runge stimmten damals in einem Minderheitsvotum für die Frauenhabilitation.

Husserl begründete seine prinzipiell ablehnende Haltung folgendermaßen: «Eine tüchtige wissenschaftliche Arbeit (als ‹Habilitationsschrift› gedacht) begründet ... bei einem jungen Mann und einer jungen Dame nicht dieselben Hoffnungen: in einem Falle die positive Zuversicht auf die Emporentwicklung zu einer berufstüchtigen Forscher- und Lehrerpersönlichkeit, im anderen Falle nicht.»[3] Die Frage der wissenschaftlichen Befähigung ist demnach zweitrangig. Ausschlaggebend ist, daß eine Frau als akademische

Lehrerin als unvereinbar mit dem kulturellen Selbstverständnis des männlichen Gelehrten gilt. Daß den Frauen der Eintritt in eine nur dem Mann zustehende Welt gestattet wird, war in akademischen Kreisen fast ebenso undenkbar wie im übrigen Berufsbeamtentum oder im Militär. Husserl ist sich darüber klar, daß daher die Habilitation von Frauen einer Veränderung des gesellschaftlichen Systems gleichkäme und somit Symbolwert besitzen würde. In einem Gespräch mit Gerda Walther (1897–1977) «sagt er etwas verlegen, er sei nun einmal der Meinung, daß die Aufgabe der Frau im Grunde doch das Heim, die Ehe sei, er habe deshalb auch Edith Stein nicht zur Habilitation bei sich veranlaßt»[4].

Die praktischen Konsequenzen dieser weltanschaulichen Einstellung Husserls spürt Edith Stein schmerzlich an der Ungleichbehandlung mit ihren männlichen Kollegen. Husserl öffnet ihrem polnischen Mitstudenten Roman Ingarden das Tor zur Wissenschaft, indem er für den Druck seiner Dissertation im Jahrbuch sorgt und – damals im Krieg äußerst ungewöhnlich! – hierfür sogar noch ein gutes Honorar aushandelt. Weitere Förderung wird ihm in Aussicht gestellt. Edith Stein, der noch im August 1916 eine ähnliche Publikationsmöglichkeit vorgeschlagen wurde, muß ernüchtert erkennen, daß daraus nichts wird. Im Januar gibt sie ihre Dissertation auf eigene Kosten in Druck. Aufgrund des Papiermangels wird die Drucklegung so teuer, daß sie den ersten und letzten Teil unveröffentlicht läßt. Diese Teile gelten seither als verschollen. Aus alldem wird jedoch verständlich, daß Edith Stein zunehmend ihre Enttäuschung über die menschlichen Qualitäten Husserls äußert.

Als sie im Februar nach Breslau in die Ferien fährt, nimmt Edith Stein sich eine Menge Arbeit mit und «Die Brüder Karamasow» (1879/80), den letzten Roman Dostojewskis. Sie pflegte sich ja stets bei Dichtern, die auf der Höhe ihrer Zeit waren, darüber kundig zu machen, was eine Gesellschaft bewegte.

In Rußland bahnen sich gesellschaftliche Umbrüche an: Das alte System versagt und bricht zusammen, der Zar dankt am 15. März ab. Dostojewski schildert an den Personen einer Familie die

Zerrissenheit einer autoritär-patriarchalen Feudalgesellschaft, der die Humanität weitgehend abhanden gekommen ist, obwohl sie traditionell tief im Christentum verwurzelt war. Die Ermordung des autoritären Vaters durch den unmündig gehaltenen und unehelichen Sohn kann als Symbol für die drohende blutige Revolte der Unterdrückten gegen das patriarchalische System verstanden werden. Eine solch fatale Konsequenz wäre nur abwendbar, wenn die Empörung gegen die Ungerechtigkeit und gegen das den Leibeigenen und Unterdrückten aufgebürdete Leid die Intellektuellen zu solidarischem Handeln veranlassen würde (die Figur des Freidenkers Ivan) oder die Kirche sich auf den Gekreuzigten als Bild unbedingter Solidarität mit den Leidenden besänne, um ihre Macht zur Veränderung einzusetzen (die Figur des angehenden Mönchs Aljoscha). Edith Stein setzt auf die innerrussischen Reformkräfte. Sie bemerkt deshalb anläßlich der Abdankung des Zaren: «Für Rußland kann das Heil wohl nur von einer wirklich russischen Reform kommen und nicht von einer aus Westeuropa importierten, sei sie nun liberal oder sozialistisch» (XIV,47; 20.3.17).

Daß auch Deutschland in Bewegung geraten war, zeigt sich deutlich im Frühjahr 1918. Der Ruf nach einem sofortigen Waffenstillstand und nach Reformen konnte nicht mehr überhört werden. In seiner Osterbotschaft mußte der Kaiser Maßnahmen in Aussicht stellen, die das Volk stärker an der politischen Willensbildung beteiligen sollten. Doch Edith Stein kann und will vorerst noch nicht an einen Zusammenbruch Deutschlands denken. Sie rechnet mit der Reformfähigkeit des Systems und erhofft sich eine Stärkung des inneren Zusammenhalts und der inneren Schlagkraft.

Es ist bezeichnend, daß sie eineinhalb Jahre später, als auch in Deutschland das patriarchale System vor dem Zusammenbruch steht, Dostojewskis Roman wieder hervorholt. Er wird jetzt ihr Trost- und Lieblingsbuch. Auf ihrem damaligen Weg zum Christentum wird dann auch die religiöse Dimension und Erneuerungskraft dieses Buches ganz neu zu ihr sprechen. Edith Stein denkt in ihrer philosophischen Arbeit – neben den tagespolitischen Ereignissen und den Kriegserlebnissen – darüber nach, was Menschen überhaupt dazu motiviert, zu handeln und an die Zukunft zu glauben.

Husserl konzentrierte sich in seinen Werken im wesentlichen auf Ausschnitte des Lebens, auf «Akte im Bewußtseinsstrom». Aber hat das Einzelne Sinn, wenn wir nicht wissen, ob das Leben als Ganzes sinnvoll ist? Edith Stein versucht zu klären, wie diese Akte auseinander entstehen. Was motiviert uns? Wie gehen Akte ineinander über? Wie folgt Handlung auf Handlung? Was verbindet sie zu einer Einheit? Haben die verschiedenen Erlebnisse des einzelnen, das Auf und Ab eines Lebens einen inneren Zusammenhang? Ergeben sie ein sinnvolles Ganzes, oder ist alles, was wir erleben, nur Fragment? Leben wir letztlich von Handlung zu Handlung, von Tag zu Tag, von Lebensabschnitt zu Lebensabschnitt immer wieder nur ins Blinde hinein, den tagespolitischen Umbrüchen, den Wandlungen der Gesellschaft und der Willkür der anderen ohnmächtig ausgesetzt? Hat also das Leben als Ganzes überhaupt Sinn? Hat die Geschichte einen Sinn? Das Phänomen «Religion» als wichtige menschliche Orientierungs- und Motivationsquelle, die auf letzte Sinnfragen antwortet, tritt nun erneut vor ihren Blick. Sie entdeckt Augustinus. Ingarden läßt sie wissen: «Es ist unmöglich, eine Lehre von der Person abzuschließen, ohne auf Gottesfragen einzugehen, und es ist unmöglich zu verstehen, was Geschichte ist. Klar sehe ich da natürlich noch gar nicht. Aber sobald die Ideen fertig sind, möchte ich an diese Sachen herangehen» (XIV,43; 20. 2. 17).

Auf der Rückreise nach Freiburg besuchte Edith Stein ihre Schwester Erna, die inzwischen Assistenzärztin an der Berliner Virchowklinik war. Es war schön für sie zu sehen, was aus ihrer Lieblingsschwester, die noch immer mit Hans Biberstein befreundet war, inzwischen geworden ist.

Mittlerweile hatte der Krieg auch Freiburg erreicht. Die Auswirkungen der Bombardierung waren bis in Edith Steins Wohnviertel zu spüren. Das Gebäude der Anatomie war in Flammen aufgegangen, und vor der Universität, nicht weit von dem Ort, wo heute die Statue einer Trauernden an die Gefallenen der Universität aus beiden Weltkriegen erinnert, gähnte ein Bombentrichter. Unübersehbar deutet sich eine Wende an. Die Unsicherheit in der Bevölkerung wächst.

Ihr Seminar für Anfänger wird aufgewertet. Es darf jetzt als offizielle Lehrveranstaltung in den Seminarräumen der Universität stattfinden. Mittlerweile – es ist Kriegszeit, und auch Husserls Seminare hatten in dieser Zeit nur sieben bis zehn Teilnehmer – gehören ihm sieben Studierende an, u. a. Amalie (Sr. Adelgundis) Jaegerschmid, Otto Gründler, Gerda Walther und der protestantische Pfarrer Rudolf Meyer. Einige von ihnen werden später bekannt. Man ging nun zu Edith Stein und meldete sich bei ihr an, wie sie das wenige Jahre zuvor bei Reinach und bei Husserl getan hatte. Eine Studentin erinnert sich: «Edith Stein empfing mich, nachdem ich mich bei ihr angemeldet hatte, recht freundlich und ließ mich zunächst einmal erzählen, woher ich käme und womit ich mich bisher beschäftigt hatte. Sie wirkte mit ihren grauen Schreibärmeln und ihrer schlichten Frisur ein wenig lehrerinnenhaft, aber nicht unsympathisch.»[5]

In diesem Semester war Edith Stein verpflichtet, Husserls Vorlesungen zu hören, sie übernimmt die Ausarbeitung von Artikeln, mit denen Husserl auf Anfragen und Kritik an der Phänomenologie antwortet, und sie bereitet die Drucklegung der neugefaßten VI. Logischen Untersuchung vor. Immer wieder drängt sie Husserl, doch endlich an die Lektüre des Manuskriptes zu den «Ideen II» zu gehen und Ingardens Dissertation über «Intuition und Intellekt bei Henri Bergson» zu lesen. Aber Husserl hat zu all dem keine Zeit. Er bereitet seine Antrittsvorlesung vor (21.4.1917) und schreibt an einer «Einleitung in die Phänomenologie», die Edith Stein zur Veröffentlichung überarbeiten soll. Edith Stein läßt sich von Husserl in die Hand versprechen, daß er nach Pfingsten an die «Ideen II» geht. Der inzwischen 59jährige arbeitet seiner jungen Assistentin zu schwerfällig und ermüdet ihr zu schnell. Daß er in diesem Jahr «fast halb blind war und nur ungerne las»[6], erfahren wir jedoch nicht von Edith Stein, sondern von Roman Ingarden.

Anfang April 1917 erscheint dann ihre Dissertation im Druck. Einige Fachzeitschriften erhalten Rezensionsexemplare zur Besprechung. Edith Stein wird dadurch in der Fachwelt bekannt. Ein erstes, jedoch zwiespältiges Echo kommt von Max Scheler. Er empfiehlt seinen Studenten die Lektüre Edith Steins, aber er kritisiert zugleich, daß Edith Stein seine geschichtsphilosophischen Vorlesungen verwendet habe, ohne ihn beim Namen zu nennen. Sie hört davon über Dritte und ist über diesen Vorwurf gekränkt. Ein Jahr später erst reagiert sie darauf und wendet sich an Scheler: «Es ist mir kürzlich zu Ohren gekommen, daß Sie mir vorwerfen, ich hätte Ergebnisse aus Ihren Vorlesungen veröffentlicht, ohne Sie zu zitieren. Daß ich Ihrer Anregung sehr viel verdanke, darüber bin ich mir immer klar gewesen. Wo ich in einem bestimmten Punkt mir der Anregung bewußt war, da habe ich Ihren Namen genannt. Im übrigen kann von einer Übernahme von Ergebnissen keine Rede sein, sondern nur von einem Einfluß auf die Methode, die Sachen anzugreifen, die dann freilich zu einer Übereinstimmung in den Ergebnissen geführt haben mag, von der mir selbst nichts bekannt war: Beweisen kann ich Ihnen das nicht ...» (ESTA; 4.4.18).

Dann meldet sich auch Roman Ingarden zu Wort. Er fordert von ihr, sie müsse den Problemen tiefer auf den Grund gehen und vor allem den Begriff des Psychischen klären. Edith Stein antwortet: «Das wird erst möglich sein, wenn der Begriff des Geistes ganz rein herausgearbeitet ist. ... Der vierte Teil ist der einzige, «den ich ‹con amore› gemacht habe; ... die Richtung ... stimmt.» Bei aller Selbstkritik an ihrem Erstlingswerk sieht sie die Einfühlungsarbeit doch zugleich «als Schema, das ich im Laufe meines Lebens ausfüllen wollte» (XIV,52; 27.4.17).

Auch in ihrem Seminar regt sich Zustimmung und Kritik. Otto Gründler schreibt später: «In den Steinschen Ausführungen vermissen wir die Antwort auf die grundlegende Frage, nämlich, wie eigentlich die Abhängigkeit der Person von Vernunftgesetzen zu verstehen ist. ... Daß die Personalakte Vernunftgesetzen unterstehen, heißt nichts anderes, als daß sie ihrem Wesen nach dazu auffordern, sie nach Vernunftgesetzen zu beurteilen; das Vernunftgesetz regelt nicht ihren faktischen Ablauf – wie das Naturgesetz den der Naturereignisse –, sondern es ist eine Norm, nach der sie verlaufen sollen. ... Wie aber im einzelnen die Akte einer Person verlaufen, das wird weder durch Natur- noch durch Vernunftgesetze bestimmt, sondern lediglich durch das Wesen dieser Person selbst.»[7]

Gegen Ende des Semesters unterstreicht Edith Stein ihre Position, sie sieht aber auch die noch offenen Fragen: «Ich bin nicht davon abzubringen, daß die Weltgeschichte einen Sinn hat und sich durchsetzt, auch wenn kein Mensch da ist, der ihr den Weg vorzuzeichnen vermag. Welcher Spielraum hier dem Eingreifen des einzelnen offen gelassen ist, darüber zerbreche ich mir schon lange den Kopf» (XIV,58; 6.7.17).

Husserl hat die Bearbeitung der «Ideen II» inzwischen auf September verschoben. Damit wäre dann fast ein Jahr vergangen, ohne daß eine Veröffentlichung auch nur in greifbare Nähe gerückt wäre. Edith Stein ist darüber enttäuscht. Sie denkt daran, ihre Stelle bei Husserl aufzukündigen. Für ihr Leben sieht sie zwei Perspektiven: «Im allgemeinen sind es 2 Sachen, die meine Spannkraft aufrecht erhalten: die Begier zu sehen, was aus Europa wird, und die Hoffnung, etwas für die Philosophie zu leisten» (ebd.).

Doch aus Mitteleuropa scheint nichts mehr werden zu können, die Verluste an der Westfront werden immer größer. «Neulich», schreibt sie an Ingarden, «sah ich in meinem Bücherschrank eine ganze Reihe Dissertationen von Breslauer Studienfreunden, die nun sämtlich tot sind. Dann kommt man sich vor, als ob man einer längst ausgestorbenen Generation angehörte.» Eine ernüchternde Einsicht. Immer stärker wird Edith Stein mit der menschlichen Tragödie des Krieges konfrontiert. Kaum eine Familie, die nicht jemanden aus ihrer Mitte verloren hätte. Lebenswege und Beziehungen brechen ab. Wie ihre Zukunft aussehen soll, bleibt ungewiß. Sie spürt, daß mit diesem Krieg etwas zu Ende geht. Die Gesellschaft ist in Bewegung geraten, die alte preußische Ordnung Deutschlands zerfällt. Edith Stein gibt in diesen Julitagen 1917 die

Hoffnung auf einen baldigen Frieden auf, wenngleich sie ihre Zweifel an einem Sieg Deutschlands noch immer unterdrückt. Sie wagt es noch nicht, in den Abgrund zu schauen, in die Leere, die der Zusammenbruch des Bismarckreiches hinterlassen wird.

Um die Hoffnung, «etwas für die Philosophie zu leisten», realisieren zu können, entschließt sie sich, im Oktober ihr Arbeitsverhältnis bei Husserl endgültig aufzulösen. Doch dann stößt sie auf einen Stapel alter Aufzeichnungen des «Meisters» aus dem Jahr 1903. Es handelt sich um dessen Gedanken zum «inneren Zeitbewußtsein». Edith Stein erkennt die philosophische Bedeutung, vor allem im Vergleich zum Zeitverständnis Bergsons und Natorps: «Schöne Sachen, aber noch nicht ganz ausgereift» (XIV,61; 26.8.17). Sie wird neugierig und empfängt durch die Lektüre Anregungen. Daher entschließt sie sich, weiterzuarbeiten. Auch Husserl beschäftigt sich nun erneut mit der Frage: Was ist Zeit? Was ist Zeitbewußtsein? Wie werden die Phasen im Bewußtseinsstrom zu einem sinnvollen Ganzen? Noch im Juli macht sich Edith Stein an die mühevolle Übertragung und Zusammenführung der einzelnen Teile. Aber erst Martin Heidegger war es beschieden, sie 1928 unter dem Titel «Edmund Husserls Vorlesungen zur Phänomenologie des inneren Zeitbewußtseins» zu veröffentlichen.

Neben der Beschäftigung mit dem Phänomen der Zeit arbeitet Edith Stein Husserls Notizen zur Raumkonstitution aus und setzt ihre Aufzeichnungen über die «Ideen» fort. Zur selben Zeit entdeckt sie Hedwig Conrad-Martius' «Gespräch über die Seele» und findet darin Orientierung. An dieser vielversprechenden Theorie über die Seele werden sich einige der offenen Fragen Edith Steins über das Psychische klären. Mit der Fertigstellung der «Ideen» im September wird es aber auch diesmal nichts. Husserl geht in die Ferien nach Bernau im Schwarzwald, um zu arbeiten. Edith Stein folgt ihm ins nahe gelegene Herzogenhorn. Aber er darf nicht gestört werden. Er arbeitet an den Zeitanalysen («Bernauer Zeitmanuskripte») und will versuchen, den Zirkel in der Zeitstruktur zu lösen, denn ihm war aufgefallen, daß die ursprünglich zeitkonstituierenden Erlebnisse selbst wieder in der Zeit sind.

Erika Gothe, Hans Lipps und Jean Hering kommen in diesen Ferientagen zu Besuch nach Freiburg. Erna, Rose Guttmann und Lilli Platau besuchen Edith Stein in Herzogenhorn. Seit der Breslauer Zeit ist dies das erste Zusammentreffen des ehemaligen Kleeblatts. Die anregenden Gespräche, die schönen Wanderungen und die Atmosphäre der Freundschaft tun Edith Stein gut. Es ist wie eine Erholung vom Krieg und von Freiburg – und ein letztes Kraftschöpfen vor dem Zusammenbruch.

Zu Beginn des Wintersemesters 1917/18 zieht Edith Stein mit ihrer Hauswirtin in die Zasiusstraße um, die nur unweit der bisherigen Wohnung (in der Goethestraße) gelegen ist. Anfang Oktober kommt auch Roman Ingarden wieder nach Freiburg, um sein Doktorexamen abzulegen (18.1.1918). Ingarden wird jetzt zu einem wichtigen Gesprächspartner Husserls und Edith Steins. Ihn beschäftigt die Frage, wie man von dem ursprünglich zeitkonstituierenden Bewußtseinsstrom zu der Erfahrung der realen Außenwelt kommen kann und wie die Empfindungsdaten einzuordnen sind. Auch ihr philosophisches Proseminar, das sie bisweilen als ihren «philosophischen Kindergarten» bezeichnet, hält Edith Stein ab Oktober wieder ab.

An der Marne in Belgien spitzt sich die Kriegslage zu. Die entfesselte Kriegsmaschinerie – eine Frucht des technischem Fortschritts im 19. Jahrhundert – produziert bis dahin unvorstellbare Materialschlachten mit riesigen Verlusten. Das Einzelschicksal zählt nicht mehr. Die «Menschenmasse» ist zum Materialbestandteil des Krieges geworden.

Auch Adolf Reinach nimmt an solchen Schlachten teil, die blühende Landstriche in Kraterlandschaften verwandeln. Er war im Sommer in Jöteborg (Norddeutschland) zum Batterieführer ausgebildet worden und Anfang September wieder an die Front gegangen. Das dort entstandene Manuskript über «Das Absolute» ist seine letzte philosophische Arbeit. Am 16. November kommt Reinach in Flandern ums Leben. Als Edith Stein die Nachricht von seinem Tod in der Zeitung liest, kann sie es nicht fassen, die Nachricht trifft sie unvorbereitet und mit voller Wucht. Der

Schmerz, der sie überwältigt, scheint keine Grenzen zu kennen. Reinachs Tod war der Auslöser für eine bereits «lange vorbereitete Krise» (XIV,168), schreibt sie am 13.12.1925 an Ingarden.

Ihr Leben war bisher immer in äußerster Anspannung verlaufen, immer war sie auf der Suche nach dem Besten gewesen, nach dem geeignetsten Platz und der umfassendsten Entfaltung aller Kräfte. Aber immer wieder war dieses Leben in Sackgassen geraten, drohte an Widerständen zu scheitern. Jetzt bricht die Willenskraft zusammen. Der Schmerz über den Tod Reinachs ist der Tropfen, der das Faß zum Überlaufen bringt. In ihr ist alles leer. Roman Ingarden hat später zu Protokoll gegeben: «Ich habe ihre Reaktion nach seinem Tode gesehen. Was für einen schrecklichen Eindruck hat Reinachs Tod auf sie gemacht! Ich bin der Meinung, daß es der Anfang gewisser Wandlungen war, die sich in ihr später vollzogen.»[8]

Edith Stein sucht nun eine Stütze bei Ingarden. Aber dieser ist selbst, kurz vor seiner Promotion, so sehr von Selbstzweifeln zerrissen, daß er sie nicht zu trösten vermag. Husserl fällt nichts auf. Er legt ihr vielmehr nahe, Ingarden zu stützen, vielleicht sogar ihn zu heiraten, denn so könnten sie beide bei ihm arbeiten.

Sie ist allein und hat «auf der Welt keinen Menschen ..., der den Willen oder die Macht hätte, ... zu raten und ... zu helfen» (XIII,193). Sie macht jetzt keine Pläne mehr und stellt «alles Künftige dem göttlichen Willen anheim», überläßt «sich gänzlich dem ‹Schicksal›» (B 76). Sie weiß nicht, was weiter aus ihr werden soll: «... vor uns scheint ein Abgrund zu gähnen und das Leben reißt uns unerbittlich hinein» (XIII,195). «Ich wünsche Dir», schreibt sie Ingarden am Weihnachtstag 1917 zum Abschied, «ein Leben mit aller Fülle und allem Reichtum, den die Welt zu bieten hat. Ich möchte die Zauberkräfte besitzen, die der Meister gestern von mir verlangte, um es Dir selbst schaffen zu können.» Dann reist sie zu Reinachs Beerdigung nach Göttingen.

Über die Beisetzung erfahren wir von Edith Stein nichts. Das einzige bisher bekannte Zeugnis stammt aus der Feder Dietrich von Hildebrands. Es scheint, als haben Reinachs Schüler sich darauf verständigt, im Frühjahr dessen Nachlaß durchzusehen, damit ein Gedenkband zu Ehren des Toten zustande komme. Nach Reinachs Beerdigung an Silvester reist Edith Stein nicht nach Freiburg zurück, sondern sie fährt nach Breslau, wo sie bis zum 24. März polizeilich gemeldet ist. Möglicherweise probiert sie in dieser Zeit (oder im folgenden Sommer) auch die großen ignatianischen Exerzitien aus, die sie – nach einer Überlieferung E. Przywaras – ursprünglich als psychologisches Selbstexperiment geplant hat, die sie dann aber in religiöser Hinsicht verändern.

Jedenfalls macht sie sich Gedanken über ihre Zukunft. Ihr wird bewußt, was es heißt, daß Philosophie eine brotlose Kunst sei: «Wenn ich früher daran gedacht hätte, wäre ich vielleicht vorsichtiger in der Wahl meines Berufes gewesen.» Als einige Staatsexamenskandidaten hören, daß Edith Stein in Breslau ist, bitten sie um philosophische Anregung und Hilfestellung: «Zu mir hat sich (ohne mein Zutun) schon wieder ein Kindergarten gefunden» (XIV,65 f.; 29.1.18). Sie will mit ihren Zöglingen Teile aus der I. und V. Logischen Untersuchung Husserls lesen. Schließlich schreibt sie von Breslau aus an Ingarden, daß sie dem «Meister» einige Bedingungen vorgetragen habe, falls er Wert auf ihre weitere Assistententätigkeit lege. Für das bloße Ordnen von Papieren sei sie nicht geeignet, da dies Arbeiten seien, deren Sinn ihr nicht einleuchte, zumal Husserl ja gar nicht zu bewegen war, die umfangreichen Ausarbeitungen durchzusehen, die sie aus seinen Materialien bereits fertiggestellt hatte. Außerdem brauche sie Zeit für eigene Arbeiten, um die Beschäftigung mit seinen Manuskripten überhaupt noch länger auszuhalten. Edith Stein fügt hinzu: «Im Grunde ist es der Gedanke, jemandem zur Verfügung zu stehen, den ich nicht ertragen kann. Ich kann mich in den Dienst einer *Sache* stellen und ich kann einem Menschen allerhand zu Liebe tun, aber im Dienst eines Menschen stehen, kurz gesagt, gehorchen, das kann ich nicht.» Wenn Husserl darauf nicht eingehen könne, «so werden wir uns eben trennen müssen. Es täte mit leid, weil ich glaube, daß dann noch weniger Hoffnung auf das Zusammenhalten zwischen ihm und der ‹Jugend› wäre» (XIV,69;

19.2.18). Husserl reagierte: «Sehr freundlich hat er geschrieben – wenn auch nicht ohne einen etwas vorwurfsvollen Unterton. Also bin ich jetzt frei, und ich denke, es ist gut, wenn ich auch nicht gerade froh bin.» Husserl nimmt das Rücktrittsgesuch Edith Steins an, versucht aber dennoch, sie im Laufe des Sommers wieder für ihren alten Posten zu gewinnen. Erst als Edith Stein ihm klarmacht, daß damit zu den alten Konditionen definitiv nicht mehr zu rechnen sei, wendet er sich dem aufstrebenden Martin Heidegger zu, den er bis dato auf Distanz gehalten hatte.

Für Edith Stein bedeutet die Auflösung ihres Arbeitsverhältnisses, daß sie nun einer ungewissen Zukunft entgegengeht. «Dieses Gefühl der absoluten Machtlosigkeit ist etwas, worein ich mich gar zu schwer finden kann. ... Aber man muß wohl mal die eigene Ohnmacht recht nachdrücklich zu Gemüte geführt bekommen, um von dem grenzenlosen Vertrauen auf sein Wollen und Können, wie ich es früher besaß, geheilt zu werden» (XIV,68; 12.2.18).

Frau Reinach versucht Edith Stein aufzurichten. Sie schickt ihr Aufzeichnungen ihres Mannes über Grenzerfahrungen («Ahnungen») und seinen letzten Text über «Das Absolute». Zum Teil sind diese Texte während der Gefechtspausen in einem Unterstand an der Front niedergeschrieben worden. Ihr Verfasser war sich dabei wohl bewußt, daß es vielleicht die letzten Zeilen sein konnten, die er zu Papier bringen würde. Reinach hatte die Unberechenbarkeit des Schlachtfeldes kennengelernt. Er entdeckte, daß er sich im Angesicht des Todes nicht einsam und verlassen fühlte. Er spürte in sich unmittelbar die Gewißheit, im Letzten geborgen zu sein. Diese Erfahrungen hinterlassen bei Edith Stein tiefe Spuren. «Ich habe große Freude daran!» berichtet sie Ingarden. Sie hat ein «immer noch etwas labiles seelisches Gleichgewicht» (XIV,67; 12.2.18), aber die Leere beginnt zu weichen.

Immer noch bemüht sie sich vergeblich, «zu verstehen, was für eine Rolle wir Menschen im Weltgeschehen spielen». Als Menschen sind wir stets gezwungen zu handeln, ohne alle Gründe zu kennen, ohne alles, was kommt, voraussehen zu können. «Wir führen die Ereignisse herbei und tragen die Verantwortung dafür.

Und doch wissen wir im Grunde nicht, was wir tun, und können die Weltgeschichte nicht aufhalten, auch wenn wir uns ihr versagen» (XIV,68). Ohne die grundlegende Überzeugung, daß das Leben als Ganzes einen Sinn hat, könnten wir nicht handeln. Es scheint, daß wir bei allem, was wir tun, stets von einem Vorschuß an Sinn und Hoffnung geleitet sind, der sich nicht aus unseren Taten ergibt, sondern ihnen bereits zugrunde liegt. Wer wie die modernen Geschichtswissenschaften nach dem Vorbild der Naturwissenschaft in erster Linie nur an einer Rekonstruktion sicherer Fakten interessiert ist, überspringt diese grundlegende Dimension des Menschseins. «Religion und Geschichte», schreibt sie an Ingarden, rücken «für mich immer näher zusammen, und es will mir scheinen, daß die mittelalterlichen Chronisten, die die Weltgeschichte zwischen Sündenfall und Weltgericht einspannten, kundiger waren als die modernen Specialisten, denen über wissenschaftlich einwandfrei festgestellten Tatsachen der Sinn für Geschichte abhanden gekommen ist» (XIV,68; 19.2.18).

Gegen Ende März, zu Beginn der Karwoche, ging sie nach Göttingen, denn dort fühlte sie sich «wenn überhaupt irgendwo – ein wenig zu Hause» (XIV,70). Hier traf sie nicht nur Anne, sondern auch Pauline Reinach, die Schwester des Philosophen, zu der sie bereits während des Studiums aufgeblickt hatte. Edith Stein wohnte bei Reinachs, Am Steingraben 28, und man darf wohl sicher annehmen, daß sie am Karfreitag (29.2.1918) in der St.-Albani-Kirche der Taufe von Pauline Reinach, der Schwester Adolfs, beiwohnte. Nach der Eintragung im evangelischen Kirchenbuchamt in Göttingen waren Anne Reinach und Erika Gothe die Patinnen.

Gemeinsam mit Anne Reinach begann sie, den Nachlaß Adolf Reinachs zu sichten. Ein Band des Jahrbuchs sollte als Gedenkschrift erscheinen, doch dieses Vorhaben zerschlug sich aus mehreren Gründen. Nun wollte man zumindest einen Band mit gesammelten Schriften Reinachs herausgeben. Edith Stein übernahm dafür die druckfertige Ausarbeitung von Reinachs Notizen zu seinem letzten Seminar über «Das Problem der Bewegung». In dieser Lehrveranstaltung war es um die Grundlagen der Mathematik gegangen, insbesondere um die Integral- und Differentialrechnung, die wiederum Voraussetzungen der modernen Physik sind: Wie ist es möglich, sich über den unendlichen Prozeß des Teilens einer Strecke dem mathematischen Punkt zu nähern? Philosophischer gefragt: Warum kann der Mensch überhaupt reine Einheit fixieren? – Anne und Pauline Reinach bestärkten Edith Stein schließlich aber auch darin, daß man gerade jetzt den «Meister» in Freiburg nicht ganz allein lassen dürfe.

Mehr jedoch als von allem Philosophischen war Edith Stein beeindruckt von der Person Anne Reinachs. Edith Stein war durch das Leiden gelähmt, alles erschien ihr aussichtslos und nichtig. Ist menschliche Existenz ein unverständliches Sein, in die Welt geworfene Nichtigkeit, und die einzig adäquate Selbsterkenntnis die Verzweiflung? Vielleicht ist das die natürlichste Reaktion des auf sich selbst gestellten Menschen. Die junge Witwe hingegen fand Trost und neuen Lebensmut im Glauben an den Gekreuzigten und Auferstandenen, der diese Nacht der Ohnmacht im Blick auf den Vater ausgehalten hat. Durch sie macht Edith Stein die Erfahrung, daß der Mensch in einer – wie sie später sagen wird – übernatürlichen Liebe verankert ist, die sich gerade in der Verlusterfahrung zeigt. Denn gerade indem wir alles verlieren, was wir gemacht haben und beherrschen, zeigt sich unmittelbar, was uns wirklich trägt. Edith Stein hat kurz vor ihrem eigenen Tod Professor Hirschmann SJ im Sprechzimmer des Karmels in Echt berichtet, «daß der entscheidende Anlaß zu ihrer Konversion zum Christentum die Art und Weise war, wie die ihr befreundete Frau Reinach in der Kraft des Kreuzesgeheimnisses das Opfer brachte, das ihr durch den Tod ihres Mannes an der Front des Ersten Weltkrieges auferlegt war» (ESTA; E I 142).

Am 1. Mai 1918 zieht Edith Stein wieder nach Freiburg, in die Zasiusstraße. Von dort schreibt sie Fritz Kaufmann, es komme außer dem Reinachband noch ein zweites «redaktionelles Problem» auf sie zu. Zum 60. Geburtstag eines verdienten Gelehrten wird dieser meist mit einer Festschrift geehrt, die einen Blick auf die Summe seines Werkes gibt. Da der Münchner Phänomenologenkreis dies für Husserl angeregt hatte, war es ihr gelungen, Alexander Pfänder als Herausgeber zu gewinnen, so daß sie in diesen schwierigen Zeiten nicht «für zwei Unternehmen zugleich werben muß» (VIII,34). Sie teilt ihre Arbeit jetzt zwischen selbständiger Forschung und der Fertigstellung der Reinachschen Bewegungsarbeit. Ihren philosophischen Anfängerkurs nimmt sie ebenfalls wieder auf (Thema: «Mimischer und sprachlicher Ausdruck»). Husserls Ansinnen, sie möge wieder als seine Assistentin zu ihm kommen, lehnt sie jedoch ab. Ingarden bietet sie an, seine Doktorarbeit («Intuition und Intellekt bei Bergson») durchzusehen; sie kann ihm versichern, daß es ihr jetzt recht gutgehe, daß sie auch ziemlich viel arbeite, und sie fügt hinzu: «Und dann habe ich einen Stützpunkt gefunden, der mich bis zu einem gewissen Grade von allen äußeren Bedingungen unabhängig macht» (XIV,76; 12.5.18).

Edith Stein sucht in dieser Zeit auch das Gespräch mit Philomene Steiger (1896–1985), die katholische Christin ist. Frau Steiger hat 1945 Freiburg den Franzosen übergeben und so Blutvergießen bei der Einnahme der Stadt verhindert. Die Stadt hat sie dafür zur Ehrenbürgerin ernannt und eine Straße nach ihr benannt. Später erinnert sich Philomene Steiger, daß sie Edith Stein, die ihr eine Suchende zu sein schien, vom Propheten Elias erzählt hat, «wie der selbst einmal gewankt hat, und wie er unter dem Ginsterbusch gelegen hat und wollte sterben. Und daß dann die Stimme gekommen ist: Steh auf und iß, denn du hast noch einen weiten Weg vor Dir! Und in der Kraft dieser Speise … ist Elias dann gewandert bis zum Berg Horeb». Sie erzählte ihr, daß Elias der eigentliche Begründer des Karmels sei, «denn der hat die Einsamkeit gesucht und hat diese Verbundenheit mit Gott und dem Geist Gottes aus der Wüste oder aus der Einsamkeit wieder an den Menschen weitergegeben. … Und dieser Geist wirkt.»[9]

In den Pfingstferien fährt sie mit Jean Hering zwei Tage (vom 22. bis 24. Mai) zu Husserl nach Bernau, der dort die Ferien verbringt. Sie lesen gemeinsam Reinachs nachgelassene religionsphilosophische Notizen, wie der «Meister» an Adolf Grimme schreibt. Edith Stein schickt auch Scheler ein Exemplar, und Heidegger exzerpiert sich diesen Entwurf im Juni. Auch Jean Hering hat später in seinem Werk über Phänomenologie und Religionsphilosphie (1926) daraus Anregungen bezogen. Nach Husserls Meinung sehnt sich die Zeit jetzt zuallererst danach, «daß endlich die wahren Ursprünge zu Wort kommen und dann erst in höherem Sinne zu ihrem Worte, zum Logos kommen». Ähnlich argumentiert Scheler, der zu dieser Zeit an seinem religionsphilosophischen Hauptwerk «Das Ewige im Menschen» (1921) arbeitet.

Die Menschen sind in einem Umbruch, der sich bereits abzeichnet, und sie sind auf der Suche nach Orientierung. Eine Aufgeschlossenheit für Religion ist dabei unverkennbar. Reinachs Konversion zum Christentum und seine Notizen sind Ausdruck dieser Neuorientierung, ebenso Franz Rosenzweigs neue Hinwendung zum Judentum in Freiburg 1917. Husserl hatte sich damals in die Schriften der Mystiker vertieft. Rudolf Ottos Buch «Das Heilige» (1917) war für ihn ein erster Anfang zu einer Phänomenologie des Religiösen. Die Frucht seiner Überlegungen hat Husserl in einem bislang unveröffentlichten Manuskript zur Religionsphänomenologie niedergelegt. Darin versteht er den Gottesbegriff als notwendigen Grenzbegriff, der sich aus der Vernünftigkeit und der Sinnhaftigkeit des Seins nahelegt, als den «unendlichen Weg (der Subjektivität), zu ihrem wahren Sein sich zu entwickeln».

Am 8. Juni treffen sich Husserl, Heidegger und Edith Stein zu einem mehrstündigen Austausch über Religionsphilosophie. Über den Inhalt dieses Gesprächs erfahren wir nichts. Man darf aber wohl annehmen, daß Edith Stein Reinachs religionsphilosophische Notizen erwähnt und daß Husserl über Rudolf Otto berichtet und über seinen Wunsch, durch die Phänomenologie die religiösen Ursprünge wieder freizulegen. Auch Martin Heideggers Gedanken gingen damals in diese Richtung. Er, der ursprünglich Priester hatte werden wollen, war, wie er in einem Brief an Karl Löwith bemerkt, für Husserl damals «eigentlich noch Theologe»

(20.10.1920). Er kam von der Scholastik und von Hegel her. Windelbands Abhandlung «Das Heilige» hatte ihm den Weg zu Ottos gleichnamigem Buch eröffnet. In seinem Seminar läßt er die Studierenden in Gedanken eine einheitliche rote Fläche betrachten. Sie sollen ermitteln, ob ein Bewußtsein, dem nur ein einziger undifferenzierter Gegenstand gegeben ist, überhaupt zu dessen Erfassung gelangen kann. Heidegger will auf das Ursprüngliche, das Vor-Welthafte und Vor-Theoretische zurück. Er will seine Studenten dahin führen, das Wunder zu gewahren, daß es überhaupt etwas gibt. Und gegen die «gewaltsam unechte Religiosität» des Dogmatischen und der theoretischen Überformung will er die ursprüngliche Dimension des Religiösen im Leben wieder aufdecken. Dazu dienen ihm die Mystiker als geschichtlicher Anhaltspunkt, denn hier sind die Zurückwendung auf die eigene Erlebnissphäre und das Hinhören auf die Kundgabe des eigenen Bewußtseins, um die es Heidegger geht, lebendig greifbar: Ein Verlangen und ein Sich-Mühen um die lebendige Gegenwart Jesu. Echte Religion lasse sich, wie er in einem Vortrag im August 1917 ausführt, nicht er-philosophieren, sondern beginne und ende mit der Geschichte. Mit Meister Eckhart, Teresa von Avila und Bernhard von Clairvaux will er zum Ursprung zurück. Hier werden ihm die religiösen Schwingungen am unverstelltesten greifbar. Von hier aus hatte er sich Rudolf Ottos Buch «Das Heilige» und – wie Reinach – der Religionsphilosophie Schleiermachers zugewendet.

Wie gesagt: Wir wissen nicht genau, was damals gesprochen wurde. Doch war der Austausch für alle Beteiligten derart interessant, daß man diesen «religionsphilosophischen Spaziergang» (XIV,82; 8.6.18) bis kurz vor Mitternacht ausdehnte. Edith Stein jedenfalls ließ sich zum Geburtstag in diesem Jahr die Ausgabe der gesammelten Predigten Schleiermachers schenken.

Für die Husserl-Festschrift will Edith Stein aus ihrer «Analyse der Person ein Einzelproblem herausgreifen und ausführlicher behandeln». Diese Studie, zwischen Mitte Juni und Mitte November entstanden, wird später unter dem Titel «Psychische Kausalität» als Typoskript mit Arbeiten von Hedwig Conrad-Martius,

Hans Lipps und Alexander Pfänder als vorläufige «Festschrift» Husserl übergeben, da die anderen Mitarbeiter ihre Beiträge noch nicht liefern konnten.

In den Sommermonaten verbringt Edith Stein drei Wochen in Göttingen, und zwar von Ende Juli bis Mitte August. Die «Bewegungsarbeit» ist vollendet und findet den Beifall der Freunde. Für den Reinachband beschließt man eine Sammlung seiner sämtlichen Arbeiten, und auch für die Husserl-Festschrift hoffte man auf zeitgerechtes Erscheinen zu seinem 60. Geburtstag im kommenden April 1919.

Mittlerweile erwartet Edith Stein das baldige tragische Ende des Krieges. Der Geist des Neuen, auf dem man weiterbauen kann, scheint sich bereits anzukündigen: «... der neue Geist ist bereits da, und er wird sich zweifellos durchsetzen. Wir haben ihn sichtbar in der Philosophie und in den Anfängen der neuen Kunst im Expressionismus» (VIII,36; 6.7.18). Phänomenologie und Expressionismus versuchen ja auf ihre je eigene Weise, das Unverstellte und Ursprüngliche des Lebens aus den ideologischen Verstellungen freizulegen.

Im August 1918 beginnt an der Westfront die letzte große Offensive, die mit einem schweren Rückschlag für die erschöpften deutschen Armeen endet. In Rumänien und Bulgarien bricht überraschend die Ostfront zusammen. Die Oberste Heeresleitung drängt die Regierung, der Entente ein Friedensangebot zu unterbreiten. Doch es ist bereits zu spät. Der am 5. September als Reichskanzler eingesetzte Prinz Max von Baden versucht zwar noch, unter prinzipieller Erhaltung der Monarchie die Regierung im Sinne eines parlamentarischen Systems umzugestalten. Aber das bereits ins Wanken geratene Staatswesen war nicht mehr zu retten, die ausgehungerte Bevölkerung vom Sinn eines weiteren Blutvergießens nicht mehr zu überzeugen. Anfang Oktober schreibt Edith Stein an Roman Ingarden: «Im übrigen spielt die Wissenschaft jetzt ... keine allzu große Rolle. Sie können sich wohl denken, daß man andere Sorgen hat» (XIV,99f.; 3.10.18). Die innen- und außenpolitische Lage ließ sie den völligen Zusammenbruch Deutschlands ahnen. «Das beste Mittel, sich mit dieser erbärmlichen Welt abzufinden, wäre ja, sich von ihr zu verabschieden. Ich habe nur die Überzeugung, daß man es sich nicht so leicht machen darf. ... Das Umlernenmüssen kommt nur zu plötzlich und ist hart.» Das Wintersemester begann zwar wieder, aber «kümmerlich. Das erste Seminar [Husserls] war so schwach besucht, daß ich das einleitende Referat übernehmen mußte. ... Mir ist das alles jetzt natürlich furchtbar gleichgültig; ich zwinge mich zu arbeiten, weil ich vorläufig nichts Besseres zu tun weiß.» Dostojewskis «Brüder Karamasow» und Werke polnischer Patrioten machen ihr Mut. Von ihnen lernt sie, «den Glauben an sein Volk hindurch zu retten durch alle Wechselfälle; das ist mehr als der römische Tugendstolz, der die Erniedrigung nicht überleben kann» (XIV,102f.).

Neue Aufgaben kommen auf sie zu. Husserl erkrankt besorgniserregend an der damals grassierenden schweren Grippe, die viele Opfer forderte. Malvine Husserl muß sich der Pflege ihres Mannes widmen, während zugleich böse Nachrichten über eine gefährliche Kopfverletzung ihres zweiten Sohnes Gerhard eintreffen. Dieser bittet telegraphisch immer wieder um Besuch, seine Schwester reist zu ihm ins Lazarett. Edith nimmt ihre Stelle im Haushalt ein, da Husserls keine andere Hilfe im Hause haben. Ihr liegt zwar «von Natur aus» solche Hausarbeit gar nicht, aber sie kann doch Husserl und seine Familie in dieser Not nicht im Stich lassen. Auch meint sie, die Vielgeschäftigkeit schütze immerhin vor mutlosen Gedanken. «Man ist ja noch wie betäubt» (XIV,108), schreibt sie Ende Oktober an Ingarden mit Blick auf die bange Frage, «ob es denn für uns überhaupt noch eine Zukunft geben kann» (XIV,111). Der einzige Mensch, der ihr in Freiburg wirklich nahesteht, ist der «Meister». Der aber hat seine politische Meinung derart geändert, daß er «über Personen und Einrichtungen, die er früher über Gebühr gepriesen hat, so erbarmungslose Urteile fällt, daß ich es kaum anhören kann. Denn ich fühle mich doch verwachsen mit dem, was jetzt zusammengebrochen ist, obwohl ich in Opposition gegen das ‹System› großgeworden bin» (XIV,108).

Am 12. November entschließt sich Edith Stein zur plötzlichen Abreise nach Breslau. Die Ereignisse hatten sich überstürzt: Bereits am 5. November hatten Teile der Marine und der Truppen den militärischen Gehorsam verweigert. Kaiser Wilhelm II. und der Kronprinz verlassen Deutschland am 9. und gehen in die Niederlande; mit ihnen danken alle deutschen Fürsten ab. Am 11. November unterschreibt die deutsche Gesandtschaft unter Führung des Staatssekretärs für Finanzen, Matthias Erzberger, die von der Entente geforderten Waffenstillstandsbedingungen. Von diesen sagt Edith Stein, sie sähen «unleugbar so aus, als ob jetzt alles erbarmungslos über uns herfiele, um ja auch noch das letzte bißchen Leben zu ersticken» (XIV,112). Sie fühlt wie viele Deutsche damals. Und sie denkt an den furchtbaren Lemberger Judenmord, vermutlich auch an den Vorwurf der deutschen Alleinschuld am Ausbruch des Weltkrieges. «Aber der Zusammenbruch des alten Systems hat mich überzeugt, daß es überlebt war, und wer sein Volk lieb hat, der will natürlich mithelfen, ihm eine neue Lebensform zu schaffen» (XIV,111). Deshalb geht sie zu Taten über. Sie sieht ihre Aufgabe in der gegenwärtigen Stunde darin, an dem, was kommen soll, mitzuarbeiten.

Friedrich Naumann hatte die «Deutsche Demokratische Partei» (liberaler Richtung) gegründet. Edith Stein tritt ihr bei – übrigens auch ihre Angehörigen – und stürzt sich nun «kopfüber in die Politik». Sie will mit Frauen und der Jugend arbeiten. Sie will den Idealen, «ohne die wir unrettbar in die Irre gehen, ... den idealen Gesichtspunkten in der Praxis Geltung verschaffen». Daneben beschäftigt sie sich «weiter mit der Abfassung von Flugblättern und ähnlichen Scherzen. Heute Abend [10. 12. 18] gibt es eine Versammlung der demokratischen Jugend, die wir innerhalb unserer Partei zusammenfassen wollen. ... Die alten Herren, ... die natürlich noch überall an der Spitze stehen, möchten begreiflicherweise in ihrem gewohnten Fahrwasser bleiben» (XIV,115 f.).

Am meisten bemühte sich Edith Stein um «die Aufklärungsarbeit, die nötig ist, um die Frauen an die Wahlen heranzukriegen» (XIV,111); es handelte sich um die verfassunggebende Nationalversammlung von Weimar. Im neuen Deutschland hatten ja auch die Frauen Sitz und Stimme in dieser wichtigen Versammlung, und alle Parteien warben um die Stimmen der Frauen. Manche Frauen waren zwar der Ansicht, da es Männer gewesen seien, die das alte Reich ins Unglück gestürzt hatten, sei es nun auch Aufgabe der Männer, eine neue Ordnung zu schaffen. Nach Edith Steins Überzeugung jedoch sollten die Frauen sich in der neuen Republik nicht länger damit begnügen, die Rolle der Leidtragenden männlicher Gewalt zu sein, sondern mitgestalten und Verantwortung mittragen. Wir hörten schon, daß sich Edith Stein mit der Abfassung von Propagandazetteln befaßte. Es gibt sogar einen Handzettel der DDP, der möglicherweise von ihr verfaßt wurde; jedenfalls scheinen der Gedankengang und manche Formulierungen darauf hinzuweisen. Wir wissen zudem, daß damals die Vorbereitung der Frauen für die Nationalversammlung in den Händen eines Ausschusses der Frauenverbände Deutschlands lag, der seine Arbeitsstelle in Berlin hatte. In ihren Aufzeichnungen macht Edith Stein die Bemerkung, daß sie gerade in dieser Zeit «wiederholt in Berlin zu tun» hatte, wo sie Anfang Januar 1919 die Barrikadenkämpfe der KPD und ihrer Anhänger miterlebt.

Trotz des Elans, mit dem Edith Stein sich der Parteiarbeit zur Verfügung stellte, mußte sie bald erkennen, daß ihre Begabung nicht auf diesem Gebiet lag. Schon bisher hatte sie neben der politischen Werbetätigkeit weiter an ihrer philosophischen Studie gearbeitet. Als die Weimarer Nationalversammlung vorüber war – sie hatte eine Regierungskoalition zwischen Sozialdemokraten, Zentrum und DDP ergeben –, entschloß Edith Stein sich zu einem neuen beruflichen Schritt, zu dem Versuch, sich an einer Universität zu habilitieren. Ihren Beitrag zur Husserl-Festschrift («Psychische Kausalität») gedenkt sie nun durch einen zweiten Teil zu erweitern, der aus ihrer politischen Tätigkeit hervorgegangen war: «Individuum und Gemeinschaft». Das Ganze wollte sie unter dem neuen Titel «Beiträge zur philosophischen Begründung der Psychologie und der Geisteswissenschaften» als Habilitationsschrift einreichen.

Edith Stein nennt ihr zweites Werk «Beiträge», nicht Theorie; bloß verstreute Bemerkungen sollten es aber auch nicht sein, sondern eher grundlegende systematische Überlegungen zu einer erst noch auszuarbeitenden Theorie der Psychologie und der Geisteswissenschaften. Der Titel zeigt bereits eine mögliche Richtung für ihr künftiges philosophisches Arbeitsfeld. Zugleich signalisiert er, daß Edith Stein an ihre Dissertation anknüpft, ihren Denkweg noch einmal rekapituliert und weitertreiben will: mit der Phänomenologie (Husserls und Schelers) über die Psychologie (insbesondere den Psychologismus) und die Transzendentalphilosophie hinaus zu einer Grundlegung der Geisteswissenschaften und der Psychologie, die sich von Dilthey und Husserl (v. a. dessen Unterscheidung von «Natur und Geist») inspirieren läßt. Das Verstehen geistiger Personen und die Existenz des Geistes in der Welt stehen dabei im Mittelpunkt; sie füllen die knappe Skizze des vierten Kapitels der Dissertation aus und treiben die Lösung seiner Probleme weiter voran.

Für die empirische Psychologie, die Edith Stein vor allem bei William Stern kennengelernt hatte, sind die Psyche und das Psychische letztlich Objekt des Wissens. «Die Idee der psychischen Realität und die Kategorien, die sie konstituieren, sind für alle Erfahrung von Psychischem vorausgesetzt» (B 274), d. h., jeder psychologische Entwurf des Verstehens gründet auf Wirkzusammenhängen, die der Psychologie letztlich verschlossen bleiben, wenn sie nur mit ihren induktiven Methoden (z. B. Ausfrageexperimente) versucht, die empirisch verifizierbaren Regelmäßigkeiten des psychischen Verhaltens, die «Psyche mit ihren Dispositionen und wechselnden Zuständen, ... die Gesetzlichkeit in der Dispositionsbildung» (B 274) zu erforschen.

Husserls Phänomenologie bedeutete demgegenüber zweifellos einen Fortschritt für das Verstehen des Lebens, weil sie das Ungeprüfte und einfachhin als «natürlich Vorausgesetzte» von der Ebene unmittelbarer Bewußtheit aus überprüft und zu erklären sucht, wie es sich bilden, d. h. zu einem verstehbaren Ganzen aufbauen kann, in dem auch die Subjektivität einbezogen ist. Mit seinen Untersuchungen zum Aufbau des Zeitbewußtseins versuchte Husserl ausdrücklich, die «Subjektivität» als Phänomen in seine Untersuchungen einzubeziehen. Im ursprünglichen Bewußtseinsstrom berühren sich die Erlebnisse, sie sind mehrfach besetzt. Dieser Erlebnisstrom hat den Charakter eines stets beweglichen offenen Horizontbewußtseins und ist im Letzten von keinem einzelnen Bewußtsein mehr umfangen, sondern eine diese umgreifende anonyme Intentionalität, d. h. Welthorizont, und damit selbst wieder in der Zeit.

Hier bohrt Edith Stein weiter. Sofern das Bewußtsein als «das ‹bewußte› reine Erleben von Gehalten» verstanden wird, erscheint es «völlig losgelöst von der Welt, die sich ihm mittels der erlebten Gehalte aufbaut, ohne Wirkungszusammenhang damit» (B 279). Damit ist das Bewußtsein von der Welt isoliert. Edith Stein besteht darauf, daß die Welt als eine Vorgegebene in Geltung bleibt. Nur wenn die Phänomenologie dies realisiert, kann sie dem Geist in seiner geschichtlichen Eigenart gerecht werden. Erst so ist Geisteswissenschaft möglich. Denn «die Geisteswissenschaft faßt die Akte eben nicht wie die Phänomenologie herausgelöst aus allen Wirkungszusammenhängen, sondern im Gegenteil in der Verflechtung mit der Welt, in der wir sie vorfinden als herauswachsend aus dem geistigen Kosmos und in ihn mündend» (B 279).

Das hatte Edith Stein bereits in ihrer Doktorarbeit betont, wenn sie – im Unterschied zu Husserl – darauf beharrte, daß das Verstehen von Ausdruck leibhaftiges Geschehen (Geist in Welt) ist. Am Ende ihrer Dissertation wirft sie die Frage auf: «Aber eint mich nicht die lebendige Gemeinschaft mit den Geistern der Gegenwart, Tradition mit denen der Vergangenheit unmittelbar, ohne leibliche Vermittlung?» Sie antwortet darauf: «Gewiß fühle ich mich eins mit andern und lasse ihre Gefühle zu Motiven meines Wollens werden, aber das gibt mir nicht die andern, sondern hat ihre Gegebenheit schon zur Voraussetzung» (E 131).

An dieser Stelle tritt das Problem auf, wie der Übergang vom Aufbau des Zusammenhangs in der Lebenserfahrung des einzelnen (subjektiver Geist) zum geschichtlichen Zusammenhang (objektiver Geist) gefunden wird, der von keinem einzelnen mehr erlebt werden kann. Das ist nach Edith Stein die geschichtliche Grundsituation des Menschen: Stets müssen wir handeln, ohne alle Gründe zu kennen. Und dennoch geschieht es nicht grundlos, wenn wir durch unsere Handlungen in den geschichtlichen Zusammenhang der Welt-Geschichte wertend eingreifen, ihn mitgestalten und verändern. Diese Freiheit, d. h. die Fähigkeit, durch unser Handeln wertend ins Leben eingreifen zu können, macht uns verantwortlich für das, was wir tun, obwohl wir von uns her nicht wissen können, was aus unseren Handlungen wird und was sie bewirken werden. Handeln beinhaltet immer dieses Element der Ent-Fremdung, der Überlieferung an das Unbekannte und Fremde der Zukunft und des Zukommens und Eingehens des anderen in unser Handeln und unser Selbstverständnis. Nichts von dem, was auf uns zukommt, können wir wirklich wissend vorwegnehmen. Wir können daher von uns aus den geschichtlichen Zusammenhang nicht stiften. Dennoch liefern wir uns im Handeln stets an die anderen und das andere unserer selbst aus, in der stillen Hoffnung, es möge doch gelingen. Es fragt sich, wie dies möglich sein soll, wenn wir den Zusammenhang selbst nicht stiften.

Hier wird erstmals auf die religiös-eschatologische Begründung des umfassenden weltgeschichtlichen Sinnzusammenhangs bei den christlichen Chronisten des Mittelalters verwiesen. Religion und Geschichte rücken für Edith Stein zusammen. Doch fühlt sie sich genötigt, eigens zu betonen: «Auf Wissenschaftlichkeit erheben diese Aperçus keinen Anspruch» (XIV,68; 19.2.19). Es ist nun interessant zu sehen, daß Edith Stein in den «Beiträgen», d.h. in einer an die philosophische Öffentlichkeit gerichteten Äußerung, erste vorsichtige Hinweise auf die Bedeutung religiöser Erfahrung gibt.

Religiöse Erfahrung wird in den «Beiträgen» zunächst ganz unscheinbar im Problemkreis «Lebenskraft» und «Zustrom von Lebenskraft» (d. h. als Motivationsquelle) mit behandelt. Hatte sie in der Dissertation die Frage noch offengelassen, ob religiöse

Erfahrung vor der Vernunft ausweisbar ist oder sich letztlich doch als Trug und Projektion erweisen lasse, so wird jetzt ausdrücklich gesagt, daß es sich dabei um ein unmittelbares Erleben handelt. Man ist sogar erstaunt, in einem philosophischen Werk und bei dem sachlich-nüchternen Stil Edith Steins die bekenntnishaften Sätze zu lesen: «Dieser Zustand ist mir zuteil geworden, nachdem ein Erlebnis, das meine Kräfte überstieg, meine geistige Lebenskraft völlig aufgezehrt und mich aller Aktivität beraubt hatte» (B 76). In «Individuum und Gemeinschaft» spricht sie bereits wieder etwas distanzierter davon, daß ein «Bruch im Leben einer Person eintreten kann, wenn ein Schicksalsschlag alle Kräfte ihrer Seele verzehrt» (B 212).

Die Brüche des Lebens und die Verschleißerscheinungen, die den Menschen entfremden, so daß er den Eindruck gewinnt, sich selbst innerlich fremd zu sein, illustrieren besonders deutlich die menschliche Grundsituation, d. h. die Erfahrung, daß unsere willentlichen Entwürfe stets durch das Leben überholt werden und an ihm scheitern können. In ihnen zeigt sich aber auch, was uns letztlich wirklich trägt.

Nun gibt es aber auch gegenteilige Erfahrungen, die zeigen, daß das Leben sich gerade dadurch, daß es sich dem anderen ausliefert, bereichert wird und Sinn sich neu erschließt. In diesen Zusammenhang von Erfahrungen, «aus fremden Quellen neue Kräfte zugeführt» zu bekommen, gehört auch die religiöse Erfahrung. Diese «Quellen» treten an die Stelle der willentlichen Antriebskräfte des Ich. Die Eigenart der religiösen Quelle ist es, daß sie sich auf den Zusammenhang des ganzen Lebens erstreckt. Wie bei Reinach im Angesicht des Todes, so zeigt sich hier am Ende aller Ichkräfte eine Einheitserfahrung, eine unbedingte Anerkennung vor der Anerkennung durch andere, die zum Handeln motiviert. An die Stelle der «Totenstille» tritt «das Gefühl des Geborgenseins, des aller Sorge und Verantwortung und Verpflichtung zum Handeln Enthobenseins». Dieses «Gefühl des Geborgenseins» ist das unmittelbare Erlebnis eines formlosen inneren Zusammenhangs aller Lebensgestalten. «Indem ich mich diesem

Gefühl hingebe», heißt es weiter, «beginnt nach und nach neues Leben mich zu erfüllen und mich – ohne alle willentliche Anspannung – zu neuer Betätigung zu treiben. Dieser belebende Zustrom erscheint als Ausfluß einer Tätigkeit und einer Kraft, die nicht die meine ist und, ohne an die meine irgendwelche Anforderungen zu stellen, in mir wirksam ist» (B 76). Hier verrät nicht nur die Sprache (Gott als Kraft, Stärke, Fels, Quelle etc.) eine augenscheinliche Nähe zur jüdischen Tradition und zu einem «positiven Christentum».

Aber in der öffentlichen Publikation ist die Bedeutungsschwere, die die Autorin religiöser Vermittlung von Einzelerfahrung, geschichtlichem und universalem Sinnzusammenhang eventuell zuschreibt, nur angedeutet. Ganz anders in einem Brief an ihre Lieblingsschwester Erna vom 29.7.1918. Hier wird ganz eindeutig in einem positiven Sinne mit der Möglichkeit gerechnet, daß der Sinn des Seins eschatologisch (in Gott) verborgen ist und daß das ganze Leben als Dank verstanden werden kann, als Antwort auf die Gabe des Seins: «Man ist auf der Welt, um zu leben, und soll das Schöne, was es gibt, dankbar hinnehmen. Man soll nur nicht verzweifeln, wenn es anders geht, als man sich's gedacht. Man soll dann an das denken, was einem noch bleibt, und auch daran, daß man hier doch schließlich bloß zu Besuch ist und daß alles, was einen jetzt so schrecklich bedrückt, am Ende gar nicht so wichtig ist oder doch eine ganz andere Bedeutung hat, als man jetzt erkennen kann.»

Die «Beiträge zur philosophischen Begründung der Psychologie und der Geisteswissenschaften» lassen eine wissenschaftlich begründete Selbständigkeit gegenüber der Phänomenologie Husserls und Schelers wie auch gegenüber Dilthey trotz aller sachlichen Nähe erkennen. Diese Arbeit Edith Steins erfüllt daher die wissenschaftlichen Bedingungen einer Habilitation. Auch prinzipielle Schwierigkeiten bei der Habilitation von Frauen gab es ja nun in der Weimarer Republik nicht mehr (vgl. Weimarer Verfassung, Art. 109). Tatsächlich jedoch waren die Schwierigkeiten noch immer groß. Husserl hatte Edith Stein am 6. Februar 1919 ein glänzendes Zeugnis über ihre Assistentenzeit und über ihre Fähigkeit zu wissenschaftlicher Lehre und Forschung ausgestellt, das mit den Worten schließt: «Sollte die akademische Laufbahn für Damen eröffnet werden, so könnte ich sie an allererster Stelle für die Zulassung zur Habilitation empfehlen.»

Ediths Freunde raten ihr eindringlich, den Versuch zur Habilitation fortzusetzen. Zunächst dachte man begreiflicherweise an Freiburg. Husserl aber «hat es a limine abgelehnt, es in Freiburg durchzusetzen bezw. durchsetzen zu können» (XIV,121). In Göttingen, wo es nach Ediths Steins Einschätzung vor allem an einem zuverlässigen Fachmann fehlt, wird die Arbeit «höchst unvorschriftsmäßig abgelehnt», da die Habilitation von Frauen in der Fakultät noch immer Schwierigkeiten mache. Dieser Vorgang, von Edith in einem Brief an Ingarden als «Komödie» bezeichnet, hat ihre berühmt gewordene Eingabe an das Preußische Kultusministerium zur Folge. Der Kultusminister gibt ihr recht, und ein Runderlaß des Ministeriums bestätigt daraufhin die Gleichstellung der Frauen auch in der akademischen Welt. Dennoch gelingt die Habilitation weder in Kiel noch in Hamburg, trotz der Vermittlung der mit ihr befreundeten Professoren Heinrich Scholz (wie Dietrich Bonhoeffer ein Schüler des liberalen protestantischen Theologen Adolf Harnack) und William Stern.

Indessen läßt sich Edith Stein durch derlei Mißerfolge nicht entmutigen. Sie hatte schon bisher für einzelne Interessierte privatim Einführungen in die Phänomenologie gegeben und denkt nun daran, zu Hause eine private Akademie um sich zu sammeln. Und obschon sie keinerlei öffentliche Bekanntmachungen verbreitet hatte, kommen mehr als 30 Hörer in ihre Wohnung, darunter der später berühmt gewordene Soziologe Norbert Elias. Sie beginnt ihre Hausakademie mit dem Sommersemester 1920, außerdem hält sie einen Kurs über ethische Grundfragen an der neuen Volkshochschule in Breslau. Sie richtet sich darauf ein, künftig in Breslau zu bleiben.

Trotz dieser Erfolge trägt sie schwer an mancherlei Belastungen. Die instabile politische Lage bedrückt sie weiterhin; der

Kapp-Putsch hatte Todesopfer gefordert. Sie fürchtet die Abtrennung der oberschlesischen Heimat durch die im Versailler Vertrag für 1921 anberaumte Abstimmung. Das Schicksal ihrer Studienfreunde liegt ihr nach wie vor am Herzen. Fritz Kaufmann hat sie nach Freiburg dirigiert, sehr zu seinem Vorteil, wie sie schreibt. Brieflich ist sie am meisten mit Roman Ingarden verbunden, der, im Schuldienst festgehalten, noch nicht seiner philosophischen Berufung leben kann. Grüße an Jean Hering und von ihm gehen über die Grenze nach Straßburg und zurück. Am stärksten sorgt sie sich um Hans Lipps. Er war nach Freiburg gegangen, um sich dort zu habilitieren. Aber er wurde durch die Frau eines Kollegen in eine höchst unangenehme Affäre und anschließend in einen langwierigen Prozeß verwickelt, der ihm Husserls Ungnade zuzog, so daß Lipps die Flucht aus Freiburg ergriff. «Wann kommt er einmal zur Ruhe, der gute Lipps?», fragt sich Edith. «So schrecklich gern» möchte sie ihm helfen. Bald schon sollte sich ihr Gelegenheit dazu bieten.

In den großen Sommerferien verbringt sie sechs Wochen in Göttingen, einen Teil davon allerdings in einem ruhigen Erholungshaus. Sie war am Schluß des Semesters ihrer Hausakademie völlig erschöpft, hatte sie doch neben den Vorlesungen noch eine «Untersuchung über den Staat» angefangen. Offenbar waren ihre Erlebnisse im Krieg und in der Politik innerlich noch nicht verarbeitet, und es drängt sie, das in dieser Form zu tun, denn: «Meine Arbeiten sind immer nur Niederschläge dessen, was mich im Leben beschäftigt hat, weil ich nun einmal so konstruiert bin, daß ich reflektieren muß» (XIV,142; 15.10.21)

Die gesellschafts- und staatstheoretischen Arbeiten Edith Steins («Individuum und Gemeinschaft», «Eine Untersuchung über den Staat») sind in der radikalen politischen und gesellschaftlichen Umbruch- und Krisenzeit unmittelbar nach dem Krieg (1919/20) entstanden. «Individuum und Gemeinschaft» bezeichnet sie selbst als Frucht ihrer politischen Tätigkeit von 1918/19, wo sie sich in Berlin auf seiten der liberalen DDP dafür eingesetzt hatte, daß Frauen von ihrem (neuerrungenen) Wahlrecht zur verfassunggebenden Versammlung Gebrauch machten, während kommunistische Kampfverbände des Spartakusbundes versuchten, die Macht an sich zu reißen. Ihre «Untersuchung über den Staat» wurde drei Monate nach dem Kapp-Putsch (März 1920) geschrieben, der dem jungen Staat vor Augen geführt hatte, wie sehr er auch von rechts gefährdet war und wie stark die Unterstützung der Rechtsradikalen im bürgerlichen Lager war. Darin, daß die verschiedensten weltanschaulichen Gruppen nur ihre eigenen Ziele durchsetzen wollen und nicht das Ganze im Auge haben, erkennt Edith Stein die größte Gefahr für den Staat: «Wenn keine ausgebildete Staatstheorie das leitende Ideal ist, sondern reine Interessengruppen miteinander um die Herrschaft ringen, so liegt doch eben in diesem Geltendmachen privater Interessen in den Fragen der Staatsgestaltung eine ganz bestimmte Auffassung des Staates (über die man sich freilich nicht klar zu sein braucht), und zwar eine besonders gefährliche.» Sehr hellsichtig fährt sie fort: «Gelangen nun beispielsweise in einem parlamentarisch geordneten Staat mit dem Wechsel der Parteien verschiedene Staatstheorien ans Ruder, so kann ... auf gesetzlichem Wege und ohne Rechtsbruch systematisch auf den Untergang des Staates hingearbeitet werden» (U 380).

Gegen den Kampf der radikalen Interessengruppen, die letztlich die Mitte ausgehöhlt und die Weimarer Republik vernichtet haben, setzt Edith Stein als Philosophin auf die Kraft der Vernunft. Sie ruft zu nüchterner Besinnung gegenüber den dogmatischen Weltanschauungen von rechts bis links auf. Wenn sie immer wieder gerade die Wesensfragen aufwirft und nach dem Wesen von Gemeinschaft, Gesellschaft, Volk und Staat fragt, so versucht sie dem Leser und Wähler ein Maß vor Augen zu stellen, an dem der einzelne sich in seiner politischen Verantwortung orientieren kann und an dem die Parteien und Interessengruppen sich messen lassen müssen. «Ein Korrektiv gegen all diese möglichen zerstörerischen Einflüsse politischer Theorien liegt in der Kraft der ratio, die die realen Verhältnisse selbst in sich tragen. Jede Rechtsordnung, die gegen diese ratio verstößt, statt ihr Rechnung zu tragen, muß gewärtig sein, daß die Wirklichkeit sich ihr widersetzt und mit ständigen Durchbrechungen der Rechtsordnung ihren Gang geht» (U 380). Entsprechend nüchtern und sachlich allgemein sind die Untersuchungen gehalten, wenngleich sie auch immer wieder von Bemerkungen zum Zeithintergrund durchsetzt sind.

Vom Individuum geht die Untersuchung aus, von einer Sphäre, die für alle nachprüfbar ist, um von dort her die komplexeren Gebilde Gemeinschaft, Masse, Gesellschaft und Staat sowie deren Sinnzusammenhang und Bedeutung für das Individuum zu bestimmen.

Individuum ist eine komplexe Einheit (Person), die letztlich aber in einem irrationalen, durch das Erkennen nicht einholbaren Kern – einer Offenheit nach innen – ihre Wurzel hat. Stets gibt es da einen Vorsprung der Freiheit vor der Bestimmung, des tätigen Vollzugs vor der Fixierung. Dennoch verliert es sich nicht ins Chaos oder Nichts, sondern hat eine innere Einheit (Seele bzw. Kern der Seele), die in dem Maße bestimmbar wird, als das Individuum aus sich heraustritt. Die Person lebt in ihrem Innersten als ein Vorgriff auf das in ihr selbst Unnennbare und Verborgene, das sie bewegt, aus sich herauszugehen (Geist). Sie steht andererseits aber schon immer in einem Bezug zu den Dingen und Menschen, auf dessen Grundlage sie lebt und der seinerseits nicht vollständig durch das Denken eingeholt werden kann (Leiblichkeit, geschichtlicher Überlieferungszusammenhang usw.).

Gemeinschaft: In ihrer elementarsten Schicht entsteht Gemeinschaft «bei der Berührung von zwei Personen», wenn «zwei Lebensströme zusammentreffen und sich vereinen, ohne daß die Trennung der Subjekte dadurch aufgehoben würde» (B 239). Durch das «ganz eigentümliche ‹Berührtwerden› von der personalen Eigenart eines anderen» oder durch die «Einwirkungen» kommt eine unmittelbare Erweiterung des Erlebnisbereiches zustande, und «in solchem Zusammenleben treten Akte auf, die im einsamen Seelenleben nicht vorkommen» (B 239).

Gemeinschaft «dient keinem anderen Zweck als dem ihr immanenten der eigenen Ausgestaltung, der Entfaltung ihrer ursprünglichen Anlage» (B 236), «der Erlösung des Individuums von seiner naturhaften Einsamkeit» und der «Umbildung der individuellen Person und ihrer möglichen Anpassung an einen höherwertigen Typus» (B 246f.). Als Ideal oder höchste Form der Gemeinschaft stellt Edith Stein dem Leser eine «Vereinigung von lauter freien Personen» vor Augen, «die mit ihrem innersten ‹persönlichen› oder seelischen Leben vereint sind und deren jede sich für sich selbst und für die Gemeinschaft verantwortlich fühlt» (B 251).

Masse hingegen ist eine Grenzform von Gemeinschaft, «ein Zusammen gleichförmig sich verhaltender Individuen. Es fehlt an einer inneren Einheit, aus der heraus das Ganze lebt» (B 218). Die eigene Persönlichkeit ist durch eine «Einheitlichkeit im Verhalten» (B 219) von außen ersetzt oder überzeichnet.

Gesellschaft: Charakteristisch für sie ist, daß die Individuen darin zusammengeschlossen sind zur Erreichung eines Zwecks (etwa der Verwirklichung eines Parteiprogramms. Das Individuum ist in einer Gesellschaft wesenhaft «Werkzeug zur Erreichung eines Zwecks» (B 232). Gesellschaft setzt Gemeinschaftsleben stets voraus.

Staat: «... im Interesse der Gemeinschaft ist die staatliche Organisation nur erforderlich, sofern in den Individuen Antriebe leben, die das Gemeinschaftsleben gefährden» (U 384). Staat ist nicht in erster Linie empirisch bestimmbar (durch Staatsgrenzen, Zahl der Mitglieder, Volks- und Rassezugehörigkeit, gesellschaftliche Bedingungen etc.), sondern durch das Selbstbestimmungs*recht* gekennzeichnetes souveränes soziales Gebilde, in dem es Gemeinschaften, Gesellschaften, Massen, Individuen etc. gibt, die ihrerseits Träger von Werten sind. Das Wesen des Staates ist nach Edith Stein «die Selbstgestaltung des Gemeinwesens», die untrennbar an die «Freiheit der individuellen Person» gebunden ist (U 326) oder die Souveränität, d. h. «das Recht, Recht zu setzen» (309), der freie Akt «des Sich-selbst-Setzens der Staatsgewalt» (334).

Der Staat als Form und Ausdruck des Gemeinschaftsbewußtseins ist für das geschichtliche Bewußtsein und Gewordensein eines jeden seiner Mitglieder von grundlegender Bedeutung. In diesem Sinne sind Staaten «nicht nur geschichtliche Gebilde neben anderen ..., sondern zugleich Orientierungspunkte, die es einem möglich machen, durch die ganze Mannigfaltigkeit der historischen Erscheinungen hindurchzufinden. ... Entstehung und Untergang eines Staates und jeder Einschnitt in seinem Werdegang (ist) zugleich Index für eine Epoche im Kulturleben. ... Als solches Wirkungszentrum macht der Staat in weitem Umfang das möglich, was wir als den Sinn der Geschichte bezeichnet haben: die Realisierung von Werten» (400f.).

Edith Stein erteilt sowohl sozialistischen als auch rassistisch-biologistischen Weltanschauungen und Staatstheorien eine Absage. Geschichte ist weder ein rein materiell bedingter kultureller Zusammenhang, noch beruht sie auf rassisch oder national begründeter Vererbung.

Trotz ähnlicher materieller und gesellschaftlicher Situationen

(z. B. des Proletariats) läßt sich das je andere geschichtliche Gewordensein nicht überspringen und das in ihm zum Ausdruck kommende jeweilige historische Selbstverständnis einer Gesellschaft nicht aus materialistischen Vorgaben allgemein herleiten. Es stellt vielmehr eine Grenze des Verständnisses dar, die man ernstnehmen muß, wenn man der Freiheit, die sich geschichtlich verschieden realisiert, gerecht werden will. Die Mühe der Verständigung zwischen den Gliedern einer Gruppe und den verschiedenen Völkern ist daher eine bleibende Aufgabe. Andererseits hat Menschsein sich geschichtlich nicht nur auf *eine* Weise realisiert, sondern ist vielgestaltig. Was dabei in einer Gemeinschaft jeweils zur Ausbildung und Erscheinung kommt, hängt von der Interaktion dieser Gemeinschaft und von ihren führenden Personen ab. Daher haben sich verschiedene Völker und verschiedene Kulturen entwickelt.

Gegen die Herleitung der Staatstheorie aus den individuellen Interessen (der Staat dient – durch Arbeitsteilung und Optimierung des Schutzes des einzelnen vor Gefahren – zur besseren Verwirklichung der Individualinteressen) spricht nach Edith Stein, daß die individuelle Freiheit, die ihre Interessen ausbildet, selbst durch die geschichtliche Gemeinschaft vermittelte Freiheit ist. Die individuellen Interessen sind daher kein reiner, allenfalls ein vermittelter Ursprung. Sie stehen, wie bereits am Ende der Dissertation Edith Steins angedeutet worden war, in einem unauflöslichen Überlieferungszusammenhang.

«Welche Rolle das Individuum in der Geschichte spielt und welche Bedeutung umgekehrt die Geschichte für das Individuum hat – das sind weitere Fragen, die wir hier zurückstellen müssen» (399). Auch dieses Mal wird diese Frage nur eingegrenzt, nicht geklärt. Gegen eine ausschließliche Bestimmung des Staates durch die Vertragstheorie spricht, daß ein Staat, auch wenn er durch einen Vertrag zustande gekommen ist, nicht nur positives Recht setzt, sondern immer schon «reine Rechtsverhältnisse» (z. B. der Rechtssachverhalt, daß «ein Anspruch, der durch ein Versprechen erwächst, durch Erfüllung erlischt»; U 308) zugrunde legt. «Von der Idee des Staates aus läßt sich keine der erwähnten Staatsformen als ‹die beste› in Anspruch nehmen. ... In der Demokratie ist ihrer Idee nach der Bestand des Staates am sichersten begründet; aber die Anforderungen, die sie an die Gesamtheit der Staatsbürger stellt, sind – an der durchschnittlichen Beschaffenheit der Menschen gemessen – so hoch gespannt, daß ihre Erfüllung stets sehr unwahrscheinlich und die Gefahr der Entartung bei dieser Staatsform sehr groß ist» (U 306).

Ihren eigenen Platz in der Gesellschaft sucht Edith Stein nach wie vor an der Universität. Sie geht deshalb wieder nach Göttingen. Dort trifft sie «großen Betrieb» an. Vor allem begegnet sie Hans Lipps. Dessen Habilitation in Göttingen hat sie nun mit Hilfe ihres Cousins, Richard Courant, Nachfolger auf dem Lehrstuhl des Mathematikers Klein, in die Wege geleitet. Die Arbeit von Lipps handelt von den Grundlagen der Mathematik, und so ist das Votum von Richard Courant von Gewicht. «Die strategische Leitung liegt diesmal ganz in meiner Hand», schreibt Edith Stein an Roman Ingarden, und ganz glücklich fügt sie hinzu, mittelfristig werde Courant möglicherweise auch sie selbst noch in Göttingen «anbringen» können. Dann könnten sie und Lipps Hand in Hand arbeiten, denn die schwerverständliche Vortragsweise ihres Freundes werde es notwendig machen, daß man ihm die Anfänger entsprechend vorbereite. Sie könnten so gemeinsam wirken, «und dann müßten Sie uns natürlich auch besuchen. Aber es ist wohl ein zu schöner Traum, um wirklich zu werden» (XIV,130; 9.10.20). Wieder einmal trafen ihre Ahnungen das Richtige.

Ende Oktober 1920 beginnt das nächste Semester ihrer Hausakademie. Sie «sitzt mit wahnsinnigem Heimweh nach Göttingen» daheim und mag gar nicht daran denken, daß die Vorlesungen sie hindern, auf- und davon zu fahren. Mit Arbeit ist sie reichlich eingedeckt. Die «Untersuchung über den Staat» ist noch nicht abgeschlossen. Für den Reinach-Gedenkband muß sie Korrekturen lesen und ebenso für Lipps, der ratenweise seine Habilitationsschrift zu ihr nach Breslau schickt. Außerdem stand die Heirat ihrer Lieblingsschwester Erna bevor – sie fand am 5. Dezember statt –, und auch dafür gab es viel Arbeit. Das Weihnachtsfest, so schreibt Edith Stein, will sie mit Lipps in Dresden, dessen Heimat, verbringen. Leider gibt es nicht die geringste Andeutung darüber, ob dieser Weihnachtsplan verwirklicht wurde. Statt dessen erfahren wir, daß es ihr in dieser Zeit gesundheitlich und seelisch ganz miserabel ergeht. Sie befand sich in einer inneren Krise, von der sie sagt, daß sie in ihrem Elternhaus nicht gelöst werden konnte. Daraus läßt sich vielleicht erschließen, daß diese Krise auch eine religiöse Ursache hatte.

Im März 1921 plant Edith Stein wieder eine Reise nach Göttingen; dort ist sie für den 22. wieder polizeilich gemeldet. Sie wohnt bei Courants Am Weißen Stein 5. Die sind aber gerade dabei, in den Nikolausberger Weg umzuziehen, und Lipps, als «Spezialist für Innendekoration», hilft beim Gardinenaufstecken, während Edith einen Monat lang «mit dem kleinen Courantchen die Zeit verspielt» (XIV,136; 27.4.21). Edith Stein liebte Hans Lipps. Ihre Freundin Hedwig Conrad-Martius war sich ganz sicher, «daß sie ihn geheiratet hätte, wenn er es gewollt hätte. Er wollte aber nicht»[10]. Edith Stein ist enttäuscht. Aber sie gibt die Hoffnung noch nicht auf. Auf ihrem Arbeitstisch in Bad Bergzabern wird sie daher, für alle sichtbar, das Bild des schönen, hochgewachsenen Hans Lipps aufstellen, um es in diesem Sommer 1921 vor Augen zu haben.

Bereits im vergangenen Jahr hatte sie in Göttingen Hedwig Conrad-Martius kennengelernt, die für den Reinachband die Einleitung schreiben wollte. Für Edith Stein war es eine große Freude, diese Schülerin Husserls kennenzulernen. «Wir haben uns herrlich verstanden, und ich soll in den nächsten Ferien nach Bad Bergzabern kommen», schrieb sie damals (XIV,128; 9.9.20). Jetzt soll dieser Besuch Wirklichkeit werden. Am 27.5.1921 ist sie in Bergzabern, wohnhaft im Hause Dr. Conrad, polizeilich gemeldet. Sie empfängt philosophische Anregung von dem geistigen Austausch, der dort möglich ist und den sie in Breslau so sehr vermißt hatte. Conrad-Martius' Theorie der Seele («Metaphysische Gespräche») und ihr ontologischer Entwurf («Realontologie») bestärken Edith Steins eigene Theorien und ihre Kritik am transzendentalen Idealismus. Andererseits braucht Hedwig Conrad-Martius dringend Hilfe in der Obstplantage, von deren Erträgen das Ehepaar lebt. Edith Stein will sich dort zur Arbeit anstellen lassen.

Über diese gemeinsame Zeit in Bad Bergzabern hat Hedwig Conrad-Martius geschrieben: «Wir befanden uns beide in einer religiösen Krise. Wir gingen beide wie auf einem schmalen Grate dicht nebeneinander her, jede in jedem Augenblick des göttlichen Rufs gewärtig. Er geschah, führte uns aber nach konfessionell verschiedenen Richtungen. Hier ging es um Entscheidungen, in denen sich die letzte Freiheit des Menschen, durch die er eben schöpfungsmäßig zur Person geadelt ist, mit der Berufung Gottes, der man zu gehorchen hat, für menschliche Augen unentwirrbar ineinanderknüpft. Es gab jedoch kein Ausweichen.»[11]

Im Sommer dieses Jahres las Edith Stein bei den Freunden in Bergzabern das 1919 neuaufgelegte «Leben der hl. Teresa von Avila, von ihr selbst erzählt»[12]. Edith Stein hat darüber nur eine ganz kurze Bemerkung gemacht: «... als mir im Sommer 1921 das ‹Leben› unserer hl. Mutter Teresia in die Hände gefallen war und meinem langen Suchen nach dem wahren Glauben ein Ende gemacht hatte ...»[13]

Teresa (1515–1582) bescheibt darin ihr Leben und ihren Weg zu Gott. Als Kind hatte sie sich mit ihrem Lieblingsbruder so weit in die Welt der Ritterromane und Märtyrerbiographien ihrer Zeit hineinphantasiert, daß sie eines Tages davonlief (1522), fest entschlossen, gemeinsam mit ihrem Bruder die Mauren zu bekehren, um durch einen Märtyrertod endlich Gott zu schauen. Edith Stein zitiert später in diesem Zusammenhang Teresas Worte: «Ich ging fort, weil ich Gott sehen will, und weil man, um ihn zu sehen, sterben muß» (XI,43). Mit dreizehn erlebte Teresa das lange Leiden und Sterben ihrer Mutter. Sie verlor sich jetzt völlig in den Ritterromanen von Cervantes. Als Jugendliche aber träumte sie, wie andere auch, von Schönheit, Reichtum und einer guten Heirat. Sie vergleicht sich mit ihren weiblichen Romanvorbildern. Als ihre älteste Schwester heiratet, übergibt der Vater Teresa, die sich zwei leichtfertigen Freundinnen angeschlossen hatte, den Augustinerinnen von Avila (1530), bei denen die höheren Töchter der Stadt erzogen wurden. Teresa kam sich zunächst wie im

Gefängnis vor. Doch sie lebte sich ein. Sie kann sich vorstellen, ins Kloster einzutreten, weiß aber nicht so recht, ob sie soll. Ende 1532 wird sie krank und kehrt deshalb nach Hause zurück. Bei einem mehrwöchigen Aufenthalt im Haus ihres Onkels Pedro, einem Greis, der sich auf das Sterben vorbereitete und ganz aus dem Gebet und geistlicher Lektüre lebte, liest sie Augustinus und Hieronymus. Es wird über das Sterben und das ewige Leben gesprochen, und sie macht sich Vorwürfe über ihr früheres Leben. «In dieser Umgebung reift ihr Entschluß. ... Das ewige Heil soll fortan ihr Ziel sein, und um es nicht mehr aus den Augen zu verlieren, will sie ihre Abneigung gegen das Klosterleben, ihre Freiheitsliebe und die zärtliche Anhänglichkeit an Vater und Geschwister ... überwinden» (XI,47). Am Allerseelentag tritt sie in den Karmel der Menschwerdung, d. h. den Orden der Jungfrau vom Berge Karmel, ein (2. 11. 1535). Der Orden führt seine Gründung auf den Propheten Elija zurück, der am Berge Karmel als Einsiedler gelebt hat. In der kleinen Wolke, die Gott auf dem ausgedorrten Land auf Eljias Gebet schickt (vgl. 1 Kön 18,44), sieht man das Urbild Marias. Nach den Ordensregeln (um 1200) sollen die Nonnen in Einsamkeit und Stille leben, Fasten halten und sich ihren bescheidenen Lebensunterhalt selbst verdienen. In dieser Situation öffnete ihr das Buch «Das Dritte geistliche ABC» von Francisco de Osuna die Augen. Osuna spricht dort von der Sammlung, von Gott als Freund, der auf den Menschen zukommt, und vom Gebet als Intimität und als Freundschaft mit Gott, die das Leben der Seele von innen heraus erneuert und trägt.

Teresa wird krank. Dennoch übt sie sich weiter im Gebet. Charakteristisch für sie ist, daß sie versucht, sich Jesus in der Seele zu vergegenwärtigen. Die Schmerzen werden unerträglich, sie fällt ins Koma und ist vier Tage lang scheintot. Nach dem Wiedererwachen bleibt sie gelähmt und kann erst nach drei Jahren wieder gehen. In dieser schweren Zeit gibt ihr das Gebet Kraft. Der entscheidende Wendepunkt, die befreiende Erfahrung ihres Lebens ist ihre Bekehrung vor einem Bild des schwer verwundeten Christus. Die Menschlichkeit Jesu wird zu dem Ort, an dem sie Gott und Gott sie findet. In ihm findet sie einen liebenden Gott, der auf die Verlorenen und Schwachen zugeht und sie aufrichtet. Sie entdeckt einen barmherzigen Vater, der dem verlorenen und dennoch geliebten Sohn von weitem entgegengeht, einen versöhnlichen Vater, der in der Liebe des Sohnes leibhaftig für den anderen blutet und die Menschlichkeit des Menschen erneuern will. In diesem Beispiel der versöhnenden Gemeinschaft Gottes mit den Menschen und der liebenden Gemeinschaft der Menschen untereinander vollendet sich der Mensch. In Jesus erfährt Teresa, daß Gott allein die Kraft gibt, die genügt, um das Schwerste zu ertragen und es auch für andere zu tragen. Fortan wird ihr Leitwort:

«Nichts soll dich ängstigen, nichts dich erschrecken. Alles vergeht, Gott bleibt derselbe. Geduld erreicht alles. Wer Gott besitzt, dem kann nichts fehlen. Gott nur genügt.»

Teresa entdeckt Zug um Zug, daß das Bild der Menschwerdung, das ihr in der Menschlichkeit Jesu entgegenleuchtet, auch in der Seele eingeschrieben ist. Sie entdeckt es als Ursprung allen Lebens und ursprüngliches Leben. Und sie beschreibt diesen ursprünglichen Zusammenhang des Lebens in Bildern ihrer Zeit (etwa der «Seelenburg» mit Zimmern und einer inneren Kammer, von der alles Licht ausgeht) oder der neuplatonisch-augustinischen Tradition: die in den Fluß der Lebens einströmende (Kraft-)Quelle, in der die beiden Wasser zwar nicht ganz eins werden, aber sich doch so verbinden, daß sie nicht mehr voneinander geschieden werden können. Sie schildert das Erleben dieses Zusammenhangs als Gebet. Gebet ist hier das ursprüngliche Geschehen des Lebens schlechthin, gelebte Wesensbeziehung, die uns, wie Reinach es ausdrückte, mit dem letzten Hintergrund der Welt verbindet. Um dahin zu gelangen, muß man die «Zimmer» und «Schubladen» des Lebens durchschreiten und zum Zentrum vordringen; man muß die begrifflichen Konstruktionen abbauen; man muß die Fixierungen, die das Leben erstarren lassen und aus der Seele eine feste Substanz machen, wieder verflüssigen. Das Gebet der Worte, das mündliche Gebet, ist ein erster Schritt, aber noch nicht das ursprüngliche Geschehen. Die Worte sind nur Mittel, doch es kommt nicht so sehr auf die Worte an, sondern auf die Sammlung, die durch die Worte geschieht – eine Sammlung, die, indem sie sich auf die Person Jesus richtet (betrachtendes Gebet), die schlichte Güte oder gütige Einfachheit, die sich in seinem Leben ausspricht, in den Blick bekommt. Indem das geschieht, tritt das Denken aus der Zerstreuung in die Vielfalt der Worte und die Seele aus der Zerstreuung in die einzelnen Kräfte heraus. Das Gebet richtet seine ganze Aufmerksamkeit auf die Güte selbst, die einfach ist oder die Einfachheit selbst (Gebet der Ruhe oder der Einfachheit). Es wird ganz zur Erwartung, daß diese Einfachheit von der Person Besitz ergreife und bei ihr einkehre, zu einer Erwartung, deren Erfüllung der Willenskraft des Menschen entzogen ist und, wie Edith Stein schreibt, «nicht kraft menschlicher Energie zu überschreiten ist» (XI,53), sondern nur durch Gott selbst.

Wo wir von hier aus wieder zur Praxis der Güte schreiten, da legt sich die Erfahrung der Güte in verschiedenen Handlungen nieder und zerstreut sich, und als sich so zerstreuende wird sie schwächer und bedarf der Erneuerung. So ist das Gebet nicht ein diskursiver oder spekulativer Akt, sondern schlichte, einfache und liebende Beziehung zu Gott. So zerstreut sich das eine Leben im Handeln und sammelt die zerteilten Lebenskräfte im Gebet wieder neu auf die Güte hin. Und so ist das Leben ein einziges Geschehen, ein einziger Zusammenhang. Es ist ein lebendiges Beziehungsgeschehen, wo die Anderheit und Fremdheit immer mehr zurückgenommen wird bis zur reinen Beziehung. Ihr Ziel erreicht diese Sinnbewegung nicht in einsamer Abgeschiedenheit, sondern in der Heiligkeit (‹mystische Vermählung›), d. h. dort, wo die Seele ganz aus der Güte heraus lebt, «dauernd mit dem Herrn vereinigt (ist); ... seine Gegenwart auch mitten in äußeren Geschäften (genießt), ohne darin im mindesten behindert zu sein» (XI,54), für Teresa letztlich in der vollendeten Menschlichkeit Jesu, in der die unendliche Liebe im Endlichen ganz gegenwärtig geworden ist.

Teresa hat ihr ganzes weiteres Leben nichts anderes getan, als diese Erfahrung (durch Klostergründungen, Niederschrift ihrer Erfahrungen, geistliche Begleitung etc.) weiterzugeben. Und Edith Stein findet sich darin wieder. Sie entdeckt darin, was sie immer schon suchte: die Wahrheit oder die letzten Hintergründe und Sinnzusammenhänge des Lebens.

Am Morgen nach dieser Lektüre sucht Edith Stein den Bergzaberner Pfarrer und Dekan Eugen Breitling auf. Sie will sich taufen lassen und künftig nur noch auf dem Gebiet der Religionsphilosophie arbeiten (vgl. den Brief an Ingarden vom 20. 8. 1921). Im August – sie war inzwischen nach Brelau zurückgekehrt – beginnt sie zu Hause mit einer religionsphilosophischen Abhandlung. Von Gertrud Koebner wissen wir, daß Edith Stein im September Teresas Werke studierte und auch Sören Kierkegaard (1813–1855) las, der für die Existenzphilosophie des 20. Jahrhunderts (v. a. Martin Heidegger) und die dialektische Theologie (etwa Karl Barth, Rudolf Bultmann) von entscheidender Bedeutung wurde.

Im Unterschied zum Trost der Geborgenheit, den Teresa im Lebenskampf und Leiden in Gott fand, deckte der Lutheraner Kierkegaard die Brüchigkeit des menschlichen Existierens und den radikalen Abstand zwischen Gott und Mensch in aller Schärfe auf. Kierkegaard brachte zum Ausdruck, was auch viele, die durch die Grausamkeit des Ersten Weltkriegs hindurchgegangen waren, empfanden. Menschsein gelangt für Kierkegaard von seiner Verfassung her nicht zu absolutem Wissen, sondern nur zur Einsicht, daß der absolute Geist ihm unerreichbar ist. Zwischen Gott und

Mensch herrscht ein unüberbrückbarer Abstand. Die Existenz des Menschen kann sich daher auf keine vorgegebene Sinnerkenntnis berufen, in die sich das eigene Leben einfügt, sondern es ist unverständliches Sein, ein Entwerfen ohne Garantie auf Glücken («Existenz»). Die Grundlosigkeit, in die der Mensch bei Kierkegaard stürzt, ist die Verzweiflung. Sie ist das wahrhaft erste Absolute, weil sie es ist, die dem Menschen die Augen öffnet für das, was er wirklich ist: ein Weg zum Abgrund. Erst wenn der Mensch in den Abgrund blickt, kann sich zeigen, ob die Kluft zwischen Mensch und Gott (und sei es auch nur ein einziges Mal) überbrückt worden ist. Darin besteht gerade das Positive der Verzweiflung für Kierkegaard. Doch wenn nun alles darauf ankommt, daß Gott diese Kluft überbrückt, daß er in der Verzweiflung, in der Geschichte, in der Erlösung handelt: Wie und wo erschließt er sich? Die Rezeption Kierkegaards hat zwei mögliche Wege aufgezeigt. Den Weg der Orthodoxie in der Kirche oder den Weg des freien Wagnisses der eigenen Existenz.

In der «Einübung im Christentum» ist es die Gestalt Christi selbst, die diesen Weg erschließt: seine Demut, durch die er sich ganz zurücknimmt und die Paradoxie des menschlichen Seins zum Ausdruck bringt, um in der Absage an die eigene Größe erst offen werden zu können für Gott und bereit dafür, daß Gott rede. Wer Christus einmal gehört hat, muß anerkennen, daß Gott hier gesprochen hat. Was aber das Wort, das gesprochen ist, von uns verlangt, kann letzten Endes keiner anders erfahren als von Gott selbst.

Von Gertrud Koebner wissen wir aber, daß die Ausführungen Kierkegaards Edith Stein als Antwort nicht genügten. Edith Stein nimmt nicht die Verzweiflung des Menschen als einzigen anthropologischen Befund an, sondern seine eigentümliche Gesamtheit. Diese umfaßt sowohl Angst als Geborgenheit, sowohl Auslieferung als Selbststand, sowohl Irrtum als Wahrheitsvermögen, sowohl Unbegreiflichkeit als Rationalität. Erst von diesem Gesamtbestand aus, der keineswegs nur glaubensmäßig, sondern durch Erfahrung und Reflexion gewonnen war, sucht sie in den späteren

Arbeiten «vorsichtig denkend auf Gott weiterzuschließen». Der Hintergrund der Theologie der zwanziger und dreißiger Jahre (dialektische Theologie, Analogiedenken scholastischer Prägung etc.) «ist wichtig, um diesen ausgewogenen Grundzug von ‹Endliches und ewiges Sein› würdigen zu können»[14].

Aus dem brieflichen Bericht von Johannes Hirschmann SJ wissen wir, daß Edith Stein selbst ihr «langes Suchen nach dem wahren Glauben» in zwei Wegstrecken unterschieden hat. Das Christentum war ihr aufgeleuchtet durch die Begegnung mit Anne Reinach, wie bereits geschildert wurde. Das war im Frühjahr 1918. Seit dieser Zeit finden sich wiederholt Andeutungen, zumal in Briefen an Roman Ingarden, «daß ich mich mehr und mehr zu einem durchaus positiven Christentum durchgerungen habe. Das hat mich von dem Leben befreit, das mich niedergeworfen hatte und hat mir zugleich die Kraft gegeben, das Leben aufs neue und dankbar wieder aufzunehmen. Von einer ‹Wiedergeburt› kann ich also in einem tiefen Sinne sprechen» (XIV,103 f.; 10.10.18).

In Bad Bergzabern besucht Edith Stein auch immer wieder sowohl die evangelische als auch die katholische Kirche. Sie weiß zunächst noch nicht, für welche Form des Christentums sie sich entscheiden soll, wenngleich sie sich von der katholischen Liturgie mehr angezogen fühlt. Üblich war es damals eher, daß Juden, die sich taufen ließen, in die evangelische Kirche eintraten. So hatten es ja auch die beiden Husserls und später das Ehepaar Reinach und Pauline Reinach getan. Aber Edith Stein kann sich damit nicht beruhigen. Später meint sie, daß es ihr bei Verwandten und Freunden eher Verständnis eingetragen hätte, wäre sie Protestantin geworden. Sie hatte jedoch Max Scheler in Göttingen zu einer Zeit kennengelernt, «in der er ganz von katholischen Ideen erfüllt war und mit allem Glanz seines Geistes und seiner Sprachgewalt für sie zu werben verstand» (VII,230). Und von da an war es eine lange Entwicklung, die sie Zug um Zug der katholischen Kirche näher brachte, bis dann, als sie bereits für das Christentum entschieden war, die Lektüre der «Vita» Teresas ihre Wahl zwischen den christlichen Konfessionen entschied. Edith Stein war im Hinblick auf ihre religiösen Erfahrungen jederzeit verschwiegen, eine «versiegelte» Natur, wie Hedwig Conrad-Martius sagt. Sie hat aber später auch ihrem Freund Roman Ingarden, als dieser in Glaubensschwierigkeiten steckte, die Lektüre Teresas besonders empfohlen.

Edith Stein hat nun zunächst noch die schwere Aufgabe vor sich, «ihre Lieben» daheim, zumal die Mutter, von ihrem bevorstehenden Eintritt in die katholische Kirche zu unterrichten. Erna Biberstein geb. Stein hat berichtet, daß Edith, ihre Lieblingsschwester, sie gebeten hat, die Mutter darauf vorzubereiten. Für Auguste Stein, «die eine wahrhaft gläubige Jüdin war und es als Abtrünnigkeit auffaßte, daß Edith eine andere Religion annahm» (VII,XIX), war der Entschluß Ediths ein denkbar schwerer Schlag. Erna stand damals kurz vor der Geburt ihres ersten Kindes, und Edith war daher von Bergzabern nach Hause gekommen, um ihrer Schwester im Haushalt und in der Praxis zu helfen. Sie war ab dem 3. August zu Hause, am 25. September wurde ihre Nichte Susanne geboren. Die Spannungen spitzten sich zu. «Eben jetzt», schreibt sie im Oktober, «habe ich sehr schwere Tage. Für meine Mutter ist der Übertritt das Schlimmste, was ich ihr antun kann» (ESTA; C VII 78). Eine Woche später, am 23. Oktober, verläßt Edith Stein Breslau in der Ungewißheit, ob sie jemals dorthin zurückkehren kann.

Hans Lipps hatte sich inzwischen als Privatdozent für zwei Semester beurlauben lassen. Da er durch einen Vaterschaftsprozeß einen Teil seines Vermögens verloren hatte, wollte er als Schiffsarzt zusätzlich Geld verdienen. Am 12. November 1921 trat er «die lang ersehnte Schiffsreise nach Ostafrika und Indien» (XIV, 144; 11.11.21) an, von der er erst im September 1922 zurückkehren sollte. Jetzt verschwand auch sein Bild von Edith Steins Schreibtisch. Hedwig Conrad-Martius hatte ihre Freundin darauf aufmerksam gemacht, «daß es wohl nicht anginge, gleichzeitig sich Gott ganz hingeben und ausliefern zu wollen *und* das Bild eines Mannes auf dem Tisch zu haben (vielleicht habe ich auch gesagt, es im Herzen zu haben, das weiß ich nicht mehr)»[15].

Edith Stein wurde am 1. Januar 1922 (dem Hochfest der

«Circumcisio Domini nostri Jesu Christi», der Beschneidung Christi) von Dechant Breitling auf die Taufnamen Edith Theresia Hedwig getauft. Hedwig Conrad-Martius, obwohl evangelisch, war ihre Patin. Edith trug bei der Zeremonie deren weißen Hochzeitsmantel. Am folgenden Tage empfing sie in derselben Kirche ihre erste hl. Kommunion. Sie wurde nicht, wie es heute bei Erwachsenentaufen üblich ist, bereits am selben Tag gefirmt, sondern erst am 2. Februar (dem Gedenktag der Darstellung Jesu im Tempel zu Jerusalem), und zwar durch den Speyrer Bischof Dr. Ludwig Sebastian in dessen Hauskapelle. Ihre Firmpatin war Ernestine Mühe, Klavierlehrerin in Speyer.

Anmerkungen

1 Adelgundis Jägerschmid, Gespräche mit Edmund Husserl 1931–1936, in: Stimmen der Zeit 199 (1981), 55.
2 Rüdiger Safranski, Ein Meister aus Deutschland. Heidegger und seine Zeit, Fischer-TB 1994, 98.
3 Vgl. Theresia Wobbe, «Sollte die akademische Laufbahn für Frauen geöffnet werden ...» Edmund Husserl und Edith Stein, in: Edith-Stein-Jahrbuch Bd. 2, 1996, 370.
4 Gerda Walther, Zum anderen Ufer. Vom Marxismus und Atheismus zum Christentum, Remagen 1960, 216.
5 Ebd. 204.
6 Roman Ingarden (Hg.), Edmund Husserl. Briefe an Roman Ingarden, 1968, 133; ähnlich G. Walther, a.a.O., 211.
7 Otto Gründler, Elemente zu einer Religionsphilosophie auf phänomenologischer Basis, Kempten 1922, 80.
8 Roman Ingarden, in: Waltraud Herbstrith, Edith Stein. Eine große Glaubenszeugin. Leben, neue Dokumente, Philosophie, o. J. 208.
9 Elisabeth Otto, Welt, Person, Gott. Eine Untersuchung zur theologischen Grundlage der Mystik bei Edith Stein, Vallendar-Schönstatt 1990, 183ff.
10 Bayerische Staatsbibliothek München, Conrad-Martiusiada C I,5,8.
11 Edith Stein, Briefe an Hedwig Conrad-Martius. Mit einem Essay der Hg. H. C.-M., 72 u. Einleitung XXX.
12 So darf man vermuten, daß die Lektüre Teresas in die Zeit zwischen dem 27. Mai (Tag ihrer Ankunft in Bergzabern) und dem 3. August (ihrer Abfahrt von dort) zu datieren ist. Das Buch, das sie damals gelesen hat, wird heute in der Pfarrkirche St. Martin in Bergzabern ehrfurchtsvoll aufbewahrt. Es trägt auf der ersten Innenseite von Hedwig Conrads Handschrift den Eintrag: «Bergzabern, Sommer 1921». Darunter erkennt man den Stempel des Kölner Karmels

aus Köln-Lindenthal. Vermutlich hat die Besitzerin das Buch später Edith Stein geschenkt, vielleicht etwa zu ihrer Einkleidung. Als bei Pustet wiederum eine Neuauflage erschien, schenkte der Karmel das Werk einer deutschen Missionsschwester in Afrika. Deren Verwandte lebten in Bergzabern, und da ihr inzwischen auch die erste Stein-Biographie von Teresia Renata Posselt bekannt war, erkannte sie den Erinnerungswert dieses für Edith Stein so bedeutsamen Werkes und sandte es an ihren Heimatpfarrer in der St. Martinskirche in Bergzabern.

13 Edith Stein, Wie ich in den Kölner Karmel kam. Mit Erläuterungen und Ergänzungen hg. von Maria Amata Neyer, Würzburg 1994, 20.

14 Hanna-Barbara Gerl, Unerbittliches Licht, 152.

15 Hedwig Conrad-Martius, Bayerische Staatsbibliothek, C I,5,8.

4. Kapitel

Beruf und Berufung einer Frau

Das intensive Ringen um die richtige Lebensentscheidung war für Edith Stein mit ihrer Taufe im Februar 1922 zunächst einmal abgeschlossen. Aber noch hatte sie nicht ihren Platz und Beruf in der neuen Gesellschaft gefunden. Wie viele Menschen in der damaligen «Weimarer Republik» (1919–1933), die gegen Bedrohungen von außen und innen um ihre Existenz kämpfen mußte, suchte auch Edith Stein nach einer Orientierung. Nach dem gescheiterten rechtsgerichteten Kapp-Putsch (1920) versuchten rechte Geheimbünde, die sich inzwischen aus den offiziell aufgelösten «Freikorps» gebildet hatten, durch Attentate die «Judenrepublik» zu beseitigen. Der Mordserie fielen unter anderem der ehemalige Reichsminister Erzberger und Reichsaußenminister Rathenau zum Opfer, die von rechts als «Erfüllungspolitiker» beschimpft worden waren. Zur gleichen Zeit wird in Deutschland die Inflation spürbar. Die im Januar 1922 mit 45,69 Papiermark bewertete Goldmark kostet im Dezember bereits 1807,83 Papiermark. Auch Familie Stein bekommt diese Umwälzungen zu spüren: Im Oktober 1921 verlor sie – trotz des gegenteiligen Votums der Volksabstimmung vom März – einen Teil ihrer oberschlesischen Heimat, denn Lublinitz war polnisch geworden.

Und Edith Stein? Was aus ihr werden sollte, war nach ihrem Übertritt zur katholischen Kirche völlig offen und ungewiß. Ihre Hausakademie in Breslau konnte sie nicht wieder aufnehmen, denn für Auguste Stein war nach dem Übertritt ihrer Tochter zur katholischen Kirche ein Aufenthalt Ediths «in ihrem Hause für alle Zeiten unmöglich» (XIV,150) geworden. «Den Katholizismus», so berichtet eine ihrer Schwestern, «kannten wir nur aus unsern Beobachtungen an der tiefstehenden Menschenklasse unserer ostschlesischen Heimat und glaubten, die katholische Religion bestehe darin, auf den Knien zu rutschen und den Priestern die Schuhe zu küssen. So konnten wir einfach nicht fassen, wie der Geist unserer hochstehenden Edith sich zu dieser abergläubischen Sekte herabwürdigen konnte.»[1]

In Freiburg ging nun der Stern Martin Heideggers auf. Phänomenologie war «in». Sie besaß die Aura eines neues Anfangs, in einer Zeit, deren Selbstgefühl zwischen der Euphorie des Neubeginns und der Parole vom «Untergang des Abendlandes» schwankte. Aber das war nun eine andere Phänomenologie als die, die Edith Stein anstrebte: Das waren «alles orthodoxe ‹Transzendental-Phänomenologen›», für die alle anderen «eigentlich nicht mehr zugehörig» waren. Edith Stein kam zu Ohren, daß selbst Husserl davon sprach, er habe «vor Freiburg niemals wirkliche Schüler gehabt» (XIV,152; 30.9.22).

Auch Ingarden hielt sich bedeckt. Erst im Abstand von zwei Jahren spricht er offen aus, was er und wohl auch viele andere Weggefährten über die Konversion Edith Steins dachten: Die katholische Kirche erscheint ihnen als eine rückwärtsgewandte Einrichtung, deren Lehramt die Moderne bekämpft. Nachdem Rom 1879 in der Enzyklika *Aeterni Patris* die Philosophie Thomas von Aquins (ca. 1224/25–1274) zur offiziellen Denkschule der katholischen Theologie erhoben hatte, waren ja unter dem Pontifikat Pius' X. (1903–1914) viele Theologen, die eine Aussöhnung mit der Moderne, vor allem mit der Aufklärung Kants, angestrebt hatten, ihrer Ämter enthoben worden («Modernismuskrise»). Theologen und angehende Priester mußten, bevor sie ein Amt antraten, den «Antimodernisteneid» (1910–1967) leisten. Die katholische Schultheologie – der sogenannte «Neothomismus» oder die «Neuscholastik» –, geriet in die Defensive, in eine Art Ghettodasein gegenüber den modernen Denkrichtungen, die sich erstrangig auf den Menschen konzentrierten. Intellektuellen wie Ingarden war die Dogmatik der katholischen Kirche deshalb nichts anderes als ein «zur Beherrschung der Massen ausgedachter Dogmenapparat». Das kränkte Edith Stein, denn es schien ihr zu platt: eine Phrase, «die an den Stil eines Winkelblättchens erinnert» (XIV,155). Hatte nicht gerade die strenge und kritische Phänomenologie Husserls die Grenzen der neuzeitlichen Philosophie aufgezeigt und durch ein Denken, das sich wieder auf das Wesentliche konzentrierte, zugleich einen Weg zu einem neuen Verständnis des Seinsdenkens der antiken und mittelalterlichen Metaphysik gebahnt? Edith Steins Frage lautet: Wie kann das moderne kritische Denken mit dem Katholizismus in einen sinnvollen Dialog gebracht werden?

In dieser ungeklärten Situation war sie auch nach ihrer Taufe häufig zu Gast bei dem Philosophen-Ehepaar Conrad in Bad Bergzabern, einem idyllischen pfälzisch-bayerischen Kurort südlich von Landau an der französischen Grenze gelegen, inmitten von Weinbergen und Obstgärten. Die Conrads hatten hier eine Obstplantage, die sie mit der Unterstützung von Hilfskräften bewirtschafteten, wodurch sie auch ihren Unterhalt finanzierten. Die Zurückgezogenheit dieses kleinen Kurortes kam Edith Steins Wunsch entgegen, «ein religiöses Leben (zu) führen». Es entsprach ja nur der gewohnten Konsequenz ihrer geradlinigen Entscheidungen, daß sie bereits jetzt in den Orden Teresas eintreten wollte. Sie wollte «alles Irdische aufgeben und nur im Gedanken an göttliche Dinge leben» (VIII,54).

Edith Stein blieb zunächst bis Juni in Bad Bergzabern und half bei den im Frühjahr anfallenden Arbeiten auf der Obstplantage. Gemeinsam mit Hedwig Conrad-Martius übertrug sie das Buch «Descartes und die Scholastik» (1923) des in Paris lebenden französischen Philosophen Alexander Koyré ins Deutsche. Damit begann eine Tätigkeit, die sie bis ans Lebensende – vor allem aber in den zwanziger Jahren – beschäftigen sollte: Die Übersetzerin Edith Stein war geboren.

Koyré gehörte – u. a. mit Sybel, Hering und Edith Stein, die von den Freunden «Autotatos» (die äußerst Selbstbewußte) genannt wurde – zu dem Freundeskreis um das Philosophen-Ehepaar Conrad, der im Eisbrünnleweg in Bergzabern über Fragen einer künftigen Religionsphilosophie und philosophischen Gotteslehre sowie über das Verhältnis von Theologie und Philosophie nachdachte. Zwischen der «Realontologie» (1919) von Hedwig Conrad-Martius, deren Ausführungen über die Wirklichkeit und das Licht von der immer sorgsam abwägenden Edith Stein als «schlechthin vollendet» bezeichnet wurden, und ihrem eigenen Denken gab es enge Berührungspunkte. Die Lichthaftigkeit des Lichts ist eine Umschreibung für das Sein des Menschen: Er wird nur, was er sein kann, indem er handelnd aus sich herausgeht und sich verzehrt. Er bleibt nur frei, wenn er seine Freiheit immer neu einsetzt, und er kann nur erreichen, wofür er da ist, wenn er, wie das Licht, anderes Dasein für dessen Sinn hell macht, so daß das Leben aller mit allen zu immer leuchtenderem, sinnvollerem und hellerem Leben wird. Die letzten Gründe, warum dies so ist, waren noch zu klären: Woher nimmt oder empfängt diese Lichthaftigkeit des Daseins, die eine «Gegebenheit der Kraft und des Lebens»[2] ist, selbst wiederum ihr Licht?

Diese Fragen ging Koyré an, indem er hinter Descartes auf die unerschlossen gebliebenen Wurzeln des modernen Denkens zurückging. Dieses war aus der Denkkrise und den Erschütterungen des Spätmittelalters (Beulenpest, abendländisches Papstschisma, Reformation und Dreißigjähriger Konfessionskrieg) hervorgegangen, die den Menschen an der göttlichen Ordnung hatten zweifeln und orientierungslos werden lassen. So war auch das Vertrauen in das gegenständliche Denken von Gott (als «letztem Grund», «erstem Beweger» und «höchstem Wesen») erschüttert worden.

Die «Meditationen über die erste Philosophie» (1649) von René Descartes (1596–1650) sind ein erstes Manifest des neuzeitlichen Denkens: Eine neue Ordnung und ein neuer denkerischer Weg zu Gott müssen, wenn sie überhaupt noch möglich sind, auf einem absolut zweifelsfreien Grund aufgebaut werden, und das ist die unbezweifelbare Selbstgewißheit des eigenen Denkens. Nirgends sonst als in ihrem eigenen Inneren findet die Vernunft den Begriff eines Unendlichen. Er kann uns nicht – wie die Grundlegung vieler Gottesbeweise des Mittelalters – aus Raum und Zeit kommen, weil es in Raum und Zeit die Erfahrung von etwas Unendlichem und Unbegrenztem gar nicht geben kann. Es handelt sich also um eine der Vernunft vorausliegende

Prägung, durch die wir alles, was ist, messen und als ein Endliches erfahren. Doch woher, so fragt Descartes in der dritten Meditation, sollte diese unbedingte und klare Gewißheit kommen, wenn nicht durch die Wirkung eines tatsächlichen Unbedingten. Von hier aus vollzieht er mit der Scholastik einen gedanklichen Aufstieg durch das Stufenreich des Wirklichen hin zu Gott.

Aber hier setzt Koyré nun seine Kritik an. Er wirft Descartes vor, daß in seinem Entwurf die eigentliche Zielrichtung von Denkern wie Augustinus, Bonaventura oder Duns Scotus erneut verstellt wird: Denn nicht durch einen (kosmologischen) «Aufstieg» läßt sich Gott finden, sondern nur durch den «Abstieg» in die letzte Seinstiefe des Menschen, in den unaussprechlichen Grund ursprünglichen Lebens. Bonaventuras «Doktrin nach besitzen wir in unserer Seele Ideen, erste und ewige Wahrheiten, Prinzipien jeglicher Wissenschaft und Erkenntnis, die von Gott bei der Schöpfung in unsere Seelen eingeprägt worden sind. Nicht immer sind sie in unserem Geiste gegenwärtig; sie sind nicht aktuell bewußt, sondern bloß ‹potentia› (inaktuelles Vermögen). Nichtsdestoweniger: Jedes Mal, wenn sie aktuell bewußt werden, wenn wir denken ..., erkennen wir sie als zu unserem Geist gehörig, als ihm nicht fremd, sondern aus seinen ureigensten Tiefen emportauchend» – so übersetzen Hedwig Conrad-Martius und Edith Stein.[3] Hier, in der Wesenserkenntnis, rührt der Mensch in seinem Sein und Erkennen an einen Ursprung, von dem er immer schon berührt und ergriffen ist, wenn er denkt. Und, so kommentiert Hedwig Conrad-Martius, «wenn sich gerade in der letzten substanziellen Seinstiefe, in der äußeren Niedrigkeit, Nichtigkeit und Schwäche ... Geschöpf und Gott am wesenhaftesten begegnen können, sollte man nicht dann von einer ‹existenziellen Mystik› sprechen können, die nicht in einem Hinaufsteigen, sondern in einem Hinabsteigen, in das letzte, wahre ‹Nichts› geschöpflichen Daseins besteht?»[4]

Die Übertragung von Koyrés Buch war für Edith Stein keineswegs nur ein philosophischer Zeitvertreib, um wissenschaftlich nicht aus der Übung zu kommen. Sie eröffnete ihr vielmehr einen vertieften Zugang zur Frage nach der philosophischen Vermittlung von Glauben und Denken, an der sie zeitlebens überaus interessiert war – und zudem gibt uns diese Übersetzung einen Einblick in die Bad Bergzaberner «Denkwerkstatt» um das Philosophen-Ehepaar Conrad-Martius.

Speyer: Die Lehrerin, Übersetzerin und Referentin Edith Stein (1923–1931)

Inzwischen hatte Dekan Breitling in seinem Freund Joseph Schwind einen geeigneten, weil philosophisch gebildeten geistlichen Ansprechpartner für Edith Stein gefunden. Breitling selbst war ein pastoral zwar überaus eifriger, auch künstlerisch begabter Mensch, der schon damals viel für die Ökumene und für die liturgische Erneuerung bewirkte – von der Person Edith Steins jedoch fühlte er sich überfordert. Schwind (1851–1927) war, bevor er 1909 zum Domkapitular ernannt wurde, 18 Jahre Direktor des bischöflichen Konvikts gewesen, 12 Jahre lang Stadtpfarrer und Dekan in Kaiserslautern und drei Jahre Dompfarrer in Speyer. Bald erkannte er die Fähigkeiten Edith Steins und riet ihr, sie solle ihre religiöse Suche nicht in einem Kloster fortsetzen, sondern sich mit ihren großen geistigen Fähigkeiten aktiv an der Umgestaltung der katholischen Welt im neuen Deutschland beteiligen.

Nachdem auf den Obstplantagen nur noch wenig zu tun war, fuhr Edith Stein im Juni erstmals nach ihrer Konversion wieder nach Breslau. Der Briefkontakt war nie abgerissen, sie hatte immer wöchentlich nach Hause geschrieben. Doch nun mußte sich zeigen, ob man sich noch etwas zu sagen hatte. Es war ein Abtasten – und es ging. Dazu hat auch jene Toleranz gegenüber Andersdenkenden beigetragen, die Edith Stein ein Leben lang auszeichnete. Sie betrachtete und respektierte jeden Menschen als eigenständige Persönlichkeit, als eine Form der Fülle des Ewigen. So schreibt ihre jüdische Freundin Gertrud Koebner: «Edith wußte, daß ich nie meinen jüdischen Glauben aufgeben würde, und sie hat es mit peinlicher Rücksicht zeitlebens unterlassen, mich meinem Glauben entziehen zu wollen. Nur auf dieser Grundlage konnte unsere Freundschaft bestehen bleiben. ... *Sie* ging ihren Weg allein, aber wer vor ihr stand, dem half sie und war für ihn Gefährte; nichts Trennendes bestand vor ihr, alle sozialen und sonstigen Unterschiede schob sie beiseite, dem Ewigen galt alles Tun» (ESTA; G I 9).

Familiär ging es sogar so gut, daß die Mutter sich vorstellen konnte, Edith Stein wieder in Breslau zu haben. Wenigstens bestand sie darauf, daß ihre Tochter künftig die Sommerferien bei ihr verbringen müsse, was Edith Stein bis zu ihrem Eintritt in den Karmel auch getan hat. Nur die hohen christlichen Festtage feierte sie nicht in Breslau.

Ab Anfang August 1922 war sie wieder in Bad Bergzabern, um ihren Freunden «in der Erntezeit und während der Hochflut sommerlicher Besucher» zu helfen. An den freien Abenden korrigiert sie die Druckfahnen zur Übersetzung von Koyré. Ingarden gegenüber erwähnt sie auch einen wiederholten «Außendienst», der sie immer wieder beim Schreiben unterbrochen habe. Was damit gemeint ist, konnte noch nicht geklärt werden. Unmöglich ist es jedoch nicht, daß sie schon damals vertretungsweise an den Schulen der Dominikanerinnen unterrichtet hat.

Die letzte Eintragung im Conradschen Gästebuch datiert vom 5. Oktober 1922 und besagt, daß Edith Stein nach Hause fuhr, also nach Breslau. Dort versorgte sie die Kinder ihrer Schwester Erna. «Für diese war Tante Edith der Inbegriff aller Liebe und Güte. Niemand war ja so erfinderisch in fesselnden Spielen, niemand konnte so spannend erzählen oder, wenn es nötig war, eine so wirksame Fürsprecherin und Vermittlerin ihrer kindlichen Wünsche bei der gestrengen Großmama sein.»[5] In Breslau fand sie auch die Zeit, ihre Studie «Eine Untersuchung über den Staat» druckreif zu machen, die dann 1925 – verzögert durch die Inflation – im Band VII von Husserls «Jahrbuch» erschien. Im Schlußkapitel über «Staat und Religion» fordert sie vom neuen deutschen Staat die Respektierung der Gewissensfreiheit, vor allem dann, wenn staatliche Forderungen mit religiösen Überzeugungen kollidieren. Anders als im Bismarckreich, das den traditionell mit Österreich sympathisierenden Katholizismus an den Rand gedrängt und im Kulturkampf (etwa mit dem Zwang zur Zivilehe, dem Kanzelparagraphen und dem Jesuitengesetz) eine günstige Entwicklung verhindert hatte, sollte nun auch die katholische Welt den Reichtum ihrer Werte in das Leben des Staates einbringen können.

Vermutlich hat Edith Stein auch den Winter 1922/23 in Breslau verbracht und mit der Mutter dort das Jom-Kippur-Fest gefeiert. An Weihnachten war sie wohl zu Gast bei der befreundeten Arztfamilie Ernst in Frankfurt – so jedenfalls bezeugt es «Fränzi» Ernst, die im Winter 1933 Edith Stein in den Kölner Karmel nachfolgte. Von Frankfurt aus besuchte sie Pauline Reinach, die im April 1922 von der evangelischen zur katholischen Kirche konvertiert war.

Da traf von Prälat Schwind aus Speyer die Nachricht ein, Edith Stein könne ab dem neuen Schuljahr (das Ostern 1923 begann) als hauptamtliche Lehrkraft eine Lehrerinnenstelle für Deutsch (und Geschichte) an der von Dominikanerinnen geführten Lehrerinnenbildungsanstalt der Pfalz bekommen. Schwind, der selbst einmal dort Lehrer für deutsche Literatur gewesen war, hatte nämlich in Erfahrung gebracht, daß die Schwestern – wegen ihrer Neugründung in Mannheim und weil die jüngeren Schwestern zum großen Teil noch in der Ausbildung waren – mit einem Engpaß im damals fast ausschließlich klösterlichen Lehrpersonal rechneten. Er empfahl deshalb Edith Stein der Mutter Generaloberin Ambrosia Heßler OP, die bei Pfänder in München die Phänomenologie kennengelernt hatte. Edith Stein an einer Klosterschule – das war für Auguste Stein allerdings ein Unding. Doch genau diese Aufgabe war es, die sie überaus reizte, denn diese Stelle bot ihr die Aussicht, ein religiös geregeltes Leben mit dem Alltagsleben zu verbinden. Zudem bedeutete diese Stelle finanzielle Sicherheit in einer Zeit, als die Inflation in Deutschland auf ihren Höhepunkt zusteuerte. Edith Stein erhielt in Speyer das vom Staat vorgeschriebene monatliche Gehalt: zunächst im Mai 1923 150000 Mark, was inflationsbedingt bis zum 15.12.1923 auf 5 Billionen Mark anstieg; ab 9. Mai 1924 dann 125 Goldmark und ab dem 13. April 1928 schließlich 3092,90 RM (abzüglich 257,74 RM Steuern). Gemessen an ihrer philosophischen Begabung und Ausbildung sowie an ihren bisherigen Leistungen auf dem Gebiet der Phänomenologie war dieser Posten in der bayerischen Provinz (die Pfalz gehörte bis 1933 zu Bayern) sehr bescheiden. Nach

Rücksprache mit der Mutter faßte die Preußin Edith Stein dann aber doch den Entschluß – vor allem wegen des religiösen Reizes dieser Stelle –, bayerische Lehrerin zu werden. Nach Maria Adele Hermann war es «für sie eine Brotstelle, keine Liebesstelle».[6]

Als Edith Stein zu Ostern 1923 nach Speyer am Rhein kam, war dies eine Provinzstadt mit 23 300 Einwohnern und dem Sitz einer Kreisregierung. Französische Truppen hatten Speyer – wie auch das Rheinland – zu Beginn des Jahres als Faustpfand unter dem Vorwand besetzt, Deutschland sei mit seinen Sachlieferungen aus den Reparationsverpflichtungen im Rückstand. Die Stadt wurde damals also von französischer Gendarmerie kontrolliert.

Speyer konnte auf eine äußerst wechselvolle zweitausendjährige Geschichte zurückblicken, die eng mit der des Reiches verknüpft war: Mehr als 30 Reichstage des Mittelalters sind im Dom zu Speyer eröffnet worden, darunter der Reichstag, der die Trennung der Konfessionen besiegelte (1529) und dessen 400-Jahr-Jubiläum Edith Stein 1929 in Speyer miterlebte. Die enge Verwobenheit von Reichsgeschichte und Menschenschicksalen muß sie tief bewegt haben. Mehrmals hatte die Stadt – und der Konvent St. Magdalena – schwerste Zerreißproben bestanden: die Wirren der Reformation, den Dreißigjährigen Krieg, die Reunionskriege Ludwigs XIV. Immer wieder war die Stadt – bis zur napoleonischen Zeit – von Frankreich besetzt und verwaltet worden. Edith Stein zeigte ihren illustren Besuchern gern den (nördlich der Alpen) einzigartigen romanischen Dom. Dessen harmonische Architektur folgt den Gesetzmäßigkeiten der nach Maß und Zahl auf Gott hin ausgerichteten Ordnung des Mittelalters und gibt damit Zeugnis von einer Welt, deren Menschen sich noch in der göttlichen Schöpfungsordnung geborgen wußten. Insbesondere liebte Edith Stein die harmonische Strenge der Krypta, in der acht deutsche Kaiser und z. T. ihre Frauen ihre letzte Ruhestätte gefunden haben. Nur wenige Minuten beträgt der Weg vom Dom über eine kleine Brücke des Speyerbaches bis zur Klosterpforte St. Magdalena. Über dieser Pforte steht – wie auch über Edith Steins Leben – das Wort «Veritas» (Wahrheit).

Als Edith Stein ihre Arbeit aufnahm, war das Seminar von St. Magdalena bereits ein angesehenes Zentrum der Frauenbildung in der Pfalz. Als St. Magdalena 1928 sein Jubiläum feierte, gaben die Schwestern ein Kartenmäppchen heraus, mit dessen Hilfe wir heute in etwa feststellen können, wie Edith Steins Arbeitsstätten ausgesehen hatten. Sie galten damals als sehr modern. Uns Heutigen erscheint das Internat freilich wenig attraktiv: Zehn und mehr Betten standen dort dicht an dicht, und im Waschraum zählt man gar gegen 30 Tischchen mit geblümtem Waschgeschirr. Und doch lebten die meisten der Kinder und jungen Frauen gerne dort, sie fühlten sich daheim und geborgen – in einer Atmosphäre, die auch heutige Besucher noch nachempfinden können. St. Magdalena unterhielt damals die katholische Mädchenvolksschule der Stadt Speyer, ein Mädchenlyzeum, eine sog. Frauenarbeitsschule, eine Handelsschule und das Seminar; dazu kam ein Internat, in dem die meisten der Schülerinnen wohnten. Ursprünglich, d. h. seit 1227, war dieses Dominikanerinnenkloster eine Niederlassung von «Reuerinnen» (daher der Name «St. Magdalena»), die dort ein Leben der Sühne und Selbstheiligung führten. Erst als sie sich auf kirchliche Weisung hin für einen der schon bestehenden Orden entscheiden mußten, schlossen sie sich den Dominikanern an, denen auch der hl. Thomas von Aquin angehört hatte. Seither nahmen die Schwestern junge Mädchen zur Erziehung in ihr Haus auf. Manche dieser Mädchen wurden selbst Ordensfrauen, zumal St. Magdalena sich der Hochschätzung der Speyrer Bürger erfreute. Als Edith Stein ihre Tätigkeit aufnahm, war sie die einzige hauptamtliche Lehrerin, die nicht Nonne war: «Außer mir unterrichten nur Schwestern, und das ist ein idealer Zustand. Es gibt gar keine Reibungsflächen. Das geistige Niveau ist unvergleichlich mit dem, was man draußen an Schulen trifft. Die Klosterkandidatinnen sind an sich schon eine Auswahl, und dann werden für das Seminar die allerbesten herausgesucht und ausgebildet. Die Hauptsache ist für mich natürlich die religiöse Basis des ganzen Lebens» (XIV,153; 5.2.24).

Am 17. April 1923 begann für Edith Stein ein zwischen Unterricht, Unterrichtsvorbereitung, Schulvisitationen, Konferenzen, schulischen Veranstaltungen, vielen privaten Kontakten mit den (Internats-)Schülerinnen und religiösem Leben ganz ausgefüllter Lehrerinnenalltag, der sie «geistig und seelisch ziemlich stark ... absorbiert» (IX,185; 13.9.25) hat.

Sie unterrichtete angehende (Volksschul-)Lehrerinnen und Abiturientinnen vorwiegend in Deutsch (1923/24: im sechsklassigen Lehrerinnenseminar 12 Stunden und am Mädchenlyzeum in der Abschlußklasse Deutsch; 1924/25: 14 Stunden Deutsch, 2 Stunden Geschichte und Deutsch am Mädchenlyzeum; 1925/26 bis 1930/31: 12 Stunden Deutsch). Nach sieben Jahren mußte sie sich jetzt wieder mit Deutsch beschäftigen, sich in einen umfangreichen neuen Lehrplan einarbeiten, der vom «Gudrunslied» bis zu Gerhart Hauptmanns Dramen reichte, und sich Gedanken zum Aufbau des Unterrichts machen. Allein im ersten Jahr mußten 31 Aufsatzthemen gestellt und korrigiert werden. Da die durchschnittliche Klassenstärke im Lehrerinnenseminar bis 1928 zehn bis zwölf Schülerinnen betrug, hatte Edith Stein übers Jahr etwa 320 Aufsätze zu korrigieren! Der Themenkatalog der 286 Aufsatzthemen, der uns aus ihrer Speyrer Zeit erhalten ist, umfaßt die verschiedensten Themen: «Welche Aufgaben sind der Frau in unserer Zeit gestellt?», «Warum pflegen wir Musik?», «Die Maschine hat uns reich und arm gemacht», «Nicht nur das Angeborene, sondern auch das Erworbene ist der Mensch». Unterrichtsvorbereitungen und Korrekturen waren anstrengend und erforderten einen enormen Zeitaufwand, zumal Edith Stein keine Seminarausbildung erhalten und kein pädagogisches Studium im eigentlichen Sinne absolviert hatte.

Im Rückblick beschreibt sie 1932, daß ihr in Speyer Alltag und religiöses Leben allmählich zu einer Einheit wurden: «Wenn wir morgens erwachen, wollen sich schon die Pflichten und Sorgen des Tages um uns drängen (falls sie nicht schon die Nachtruhe vertrieben haben). Da steigt die unruhige Frage auf: Wie soll das alles in einem Tag untergebracht werden? Wann werde ich dies, wann jenes tun? Und wie soll ich dies und jenes in Angriff nehmen?

Man möchte gehetzt auffahren und losstürmen. Da heißt es, die Zügel in die Hand nehmen und sagen: Gemach! Von alledem darf jetzt nichts an mich heran. Meine erste Morgenstunde gehört dem Herrn. Das Tagewerk, das er mir aufträgt, das will ich in Angriff nehmen, und er wird mir die Kraft geben, es zu vollbringen. So will ich hintreten zum Altare Gottes. Hier handelt es sich nicht um mich und um meine winzig kleinen Angelegenheiten, sondern um das große Versöhnungsopfer. Ich darf daran teilnehmen, mich reinwaschen und froh machen lassen und mich mit allem meinem Tun und Leiden bei der Opferung mit auf den Altar legen. Und wenn der Herr dann zu mir kommt in der Kommunion[7] dann darf ich ihn fragen: ‹Was begehrst du, Herr, von mir?› (hl. Teresia).

Was ich nach stiller Zwiesprache als nächste Aufgabe vor mir sehe, daran werde ich gehen. Wenn ich nach dieser Morgenfeier in meinen Alltag eintrete, wird es feierlich still in mir, und leer wird die Seele sein von dem, was sie bestürmen und belasten wollte, aber erfüllt von heiliger Freude, von Mut und Tatkraft. Groß und weit ist sie geworden, weil sie aus sich herausgegangen und in das göttliche Leben eingegangen ist. ... Nun beginnt das Tagewerk; vielleicht Schuldienst vier bis fünf Stunden hintereinander. Da heißt es bei der Sache sein, jede Stunde bei einer anderen Sache. In dieser oder jener Stunde kann man nicht erreichen, was man wollte, vielleicht in keiner. Eigene Müdigkeit, unvorhergesehene Unterbrechungen, Unzulänglichkeiten der Kinder, mancherlei Verdrießliches, Empörendes, Beängstigendes. Oder Bürodienst: Verkehr mit unangenehmen Vorgesetzten und Kollegen, unerfüllbare Ansprüche, ungerechte Vorwürfe, menschliche Erbärmlichkeit, vielleicht auch Not der verschiedensten Art. Dann kommt die Mittagsstunde. Erschöpft, zerschlagen kommt man nach Hause. ... Wo ist nun die Morgenfrische der Seele? ... Muß man nicht sofort weiter? Nein, nicht ehe wenigstens für einen Augenblick Stille eingetreten ist. ... Und wenn keinerlei äußere Ruhe zu erreichen ist, wenn man keinen Raum hat, in den man sich zurückziehen kann, wenn unabweisliche Pflichten eine stille Stunde verbieten, dann wenigstens innerlich für einen Augenblick sich gegen alles andere abschließen und zum Herrn flüchten. Er ist da und kann uns in einem einzigen Augenblick geben, was wir brauchen.

So wird es den Rest des Tages weitergehen, vielleicht in großer Müdigkeit und Mühseligkeit, aber in Frieden. Und wenn die Nacht kommt und der Rückblick zeigt, daß alles Stückwerk war und vieles ungetan geblieben ist, was man vorhatte, wenn manches tiefe Beschämung und Reue weckt: dann alles nehmen, wie es ist, es in Gottes Hände legen und ihm überlassen. So wird man in ihm ruhen können, wirklich ruhen und den neuen Tag wie ein neues Leben beginnen. ... Von den Mitteln, die geeignet sind, die Verbindung mit dem Ewigen herzustellen, wachzuhalten oder auch neu zu beleben, ... ist wichtig, das jeweils Wirksamste herauszufinden und sich zunutze zu machen» (V,88ff.).

Soweit nur irgend möglich, verbindet Edith Stein ihren religiösen Tagesrhythmus mit dem der Dominikanerinnen: «... dem Herzen nach, das darf ich wohl ohne Vermessenheit sagen, als eine rechte Klosterfrau, wenn ich auch keinen Schleier trage und nicht durch Gelübde und Klausur gebunden bin, und auch vorderhand nicht daran denken darf, diese Bindung einzugehen» (IX,185). Dem Chorgebet der Ordensfrauen wohnt sie bei, wann immer es ihr möglich ist. Sie ist auch sonst oft in der Klosterkirche zu stillem Gebet, und um dabei unbeobachtet zu sein, erbittet sie sich eine Kniebank im Altarraum, hinter einem Mauervorsprung (der Stuhl, den die Schwestern ihr dazustellen, bleibt allerdings unbenutzt!). Da damals alles lateinisch gebetet wird, aber nicht alle Schwestern diese Sprache verstehen, übersetzt sie im Lauf der Jahre viele der ordenseigenen Hymnen des dominikanischen Breviers. Außerdem sorgt sie dafür, daß die Mädchen bereits ab dem ersten Schuljahr im deutschsprachigen Meßbuch, dem sogenannten «Schott», den Schülerinnengottesdienst mitvollziehen konnten. Edith Stein teilte das Bestreben der liturgischen Bewegung nach einer Erneuerung der Liturgie und nach einer Liturgie in der Volkssprache.

Ihre Wohnung hat sie in einem Zimmer im Pfortenbereich.

Hier fühlt sie sich allmählich ganz zu Hause: «… ich bin noch nirgends so gerne gewesen – und wenn ich ‹nach einem Ausgang› von weitem die Speyrer Domtürme sehe und dann das kleine spitze Türmchen unserer Klosterkirche, dann werde ich ganz unsagbar froh» (XIV,153; 5.2.24).

Ihre Mahlzeiten bezieht Edith Stein aus der Klosterküche, ihre betont schlichte Kleidung läßt sie sich von der Schneidermeisterin anfertigen. Sie kleidet sich so einfach, daß es beinahe den Anschein haben könnte, sie wolle «durch Einfachheit auffallen», wie der Beuroner Erzabt Walzer im Rückblick meinte; oder: «schlicht und doch geschmackvoll», wie sich der Philosoph Max Müller erinnert.

Wie erging es ihr in der Schule, im Unterricht? «Edith Stein brachte für ihren Unterricht zwar gediegenes fachliches Wissen, aber eine unzulängliche pädagogische Ausbildung mit. Dies gilt besonders für den methodisch-didaktischen Bereich. … Sie unterrichtete zwar ohne Hast, blieb aber, als Phänomenologin, streng und unerbittlich ‹bei den Sachen›. Sie erlaubte keinen Zeitverlust durch Abschweifung ins Erzählen oder Plaudern.»[8] Ihr Unterricht war «dozierend, lehrend, vortragend, ihre Gedanken entwickelnd. … Meist stand sie ruhig neben dem Katheder und trug ruhig ihre Gedanken vor. … Gerade dadurch wirkte sie mehr und überzeugender als jede andere Lehrerin, die wir bisher kannten», berichtet eine Schülerin (Reinhildis Ferber), und eine andere ging gern in ihre Stunden, weil sie «vom Inhalt her» fesselten. «Dazu ihre bezaubernde Person, die schönen Augen, das Grübchen im Kinn, dazu der Verzicht auf alles, was es gibt, sich selbst in Szene zu setzen. Doch die Schulinspektion sah das anders. In seinem Visitationsbericht vom Februar 1924 stellt Ludwig Eid, der Speyrer Direktor des Lehrerseminars, fest: «Sie [die neueingestellten Lehrkräfte] haben noch zu ringen mit dem Stoff in ihrem Spezialgebiet oder mit der Methode, welche für dieses höhere Lebensalter und dessen Berufsabsicht notwendig ist. Hier waren zu beobachten entweder stoffliche Nachteile oder bloßes Lehren statt Unterrichten.»[9]

Sonntags besucht Edith Stein immer wieder die Messe im Dom. Oftmals trifft sie Generalvikar Schwind, regelmäßig sieht sie ihn am Sonntagnachmittag zum Kaffee. Sie sucht das geistige Gespräch, zum Teil auch mit anderen Priestern. Einmal begegnet sie in Ludwigshafen dem jungen Ernst Bloch. Sie wird – vor allem später – immer wieder von der Familie Schwinds eingeladen, etwa nach Schweix. Sie besucht die Freunde und deren Gäste (Koyré, Hering, Lipps u. a.) im nahe gelegenen Bad Bergzabern, und diese kommen wiederum mit ihrem internationalen Besuch nach Speyer. Bisweilen fährt sie nach Heidelberg zu dem befreundeten Pater Petrus Jans im Kloster Neuburg. In der Speyrer Anfangszeit liest sie gemeinsam mit Schwind die Lutherbiographie des Jesuiten Hartmann Grisar. In ihrem Aufsatz «Freiheit und Gnade» (vgl. Bd. VI; dort unter dem irrtümlichen Titel «Die ontische Struktur der Person») kommt sie ausdrücklich auf die Rechtfertigungs- und Gnadenlehre Luthers zu sprechen: «Der Mensch kann die Gnade nur ergreifen, sofern die Gnade ihn ergreift»; aber «die Gnade muß, um von der Seele ergriffen werden zu können, bereits in der Seele wirksam sein und muß, um wirksam sein zu können, schon eine Stätte darin vorfinden» (VI,151). Sie räumt aber auch ein: «Wer auf diesem Wege der Gnade teilhaftig wird – wie *Luther* –, dessen Blick kann sich sehr begreiflicherweise der Mitwirkung der Freiheit ganz entziehen» (VI,157).

Bei dieser Fülle von Tätigkeiten hat Edith Stein in ihren freien Stunden «das Bedürfnis, etwas zu tun, was gar nicht mit der Schule zusammenhängt». Und da auch im ersten Jahr manchmal «eine kleine Stunde Zeit» (XIV,154) bleibt, was für eigenes wissenschaftliches Arbeiten zu wenig wäre, beginnt sie auf Anfrage des Theatinerverlags München mit einer zweiten Übersetzungsarbeit. Sie überträgt John Henry Newmans (1801–1890) fünfzehn Vorlesungen – immerhin über 300 Seiten – über die «Idee der Universität» aus dem Englischen ins Deutsche. Newman mußte darin einem kritischen katholischen Publikum seine Bildungsziele erläutern. Der ehemalige Oxfordprofessor, der aus der Traktatsbewegung (um J. Keble) hervorgegangen war, die für weniger staatliche

Einmischung in religiösen Angelegenheiten gekämpft hat, sollte Rektor der neugegründeten katholischen Universität Dublin werden (1850). Vor seiner Konversion (1845) hatte der einst anglikanische Geistliche, der sich über dem «anglikanischen Katholizismus», den er anstrebte, mit seiner Kirche überworfen hatte, kaum mit Katholiken zu tun gehabt. Daher fragten sich die irischen Katholiken, ob er ihre Angelegenheiten vertreten könne. Man forderte eine katholische Erziehung an den Universitäten, viele waren gegen eine Koedukation. Newman empfahl, die Universität solle sich darum bemühen, die Persönlichkeit im christlichen Sinne zu formen, anstatt eine formalistische Ausbildung oder bloße Vermittlung praktischen Wissens zu geben. In seinem Konzept sollte Bildung «freies Wissen» sein und ein ganzheitliches Denken ermöglichen. Dazu empfiehlt er: einen breiten Fächerkanon, der auch die Theologie mit einbezieht und das Wissen der Zeit präsentiert, eine philosophische Grundlegung, die einen Einblick in das Denken vermittelt, sowie ein fachliches Spezialstudium, das die Lebensmöglichkeit des einzelnen und das Fortkommen der Wissenschaft ermöglicht. Christliches und humanistisches Ideal sollten so zu einer Einheit verschmelzen.

Edith Stein wendet diese Einsichten auf das schulische Bildungssystem an: «Das Klassenlehrersystem ermöglicht Konzentration, d.h. Einstellung verschiedener Fächer auf ein gemeinsames Ziel, Ausgleich der Ansprüche in den einzelnen Fächern und vor allem Rücksichtnahme auf die Kräfte der Schüler. – Das Ideal wäre eine Verbindung von beiden: eine philosophisch-pädagogische Bildung, die Klarheit über den Sinn der einzelnen Wissensgebiete und ihre Bedeutung im Ganzen des Bildungssystems gäbe, und fachliche Durchbildung auf einem Spezialgebiet. Solange weder unsere Universitäten noch die mannigfachen Formen der Lehrerbildung, wie wir sie gegenwärtig in Deutschland haben, darauf eingestellt sind, den Studierenden dies beides zu vermitteln, kann eine geeignete Zusammenarbeit von Lehrkräften, die verschiedene Bildungswege gegangen sind ... zu einer fruchtbaren Ergänzung führen» (XII,111).

Die jungen Frauen, die das Seminar besuchten, erfassen bald, daß sie hier nicht nur Wissen, sondern Einsichten für ihr ganzes weiteres Leben gewinnen konnten. Respektvoll nennen sie Edith Stein «Fräulein Doktor». Bald wird sie von den Schülerinnen umschwärmt, im Pausenhof bilden sich immer wieder Gruppen um sie. Obwohl es diesen Beruf damals offiziell noch gar nicht gab, wird sie tatsächlich all denen eine geistliche Lebensbegleiterin, die dies wünschen. Die relativ wenigen noch erhaltenen Briefe zeigen, daß man sie immer wieder mit Konvertitinnen – vor allem aus dem Judentum – bekannt machte, denen sie Beraterin und Freundin wird. Mit manchen von ihnen bleibt sie in Verbindung bis zum gemeinsamen Schicksal der Verfolgung. In der Schule sind es vor allem die «Versagerinnen», um die sie sich mit großer Geduld, aber auch fest und klug annimmt, oftmals weit über ihre Speyrer Zeit hinaus. Für das Kollegium war Edith Steins Einsatz zugunsten der Schwächeren bei den Lehrerkonferenzen oftmals «strapazierend», wie eine Schwesternkollegin sagte.

«Mit Elan unterstützte sie auch alle Bestrebungen nach mehr Freiheit für die Schülerinnen, warb um Großzügigkeit im Besuch kultureller Veranstaltungen, für Klassenfahrten, Ausgänge, Freizeitgestaltung. Schwester Athanasia blieb unvergeßlich, daß eines Tages im (damaligen) Speyerer Stadttheater Lessings ‹Nathan der Weise› aufgeführt wurde. Auch gewichtige Theologenstimmen waren dagegen, daß die Seminaristinnen das Schauspiel besuchten. Dr. Stein aber war dafür – und der Besuch fand statt.»[10]

Die Seminaristinnen, die damals nicht allzu oft die Möglichkeit hatten, das Haus zu verlassen, durften auch bei ihr Rekreation halten. Dabei konnte es fröhlich zugehen: Man arrangierte Pfänder- und Ratespiele, und «Fräulein Doktor» machte jeden Scherz mit. Mit Zustimmung der Direktorin begleitete sie die Schülerinnen nach Mannheim und Heidelberg ins Theater. In den Oster- oder Weihnachtsferien besuchte sie die studierenden Ordensschwestern in Würzburg oder München. «Eben wurde ich beim Schreiben unterbrochen durch ein kleines Mädchen aus dem Pensionat, das mir Eis und Cakes vom ‹Jahrmarkt› brachte» (XIV,155; 19.6.24), schreibt sie an Ingarden, der sich Edith Stein allerdings kaum anders als in einem Gefängnis vorstellen kann.

Nach einem Schuljahr, Mitte 1924, zieht sie ein erstes Fazit: «Es gibt keinen Menschen auf der Welt, mit dem ich tauschen möchte» (XIV,156). Sie habe das Leben lieben gelernt, weil sie jetzt weiß, wofür sie lebt und wozu sie da ist. Sie hat eine Lebensform gefunden: Der Alltag geht vom Gebet aus und mündet in die Sammlung und Ruhe des Gebets, die Kraft schenkt. Neben dem Schreibtisch steht jetzt ein Stuhl, der die Bereitschaft ausdrückt, für den anderen da zu sein, die Suche der Menschen, die sich an sie wenden, zu begleiten. Denn «wer die Wahrheit sucht, der sucht Gott, ob es ihm klar ist oder nicht» (IX,102).

Zur gleichen Zeit sitzt der nach einem gescheiterten Putschversuch (9.11.1923) zu fünf Jahren Festungshaft verurteilte Adolf Hitler im Gefängnis und schreibt sein Buch «Mein Kampf». Nach neun Monaten bereits wird er entlassen. Doch die Zeit des «Trommlers» war noch nicht gekommen. Es ging ab 1924 wirtschaftlich aufwärts, so daß die rechtsradikalen Gruppen noch keine große Anhängerschaft fanden.

Inzwischen hatte Erich Przywara (1889–1971), der die Newman-Ausgabe im Theatiner-Verlag besorgte und das Buch «Religionsbegründung – Max Scheler – John Henry Newman» (1923) veröffentlicht hatte, angefragt, ob Edith Stein sich an eine zweite Übersetzung von Newman machen wolle. Przywara wollte keine «Übertragung dem Sinn nach, sondern streng sachlich dem Worte nach, ja bis zur Beibehaltung der rhythmischen Satzform und Wort-Anordnung»[11]. Edith Stein sagt zu, und ihre dritte Übersetzungsarbeit beginnt. Sie übersetzt Newmans Briefe und Tagebücher bis zur Konversion, in denen er sich Rechenschaft über seinen Weg gibt. In diesen Schriften – und später auch in seiner «Apologie» – beschreibt Newman, wie er «mit unausweichlicher Notwendigkeit zur katholischen Kirche geführt» (XIV,155) wurde. Er spricht von Zustandekommen der Glaubensgewißheit, und gerade das zieht Edith Stein an: «Es ist sehr schön für mich, mit einem Geist wie Newman in so nahe Fühlung zu kommen, wie es das Übersetzen bringt. Sein ganzes Leben ist nur ein Suchen nach der religiösen Wahrheit gewesen» (XIV,154). Newmans Einsichten in der allgemeineren Form seiner «Zustimmungslehre» aufnehmend, schreibt sie an Ingarden: «Der gewöhnliche Weg geht über Wirkungen, die man in sich, an anderen und an Begebenheiten etc. in Natur und Menschenleben bemerkt, von denen keine einzige – für sich genommen – so eindeutig auf göttliche Urheberschaft hinweist, daß nicht auch eine andere Erklärung denkbar wäre, die aber jede einen solchen Hinweis in sich enthalten, manche schon in ihrer Isolierung so stark, daß man sich dem nicht entziehen kann, auf jeden Fall aber in ihrem Zusammentreffen so, daß man wohl noch methodisch, aber nicht wirklich zweifeln kann» (XIV,189; 20.11.27).

1925 kommt es in Speyer über den inzwischen zum Generalvikar der Diözese Speyer ernannten Joseph Schwind dann auch zu einem ersten persönlichen Treffen von Edith Stein und Erich Przywara, der von da ab ein wichtiger Berater für sie wird. «Die Edith Stein, die uns entgegentrat», schreibt er 1952, «war ... vergleichbar einer Uta vom Naumburger Dom. Der eigene wahrhaft große Stil Edith Steins: klassische, philosophische Strenge ...; tiefes künstlerisches Empfinden, ... weiteste frauliche Empfänglichkeit und tiefes Mitgehen, und zugleich herb männliche Sachlichkeit (die bis zum scharfen Klingenfechten gehen konnte ...). Es ist dies zugleich die Art ihres geistigen Wesens überhaupt ... symbolisiert durch die Liebe zu den herben späten geistlichen Liedern Regers, zu einem wenig gekannten unerhörten Christus Simone Martini's, und zu den Handzeichnungen Rembrandts (deren eine sie überall hin begleitete.)»[12] Sie besprachen das Buchprojekt und Edith Stein zeigte Przywara Speyer mit der Kaiserkrypta.

Die Übersetzungsarbeit verzögert sich etwas, da Edith Stein zwischen Februar und März 1925 eine Grippe verschleppt hatte, die sich zum Augenkatarrh ausweitete, so daß sie erst einmal Mühe hat, ihren schulischen Pflichten wieder nachzukommen. Schließlich fand die Übersetzung das Lob und die Anerkennung Przywaras. Zudem wurde sie dadurch ausgezeichnet, daß Francis

Bacchus, der letzte lebende Freund Newmans, die Einleitung dazu verfaßte.

Edith Stein kümmert sich jetzt auch um die jungen Lehrerinnen, die nach der Seminarzeit ihre erste Stelle antreten. Das waren für diese Anfängerinnen meist die unteren Klassen der Volksschulen auf dem Lande. Die vorgeschriebene Seminarausbildung, so hatte Edith Stein festgestellt, ließ noch manche Lücke. Die Unterweisung in der Gegenwartspolitik z. B. kam zu kurz. So richtet Edith Stein eine private Weiterbildung ein, zu der sie die jungen Lehrerinnen nach Speyer in ihr Zimmer einlud. Dort saß man auf dem Fußboden – so berichtet eine von ihnen – und stellte Fragen, wälzte Probleme über schulische Schwierigkeiten und ließ sich von dem klugen und liebevollen «Fräulein Doktor» über wichtige Tagesereignisse unterrichten und darüber hinaus an Herz und Geist weiterbilden. Eines der Themen war eine Einführung in die Pädagogik Maria Montessoris (1870–1952), die den Lehrer dazu anleitet, die Selbsttätigkeit und freie Entfaltung der Persönlichkeit des Schülers zu unterstützen. Auch von Münster aus hat Edith Stein jungen Lehrkräften die Schriften dieser hochbegabten Erzieherin empfohlen, die ganz neue Gedanken in den Schulalltag einführten.

Schließlich läßt die Übersetzungsarbeit in ihr den Wunsch wach werden, sich wieder mehr der wissenschaftlichen Arbeit zu widmen. Erich Przywara ermutigt sie dazu, denn er traut ihr zu, «die ganze Tiefe der klassischen Scholastik mit dem heutigen Geistesleben zu konfrontieren»[13], wie es die Forschergruppe um Ehrle, Denifle, Bäumker und Grabmann anstrebte.

Es ist Edith Stein um diese Zeit klar, daß sie ihren Posten am Lehrerinnenseminar vorerst nicht aufgeben kann. Auch die klösterlichen Vorgesetzten in St. Magdalena schätzen sie nicht nur als Hilfe in ihren Lehranstalten, sondern auch als Gewinn für den Konvent, was die Klosterchronik ausdrücklich vermerkt. So hatte sich bald ein Kreis von Ordensfrauen um sie gesammelt, die bei ihr Weiterbildung erhalten, z. B. in Philosophie. Mehreren jungen Frauen aus dem Seminar, die sich auf den Ordenseintritt vorbereiten, gibt sie Lateinunterricht, unterstützt sie bei der Vorbereitung des Abiturs und in den ersten Studiensemestern. In der Pfalz war es damals noch nicht lange Vorschrift, ausschließlich akademisch vollausgebildete Lehrkräfte einzusetzen. So war es auch für die Ordensfrauen noch ungewohnt, viele Semester lang Universitäten besuchen zu müssen. Edith Stein hilft gern, wenn Anfangsschwierigkeiten auftreten, aber sie war niemals eigentliche Novizenmeisterin.

Edith Stein beantragt also eine Reduzierung ihres Deputats, und die Schulleitung, die sie als Lehrerin halten möchte, stimmt zu. Mit Beginn des Schuljahres 1925/26 verringert sich ihr Stundenpensum auf zehn Wochenstunden, so daß sie im Juli mit jener grundlegenden Arbeit beginnen kann, die Phänomenologie und Katholizismus zusammenführen soll, wie sie es bei Scheler vor Augen hatte.

Husserls und Schelers Phänomenologie hatten dazu die Grundlage gelegt. Durch die phänomenologische Wesensforschung «war eine abgewandelte Form ontologischen Fragens in die Philosophie zurückgekehrt und versprach besonders anfänglich eine über die Aufklärung hinausgehende neue Grundrichtung des Denkens, welche die gewohnten skeptischen Positionen selbst skeptisch befragte. ... In eigenartiger, kaum zu erwartender Weise hatte sich damit der Sonderstrang katholischen Philosophierens, deren international anerkannte Vordenkerschaft in der Husserlschule geleistet wurde, berührt. Dieser Berührung verdanken sich einerseits ausgreifende Deutungen des Thomas von Aquin. ... Andererseits war die Rückkehr der Philosophie zur Frage nach dem Sein außerordentlich fruchtbar.»[14] Diese Richtung des Philosophierens hat maßgeblich den Weg zum Zweiten Vatikanum gebahnt.

Sie schließt katholischerseits etwa so große Namen ein wie Erich Przywara, Karl Rahner, Max Müller, Gustav Siewerth, Bernhard Welte, Joseph Pieper, Jacques Maritain, Martin Grabmann u. v. a.; andererseits aber auch Nikolai Hartmann, Max Scheler und vor allem Martin Heidegger. Edith Stein hatte schon bald nach ihrer Konversion – als sie «gelegentlich mit scholastisch erzogenen Leuten» zusammenkam – als Manko der phänomenologischen Methode das Fehlen des präzisen, durchgebildeten Begriffsapparats erkannt» (XIV,149; 1.8.22).

Da die katholische Kirche seit 1879 die Philosophie Thomas von Aquins zur offiziellen Denkschule ihrer Theologie erhoben hatte, schwebte Edith Stein «eine Auseinandersetzung zwischen der traditionellen katholischen und der modernen Philosophie» (XIV, 159), d. h. der Phänomenologie, vor, – auch das Thomasjahr 1924 dürfte dabei eine Rolle gespielt haben. Dazu sollte einerseits die Phänomenologie mit kritischen Augen betrachtet werden, andererseits sollte nicht die katholische Schultheologie des «Neothomismus» den Ausgangspunkt bilden, sondern ein aus den «Quellen geschöpfter Thomas» anhand seines Hauptwerkes «De veritate» (Von der Wahrheit). Obwohl dieses Werk als Grundlagenwerk der katholischen Theologie galt, wurde es vor und nach Edith Stein niemals ins Deutsche übertragen, so daß Thomas nur einigen kundigen Spezialisten zugänglich war (und ist). Edith Stein schwebte «eine Übersetzung (die es noch nicht gibt) mit Noten oder eine Abhandlung über die thomistische Erkenntnislehre und Methodik, für sich oder im Vergleich mit der phänomenologischen» vor. Damit hatte sie 1925 das Arbeitspensum für mehr als ein Jahrzehnt formuliert. Als Einlösung dieses ehrgeizigen Programms entstanden: die zweibändige Übersetzung (mit Registerband) mit dem Titel «Des hl. Thomas von Aquino Untersuchungen über die Wahrheit» (1925–28; veröffentlicht 1932) sowie «Husserls Phänomenologie und die Philosophie des hl. Thomas von Aquino. Versuch einer Gegenüberstellung» (1929), außerdem das als neue Habilitationsschrift gedachte Werk «Potenz und Akt» (begonnen im Januar 1931, veröffentlicht 1998) und «Die weltanschauliche Bedeutung der Phänomenologie» sowie schließlich ihr aus der Umarbeitung von «Potenz und Akt» hervorgegangenes Hauptwerk «Endliches und ewiges Sein» (1935/36, veröffentlicht 1950 u. ö.).

Im Frühjahr 1926 richtete sie an den Bischof von Speyer, Dr. Ludwig Sebastian, das Gesuch, die Werke von Henri Bergson, David Hume, Immanuel Kant, John Locke und Baruch de Spinoza, die sie seit Jugend auf kannte, in ihrem Besitz behalten und zum Studium verwenden zu dürfen. Deren Lektüre war ja durch die katholische Kirche verboten, d. h., sie standen auf dem «Index». Bischof Dr. Sebastian beauftragte seinen Generalvikar Schwind, das Gesuch «für die Dauer der berichteten Verhältnisse» zu genehmigen.

Zunächst geht die Arbeit nur langsam voran. Es war ja für Edith Stein der Einstieg in eine ganz neue Materie. Außerdem war im Laufe der Jahre «der Kreis der Menschen, die ich als zu mir gehörig betrachte», gewaltig angewachsen, und «diese stete Verbundenheit mit allen, die das Leben mit mir zusammengeführt hat, ... macht einen wesentlichen Bestandteil meines Lebens aus» (IX,184; 13.9.25). Nach wie vor schreibt sie allwöchentlich ihren Familienbrief nach Hause; immer noch fragen die alten Gefährten sie um Rat und Hilfe. Sie korrigiert Ingardens Hauptwerk «Das literarische Kunstwerk», das den polnischen Phänomenologen auch in Deutschland bekannt machen sollte.

Schließlich beschränkt sie den Briefverkehr und auch die Besuche auf das Nötigste, um konzentriert arbeiten zu können. Ihre Schwester Rosa mußte ihr einmal mitteilen, daß die ganze Familie darunter leidet, wenn ihre Mutter einmal zwei Wochen keinen Brief von ihrer Jüngsten erhalten hat. In den großen Ferien verbringt sie hin und wieder einige Tage bei Jesuiten in einem Erholungshaus in der Nähe von Breslau (14. bis 22.8.1926), einmal auf dem Zobten, einmal in Trebnitz. Im übrigen sitzt sie nun auch in den Sommerferien am Schreibtisch, soweit sie sich nicht ihrer Mutter widmen muß.

Ab 1926 kommen die ersten Anfragen für Vorträge. Nicht alle konnte und wollte Edith Stein abschlagen. Für das Fortbildungsprogramm der bayerischen Lehrer und Lehrerinnen 1926 sagte sie für den Herbst einen Vortrag zu. Damit beginnt ihre öffentliche Wirksamkeit als Referentin. In den Jahren bis 1932 wird sie über dreißig Veranstaltungen in vielen Städten (u. a. in Aachen, Augsburg, Bendorf, Berlin, Essen, Heidelberg, Ludwigshafen, Münster, München, Paris, Salzburg, Speyer, Wien und Zürich) zu Themen der Pädagogik, Bildung und Schule, zu Frauenfragen und philosophischen Fragen halten. Diese Vorträge machen Edith Stein als katholische Laiin im deutschen Sprachraum bekannt. 1931/32 kann sie sich dadurch schließlich sogar ihren Lebensunterhalt finanzieren.

Edith Steins «Karriere» als Referentin beginnt mit dem Vortrag «Wahrheit und Klarheit», den sie auf Einladung des «Katholischen Lehrervereins Bayern» am 11. September 1926 in Speyer und am Tag darauf in Kaiserslautern gehalten hat.[15] 1927 entschloß sie sich, in Speyer auch Mitglied des «Vereins katholischer bayerischer Lehrerinnen» (später: deutscher Lehrerinnen) zu werden. Sie ist im Mitgliederverzeichnis des Kreisvereins Rheinpfalz unter dem Stichtag des 1. 5. 1927 als 230. Mitglied eingetragen.

Das Ziel der katholischen Erziehung ist für Edith Stein ein doppeltes: Katholische Bildung will, «daß der junge Mensch, der uns anvertraut ist, ein *wahrer* Mensch und *wahrhaft er* selbst wird» (XII,43). Jeder Mensch ist ein so oder so gearteter Mensch, d. h. eine einmalige Individualität (durch Vererbung, Erziehung, Umwelt etc.) und zugleich wesenhaft Mensch, dem es aufgegeben ist zu werden, was er sein kann, ohne im voraus zu wissen, wohin ihn sein Weg führt. Aber dieses Dunkel, in das hinein der Mensch sich entwirft, ist dadurch erhellt, daß er nach Erfüllung strebt. Wahres Menschsein bezieht die anderen auf dem Weg zu immer größerer Freiheit und Gerechtigkeit mit ein, denn derjenige ist am meisten Mensch, der, indem er sich verzehrt, zugleich anderen das Leben erhellt und sie mitnimmt. Wahres Menschsein in seinem Wesen wird für Edith Stein am sichtbarsten an der Güte und Menschenfreundlichkeit Jesu.

Aber dieses Menschsein des Menschen ist zugleich individuell ausgeprägt. Jeder verwirklicht nur einen Teil der Fülle des Menschseins: «Die Individualität als das Bild, das Gott selbst vom einzelnen Menschen in sich trägt, … gehört zu den Geheimnissen, die Gott sich selbst vorbehalten hat und die für keinen Menschen vollständig erkennbar sind. Kein Mensch kennt uns vollständig, wie wir sind, und wir selbst kennen uns auch nicht» (XII,43). Hier hat jede Erziehung ihre Grenzen, die sie respektieren muß. Die Individualität «ist ein letztes Geheimnis, das kein Mensch vollständig durchdringen kann. Es vollständig durchdringen wollen ist ein *sinnloses* Unterfangen. So ist die letzte Wahrheit über die Erziehung ... die Einsicht in die Grenzen, die unserer Erziehungsarbeit gesetzt sind» (XII,46). Daher, so resümiert sie im Spätherbst 1928 in ihrem Vortrag «Die Typen der Psychologie und ihre Bedeutung für die Pädagogik», sind «alle psychologischen Methoden nur schüchterne Versuche, ins Innere der Seele einzudringen – ihr Wesen (das allgemeine wie das individuelle) bleibt uns verhüllt» (XII,51). Im letzten kann eigentlich nur Gott den Menschen leiten, d. h. ihn zu jener sinnvollen und erfüllten Möglichkeit führen, die ihm möglich ist. Das Ziel der katholischen Erziehung ist daher erstens, im jeweiligen Menschen das freizusetzen, was er als er selbst sein kann, d.h. Wahrheit als «Übereinstimmung des Menschen mit dem, was er nach dem göttlichen Schöpfungsplan sein soll», und zweitens ein ganzheitlich ausgebildetes Menschsein, in dem Denken und Handeln übereinstimmen, d.h. Klarheit «als Übereinstimmung zwischen Theorie und Praxis» (XII,46).

Der Religionspädagogik der klösterlicher Bildungseinrichtungen schreibt sie daher 1929 in ihrem Vortrag «Die Mitwirkung der klösterlichen Bildungsanstalten an der religiösen Bildung der Jugend» (1929) ins Stammbuch, daß man das, was an Individualität und (Tauf-)Gnade im einzelnen da ist, nicht erzwingen könne, ja sie warnt in diesem Sinne vor Kontrollen und Überwachungen des Kirchenbesuchs oder gar des Sakramentenempfangs. Jugendliche sollten es vielmehr wie eine Selbstverständlichkeit spüren, woher ihren Erziehern und Erzieherinnen Kraft, Friede und Fröhlichkeit zuströmt, und von daher selbst den Geschmack am religiösen Leben finden.

Ihren Schülerinnen (v. a. der Abschlußklassen) zeigt Edith Stein diese individuellen Entwicklungsgänge, diese Suche nach Wahrheit und Sinn an den Sturm-und-Drang-Werken (z. B. «Hermann und Dorothea», «Wilhelm Tell», «Iphigenie», «Die Braut von Messina») sowie den frühen Gedichten Goethes und Schillers auf, an Entwicklungsromanen wie Goethes «Wilhelm Meister», dem «Maler Nolten» (Mörike), dem «Grünen Heinrich» (Keller), an

Shakespeares «Hamlet» oder «Julius Caesar», an Parzivals Entwicklungsgang, u.v.a. «Für den jungen Goethe, seinen Sturm und Drang, das Sprühende und Überbordende seiner Jugendjahre, zeigte sie hohes Verständnis und begeisterte ihre Schülerinnen für ihn und die Lyrik seiner frühen Jahre.»[16] Oder sie analysierte frauliche Identität – wie bereits in ihrem Studium – anhand literarischer Gestalten: von Sophokles' «Antigone» über Krimhild im «Nibelungenlied» und dem Frauenideal im «Waltharlied» bis zu «Maria Stuart», der «Jungfrau von Orleans», dem Gretchen im «Faust», der «Nora» von Ibsen, Sigrid Undsets «Ingunn» und andere Beispiele.

Bald nach den Sommerferien – im September 1926 – ergab sich auch ein erster persönlicher Kontakt zu Husserl. Dieser hatte Edith Stein zu Weihnachten 1925 nach längerer Zeit wieder einen ausführlichen Brief geschrieben, in dessen Folge auch der persönliche Kontakt erneuert wurde. Edith Stein fuhr Ende September (29.9. bis 1.10.1926) zu einem Besuch nach Freiburg. Danach riß der gegenseitige Kontakt bis zu Husserls Tod (1938) nicht mehr ab. Edith Stein hielt auch dann noch zu ihrem jüdischen Lehrer, als Martin Heidegger, den Husserl sich als Nachfolger auserkoren hatte, sich (ab 1933) aus Opportunismus von ihm distanzierte.

Aus dem persönlichen Gespräch, dem brieflichen Austausch und der Zusendung seiner neuesten Veröffentlichungen konnte Edith Stein sich ein Bild von der denkerischen Entwicklung Husserls machen. Aber sie erkannte auch die Tragik des alternden Phänomenologen, der sein Leben lang für sein Werk gearbeitet hatte: «Ich habe den Meister sehr ausführlich gesprochen, und er war äußerst gütig und herzlich von Anfang bis zum Ende. Er hat mir genau über seine Fortschritte in den letzten Jahren berichtet … und in der Tat, es hat sich alles bei ihm zu einer großartigen Einheit zusammengeschlossen, alle einzelnen Untersuchungen, die ich früher kannte, fügen sich hinein und haben darin ihren teleologischen Sinn. Aber – nun kommt das wirklich Tragische an der Sache – dieses Ganze lebt wohl in ihm und er kann in guten Stunden davon sprechen, doch ich bezweifle, daß er es je zu Papier bringen, geschweige denn in den Druck bringen wird, und er hat schlechterdings keinen Schüler, der ganz in seinem Sinne arbeitet» (XIV,171; 9.10.26).

Es kommt zu einem intensiven Austausch der jeweiligen philosophischen Positionen, der sich über mehrere Jahre hinziehen wird und dann in Edith Steins Auseinandersetzungen mit Husserls Phänomenologie (1929; 1931) mündet. Den Eindrücken des Besuchs und einer Dankeskarte zu Edith Steins Geburtstagsgrüßen meint Edith Stein im Frühsommer 1927 entnehmen zu können, «daß er es recht gern (hätte), wenn ich wieder zu ihm käme» (XIV,180). Auch die Karriere ihrer beiden Studienfreunde Hans Lipps und Roman Ingarden begleitet sie aufmerksam. Richard Courant, der Lipps in Göttingen unterstützte, forderte Edith Stein dazu auf, ihren Studienfreund zu drängen, endlich ein Buch zu veröffentlichen. Und sie kann Ingarden am 4.2.1927 mitteilen: «Nun soll es endlich werden. Er arbeitet an ‹Untersuchungen zur Phänomenologie der Erkenntnis›» (XIV,178), – und er sendet Edith Stein eigens ein Exemplar hiervon. Lipps wurde denn auch am 15. Februar 1928 außerordentlicher Professor für Philosophie an der Universität Göttingen, Ingarden war bereits seit 1925 habilitiert, und auch Fritz Kaufmann saß bereits an der Fertigstellung seiner Habilitationsschrift. Im Oktober 1926 hatte Edith Stein Ingarden mitgeteilt, daß Heideggers große Arbeit «Sein und Zeit», die «seinen prinzipiellen Standpunkt enthält»[17], gerade im Druck sei. Nach deren Veröffentlichung und dem sensationellen Echo wollte Ingarden sich vor Ort über die neueren Entwicklungen in der Phänomenologie kundig machen. 1927 erbot Edith Stein sich, ihm einen Weiterbildungsaufenthalt in Deutschland (mit)zu finanzieren: «Was meine ‹Zahlungsfähigkeit› betrifft, so würde ich vor 800–1000 Mark nicht erschrecken» (XIV,176). Als Ingarden dieses Geld als Darlehen verstanden wissen wollte, schreibt sie ihm zurück: «Was ich an andere abgebe, betrachte ich durchaus nicht als Geschenk, denn ich kann meiner ganzen Lebensauffassung nach das, was in meine Hände kommt, nicht als mein Eigentum ansehen, sondern nur als etwas, was ich sachgemäß zu verwalten habe.» Freilich lebte sie für ihre eigene Person äußerst bescheiden; dafür aber war sie großzügig in der Unterstützung anderer (XIV,176 u. a.). In St. Magdalena wußte man – trotz Edith Steins großer Verschwiegenheit –, daß sie zu den Festtagen ganze Pakete voller guter Dinge zu bedürftigen Familien brachte. Woher kannte sie deren Adressen?, fragte man sich. Vermutlich durch Andeutungen der Seelsorger, mit denen sie in Kontakt stand. So konnte sie auch ihren polnischen Freund Roman Ingarden finanziell unterstützen, und in diesem Zusammenhang beginnt ein mehrjähriger Dialog über Philosophie und Theologie, in dessen Verlauf Edith Stein auch noch einmal auf ihren eigenen Weg zu Gott zurückblickt.

Roman Ingarden suchte nach einer «endgültigen Begründung» des Wissens durch die Vernunft. Bereits bei der Korrektur seines Habilitationsvortrags «Über die Stellung der Erkenntnistheorie im System der Philosophie» (1925) hatte Edith Stein kritisch angemerkt: «S. 3 wird behauptet, das Subjekt der reinen Erkenntnislehre sei frei von empirischen Bedingungen. Das glaubt Ihnen so schlechthin kein Mensch (abgesehen von einigen Phänomenologen streng Husserlscher Observanz und Neukantianer, die gewohnt sind, transcendental zu denken). Auch sehr ernst zu nehmende Philosophen sehen es als unausweichliche Tatsache an, daß der Erkenntnistheoretiker ebenso wie jeder andere Mensch alle seine Akte unter den Bedingungen der menschlichen Natur vollzieht und davon so wenig los kann wie über seinen Schatten springen» (XIV,163; 28.9.1925). Daher kommt sie zu dem Schluß: «Da muß ich nun sagen, daß ich bei aller Bewunderung für die Konsequenz, mit der die Idee dieser absoluten Disziplin entwickelt u. die Stringenz, mit der die Forderung danach gestellt wird, doch hinter ihre tatsächliche Absolutheit und Freiheit von allem Dogmatismus ein dickes Fragezeichen setze. D. h. ich konzidiere durchaus die Unabhängigkeit ... von jeder Wissenschaft und ebenso die Funktion, die sie *für* alle anderen Wissenschaften hat. Aber ich bestreite ihr die Fähigkeit, sich selbst noch *wissenschaftlich* zu begründen. Sie beginnt mit einer Setzung, einer Setzung d. Erkenntnis, wie mir scheint, *sowohl* als *Faktum* wie als *Idee.* Es will mir bedünken, daß dieser Akt *vor* aller Wissenschaft liegt und *Glaubensakt* ist und von keiner höheren Valenz, wenn er Glaube an die eigene Tragfähigkeit u. wenn er Glaube an die veracitas Dei ist» (XIV,164).

Eine kritische Metaphysik, wie sie Edith Stein vorschwebt, darf daher gerade ihre Voraussetzungen nicht verschweigen, sondern muß sie selber noch einmal sichtbar machen und als Möglichkeiten eines personalen Lebens, als eine Einheit von Theorie und Praxis auf ihre Gültigkeit hin überprüfen. «Daß ich Ihnen meinen Weg *nicht* in der Meinung zu schildern suchte, es sei *der* Weg, war wohl deutlich» (XIV,187). Für Edith Stein gibt es nicht nur einen einzigen, sondern mehrere Wege zum Sinn des Seins. Im Rückblick räumt sie allerdings ein, daß bei ihrem eigenen Weg zu Gott den Außenstehenden die den Glauben stets begleitende reflektierende Vernunft zu wenig sichtbar geworden sei: «Vielleicht habe ich bei der Darstellung meines Weges das Intellektuelle zu schlecht wegkommen lassen. In der jahrelangen Vorbereitungszeit hat es sicher stark mitgewirkt. Doch bewußtermaßen entscheidend war das reale Geschehen, nicht ‹Gefühl›, Hand in Hand mit dem konkreten Bild echten Christentums in sprechenden Zeugnissen (Augustin, Franziskus, Teresa)» (XIV,188). Hier geht es also um eine Ganzheit von Zusammenhängen, die sich zu einer neuen Erfahrung verdichtet hat, der die Vernunft dann nachdenkt. «Wie aber soll ich Ihnen in ein paar Worten ein Bild jenes ‹realen Geschehens› schildern?» Wie kann man dem, der eine solche Erfahrung nicht gemacht hat, diese Erfahrung zugänglich machen? Zunächst indem man diese Erfahrung selbst zu Wort bringt und auf die Gefahr hin, daß der andere sie nicht versteht, seinem Urteil aussetzt. «Es ist eine unendliche Welt, die sich ganz neu auftut, wenn man einmal anfängt, statt nach außen nach innen zu leben. Alle Realitäten, mit denen man vorher zu tun hatte, werden transparent, und die eigentlich tragenden Kräfte werden spürbar. Wie belanglos erscheinen die Konflikte, mit denen man vorher zu tun hatte! Und welche Fülle des Lebens mit Leiden und Seligkeiten, wie sie die irdische Welt nicht kennt und nicht begreifen kann, faßt ein einziger, nach außen fast ereignisloser Tag eines gänzlich unscheinbaren Menschendaseins!» (XIV,188; 8.11.27).

Da wir als endliche Menschen niemals den Überblick über das Ganze des Lebens und der Geschichte, in der wir stehen, haben werden, d.h. nicht an Gottes Stelle stehen können, wird «von uns verlangt: uns zu entscheiden ohne einen Garantieschein. Das ist das große Wagnis des Glaubens. Der Weg geht vom Glauben zum Schauen, nicht umgekehrt» (XIV 190; 20.11.27).

In den Sommerferien bereitet sich Edith Stein durch die Lektüre vom Heideggers «Sein und Zeit» auf die gemeinsamen Diskussionen im Bad Bergzaberner Kreis vor, wo nicht nur Ingarden, sondern auch Hering und Koyré erwartet werden.

Kurz vor der Ankunft Ingardens im Oktober starb Edith Steins Freund und Ratgeber Generalvikar Schwind (17.9.1929). Sein Tod ging ihr ähnlich nahe wie der Tod Reinachs. In einem Nachruf über ihn schreibt sie: «Seine Seelenführung war ruhig, sicher und besonnen, auf weise Menschenkenntnis und die Erfahrung jahrzehntelanger Seelsorgearbeit gestützt, doch zugleich voller Ehrfurcht vor dem Wirken Gottes in der Seele und darin ebenso zart wie kühn: wo er ein Herz fand, das dem Zuge der Gnade folgte, da ließ er es gewähren, ohne einzugreifen, und zeigte ein Vertrauen ohne Grenzen.»

Nun sah sie sich nach einem neuen geistlichen Begleiter um. Erich Przywara riet ihr, es mit Beuron und dessen jungen Abt zu versuchen. Zu Ostern 1928 meldete sie sich zu Privatexerzitien bei dem begabten und hochgebildeten Erzabt Dr. Dr. Raphael Walzer (1888–1966), der seit 1918 die Beuroner Kongregation (u.a. Maria Laach) leitete. Bis zu ihrem Eintritt in den Karmel (Oktober 1933) hat Edith Stein sich fünfzehnmal (vor allem zu Ostern und Weihnachten) in Beuron aufgehalten. Mehr als 300 Mönche lebten damals dort. Viele Laienbrüder gehörten zum Konvent und unterhielten nicht nur eine große Landwirtschaft, die die Ernährung des Hauses sicherte, sondern auch Werkstätten aller Art. Unter Erzabt Walzer war Beuron damals ein geistliches Zentrum, dessen Impulse weit über den deutschsprachigen Raum bis nach Belgien,

Japan und in die USA ausstrahlten. In dieses Beuron der zwanziger Jahre kamen so bekannte Persönlichkeiten wie Max Scheler, Martin Heidegger und Romano Guardini. Das Kloster hatte eine eigene theologisch-philosophische Hochschule. Das «Vetus-Latina-Institut» hatte Weltruf in der Erforschung der lateinischen Bibel und ihrer Versionen, die «Beuroner Kunstschule» wollte den romantischen Naturalismus der christlichen Kunst überwinden und zum Denken anregen. Besonders berühmt aber war Beuron durch seinen Beitrag zur Erneuerung der Liturgie. Neben Solesmes und Maria Laach war es ein Zentrum der liturgischen Erneuerungsbewegung, die die aktive Teilnahme der Laien am (lateinischen Priester-)Gottesdienst forderte und so die Liturgiereform des Zweiten Vatikanischen Konzils vorbereitet hat.[18] Anselm Schott gab ein Meßbuch in deutscher Sprache heraus, mit dessen Hilfe auch die Laien dem Gottesdienst folgen, die Gebete und Lesungen sowie den geistlichen Weg der Liturgie innerlich und äußerlich mitvollziehen konnten. Im Speyrer Schülergottesdienst wurde auf Anregung Edith Steins davon Gebrauch gemacht. Wenn in den weiten Räumen der Beuroner Abteikirche die Psalmen des Gregorianischen Chorals zum Lob des unnennbaren göttlichen Geheimnisses erklangen, dann konnte man im Widerhall der Stimmen, deren Klang nach oben tönte, etwas von der lebendigen Fülle des himmlischen Jerusalem erahnen. Die betende und singende Kirche («ecclesia orans») wurde zu einem Gleichnis jener alles umfassenden und versöhnenden Zukunft, auf die der Glaube und die tastenden Worte der Theologie zielen («lex credendi, lex orandi»), zu einem mystischen Leib, einem «Himmel auf Erden», wie Edith Stein 1928 an Ingarden schrieb. Ihre Ausführungen zur eucharistischen Erziehung müssen auf diesem Hintergrund gelesen werden. Aber dieses Gotteslob, mit den ihr aus dem Judentum vertrauten Psalmen, war eben nur ein Gleichnis der idealen Kirche, auf das hin der dahinter zurückbleibende Alltag sich ausrichten sollte und von dem her er die Kraft zur Veränderung bekommen sollte. Bald schon fielen Edith Stein die zahlreichen Laienbrüder auf, die am Chorgebet nicht teilnehmen konnten. Sie riet deshalb dem Erzabt, auch diesen Mönchen Latein- und Gesangsunterricht erteilen zu lassen, um sie in das große Chorgebet einzubeziehen, soweit sie das selbst wünschten. Edith Stein schien es unvorstellbar, in einer Benediktinerabtei zu leben, ohne am vollen Reichtum der Liturgie mit dem Gregorianischen Choral teilnehmen zu können. Mit ihrem Vorschlag hat sie die Tradition richtig getroffen und zugleich der Zukunft vorgegriffen: Zwei getrennte Gruppen von Mönchen waren ja nicht im ursprünglichen Sinne des hl. Benedikt; doch erst das Zweite Vatikanische Konzil hat hier eine Veränderung im Sinne Edith Steins herbeigeführt.

Ab Ostern 1928 hat Edith Stein, soweit es noch feststellbar ist, immer wieder, zumal in der Karwoche, an den Osterfeiertagen und zu anderen hohen Festen in der Abtei Beuron die Liturgie mitgefeiert. Nach Beuron zog sie neben der feierlichen Liturgie auch die dortige aus Lindenholz geschnitzte Pietà (oberschwäbisch, um 1440) als Bild der Schlichtheit Marias, die sich für ihren Sohn transparent gemacht hat. Auch den Benediktinernovizen entging die fremde Dame, die – unweigerlich in der ersten Bank – schon vor aller Morgenfrühe dem Chorgebet beiwohnte, auf Dauer nicht. Sie nannten sie «Matutina», was Edith Stein aber wohl nie erfahren hat. Während ihrer Besuche in Beuron wohnte sie in der Gästepension der Familie Mayer hinter der berühmten Holzbrücke, die dort die junge Donau überquert. Das Gästebuch der Familie, das sich heute im Edith-Stein-Archiv des Kölner Karmels befindet, läßt erkennen, daß Edith Stein in Beuron nur selten anderswo gewohnt hat. Sie hat Beuron auch immer wieder ihren Freunden und Schülerinnen zum Gastaufenthalt empfohlen, war ihr doch diese Abtei zu einem Ort der Einkehr für Herz und Geist geworden.

In Raphael Walzer und Edith Stein trafen sich zwei innerlich verwandte Menschen. Walzer, der jahrelange geistliche Begleiter Edith Steins, sah in ihr nicht in erster Linie das Vordergründige: die Beterin, die stundenlang im Gebet und Schweigen verharren konnte, die sich früh von der Tafel zurückzog usw. Das war ja auch für Edith Stein nur ein Teil des für sie selbstverständlich gelebten Erbes der jüdischen Frömmigkeit ihrer Mutter. Erzabt Walzer erfaßte auch ihre innere Persönlichkeit: «Selten habe ich eine Seele getroffen, die so viele und hohe Eigenschaften in einem Geist vereinigt hatte. Dabei war sie die Einfachheit und Natürlichkeit in Person. Sie war ganz Frau geblieben, mit zartem, ja mütterlichem Empfinden, ohne irgend jemand bemuttern zu wollen. Mystisch begnadet, im wahren Sinne des Wortes, hat sie nicht den Schein des Gesuchten und Überlegenen an sich getragen. Sie war schlicht mit einfachen Menschen, gelehrt mit Gelehrten, ohne alle Überhebung, mit Suchenden eine Suchende, beinahe möchte ich sagen, mit Sündern eine Sünderin» (ESTA; G I 19 W). Er erkennt in ihr «eine der größten Frauen unserer Zeit». Daher rät er ihr, nicht länger nur für die Schule zu arbeiten und zu übersetzen, sondern mit ihrer Begabung in die Suche jener Zeit einzugreifen. Daher solle sie sich, nicht nur mit Rücksicht auf ihre Mutter, keinesfalls in ein monastisches Leben zurückziehen. Allmählich hatte sich ja für Edith Stein im katholischen Leben ein neues und großes Aufgabenfeld eröffnet. Dabei ist das oft genannte (und berüchtigte) katholische Bildungsdefizit zu bedenken. Eine akademisch gebildete Laiin wie Edith Stein konnte in dieser Situation den Wandel im katholischen Denken nicht nur dozieren, sondern zugleich glaubwürdig vorleben. «Er spornte sie an, keine Möglichkeit der öffentlichen Wirksamkeit auszulassen. So mehren sich ihre Vortragsreisen und Veröffentlichungen.»[19]

Gleich nach ihrem Aufenthalt in Beuron hielt Edith Stein im April 1928 in Ludwigshafen – im Vereinshaus der I. G. Farbenindustrie, Rupprechtstraße 47 – bei der 15. Hauptversammlung des «Vereins katholischer bayerischer Lehrerinnen», dessen prominentes Mitglied sie war, ihren ersten Vortrag über ein Frauenthema.[20] Als die Studentin Edith Stein für die Frauenrechte gekämpft hatte, war die rechtliche Gleichstellung von Frauen und Männern noch nicht verwirklicht gewesen. Als sie 1919 im preußischen Kulturministerium für die Frauen auch die Gleichstellung im Bereich der Universität anmahnte und durchsetzte, tat sie dies bereits auf dem Boden der damaligen Verfassung. Mittlerweile stand daher nicht mehr, wie noch zu Edith Steins Studentinnenzeit, die Forderung nach gleichen Rechten im Vordergrund, sondern deren Durchsetzung im praktischen Alltag. Und es mußte nun verstärkt nach dem Selbstverständnis von Frauen gefragt werden. Auch konnte die Frage aufgeworfen werden, ob der Mensch mehr durch die Biologie (d. h. seine Naturanlagen) oder durch die Kultur (Umwelt, Erziehung, Politik u.v.a.) bestimmt wird. Edith Stein nahm diese Fragestellungen in ihrem Vortrag über den «Eigenwert der Frau in seiner Bedeutung für das Leben des Volkes» für katholische Lehrerinnen auf. Bereits dieser erste Versuch läßt die Umrisse ihrer späteren Vorträge zu Frauenthemen (1930–32) erkennen, durch die sie dann einer breiten Öffentlichkeit bekannt wird.

Edith Stein geht von dem Gedanken aus, daß der im Thema genannte Eigen*wert* der Frau eine Eigen*art* voraussetzt. Zu dieser Eigenart gehört es, daß die Frau besonders veranlagt und begabt ist für das Persönliche, im Unterschied zur eher auf Sachgebiete eingestellten Begabung des Mannes. Der Frau eignet, so Edith Stein, ein natürlicher Drang zu Ganzheit und Geschlossenheit. Sie möchte selbst ein ganzer Mensch werden, voll und allseitig entfaltet, und dazu will sie auch anderen verhelfen. Diese Eigenart ist, als naturhafte Anlage, zunächst noch kein Wert, sondern birgt auch Gefahren. Edith Stein nennt als solche das geltungssüchtige Kreisen um die eigene Person und das übersteigerte, ungezügelte Interesse an anderen Menschen. Um aus den Anlagen einen gesellschaftlich und menschlich bedeutsamen Eigenwert zu gestalten, (d. h. den weiblichen Stil der «Mütterlichkeit» im weitesten Sinne, der auch die kinderlose, unverheiratete Frau – bei Edith Stein oft die Gestalt der «Jungfrau» als mater-virgo – meint), rät Edith Stein jeder Frau, ganz unabhängig von wirtschaftlicher Notwendigkeit, zu gründlicher und sachlicher Arbeit, um so die eigene Wesensgestalt in den geschichtlich vorgegebenen Möglichkeiten zu entwickeln. Schon deswegen sollte ausnahmslos jedes Mädchen eine Berufsausbildung und danach eine erfüllende berufliche Tätigkeit suchen: «Es gibt keinen günstigeren Nährboden für die Entartung der weiblichen Eigenart und für ihre krankhafte Steigerung, als das Leben der ‹höheren Tochter› alten Stils und das der unbeschäftigten Frau der begüterten Kreise» (V,210). Für Frauen hält sie – zeittypisch – vor allem Berufe wie Ärztin, Lehrerin usw. für geeignet, um die weibliche Eigenart zu entfalten. Und im Zuge der Ausbildung der individuellen geschichtlichen Möglichkeiten ist dann auch eine Weiterentwicklung denkbar, die den Rahmen dessen, was sich unter den jeweils herrschenden geschichtlichen Bedingungen an weiblicher Eigenart zeigen kann, sprengt und erweitert. Sie schließt ihr Referat mit einem Ausblick auf das Menschentum des Menschen, in dem Frauen und Männer erst zu ihrer Erfüllung gelangen. Das eine, unübertroffene Bild konkreten Menschentums, in dem weibliche und männliche Züge zu «wahrem Menschentum» integriert sind, ist für Edith Stein Jesus Christus. Sich selbst in dieses Bild umzugestalten und anderen dazu zu verhelfen, hält sie für den besten Beitrag der Frau zum gesamten sozialen Leben.

Das Echo auf diesen Vortrag war, soweit erkennbar, positiv. «Frl. Dr. Stein sprach schlicht und klar, hatte ihre Ausführungen streng logisch aufgebaut und fand deshalb ungeteilte Aufmerksamkeit», hieß es im Presseorgan des Lehrerinnenvereins.

Als Edith Stein in St. Magdalena mit ihrer Tätigkeit begann, herrschte aufgrund eines Ministerialentscheids für Lehramtskandidatinnen ein Numerus clausus, so daß zunächst die Zahl der Seminaristinnen nur 80 betrug, die sich auf sechs Klassen verteilten. 1928 fielen diese Beschränkungen, und die Zahl der Schülerinnen stieg rasch an. Das hat wohl später auch zu Edith Steins Entschluß beigetragen, den Schuldienst wieder aufzugeben, denn es bedeutete gerade im Deutschunterricht – bei den zahlreichen Aufsätzen, die der Lehrplan vorsah – eine erhebliche Mehrbelastung. Den Rest des Jahres widmete Edith Stein neben der Schule vor allem ihrer Arbeit über Husserl und Thomas von Aquin sowie ihrer Thomasübersetzung: «Ich habe ... die ganzen Ferien in Breslau an meinem Schreibtisch verbracht und meinen Angehörigen viel weniger Zeit gewidmet als sonst» (XIV,197, 1.11.28). Bis Allerheiligen war dann aber auch ein Großteil ihrer Thomas-Übersetzung geschafft.

Vom 5. bis 7. Oktober 1928 feierte das Kloster sein siebenhundertjähriges Bestehen. Zu den Festlichkeiten war als päpstlicher Legat der damalige Nuntius Kardinal Eugenio Pacelli, der spätere Papst Pius XII., entsandt worden. Die Schülerinnen empfingen ihn im Klosterhof, und Edith Stein wurde dazu bestimmt, ihn als Vertreterin des Lehrerkollegiums zu begrüßen.

Das Jahr 1929, das die großen wirtschaftlichen Umwälzungen einleitete, in deren Gefolge es zu einer Radikalisierung der politischen Kräfte und schließlich zur Machtergreifung Hitlers kam, begann für Edith Stein mit dem bereits erwähnten Vortrag über «Die Typen der Psychologie und ihre Bedeutung für die Pädagogik», den sie vor bayerischen Junglehrerinnen gehalten hat.[21]

Im April feierte Edith Stein mit Husserl und vielen seiner ehemaligen Schüler in Freiburg dessen siebzigsten Geburtstag. Zur Festschrift, die ihm sein Schülerkreis widmete, steuerte sie den Artikel «Husserls Phänomenologie und die Philosophie des hl. Thomas von Aquino. Versuch einer Gegenüberstellung» bei. Ursprünglich – im Stil der jüngsten mündlichen Unterhaltungen von Edith Stein und Edmund Husserl – als offenes Gespräch zwischen Husserl und Thomas gedacht, mußte sie diesen Dialog jedoch auf Drängen Martin Heideggers in einen «neutralen» Artikel umarbeiten.

Bereits ihre in den letzten drei Jahren mit Husserl mündlich und schriftlich geführten Gespräche über die letzten Grundlagen der Erkenntnis hatten Edith Stein gezeigt, daß dessen philosophische Position eine auf absolute Vernunftbegründung setzende Lebenseinstellung implizierte, der man nicht unbedingt folgen mußte. «Es scheint mir», schreibt sie, «daß diese Frage überhaupt nicht auf philosophischem Wege entscheidbar ist, sondern immer schon entschieden ist, wenn jemand anfängt zu philosophieren. Und weil hier eine letzte persönliche Einstellung mitspricht, ist es auch bei Husserl verständlich, daß dieser Punkt für ihn indiskutabel bleibt» (XIV,184). Merkwürdigerweise klammert Husserl, der ihr gegenüber so oft davon spricht, daß er seine Arbeit im Wettlauf mit dem Tod voranbringen müsse, den Tod als philosophisches Problem aus. In ihrem Artikel zeigt sie der philosophisch interessierten Öffentlichkeit, wo ihre und Husserls Wege auseinandergehen: zum einen in der Auffassung von Wahrheit als dem Ausgangspunkt des Philosophierens, zum anderen in der Frage nach der Gewißheit der Erkenntnis.

In Husserls Phänomenologie nähert sich die unendliche, natürliche Vernunft auf einem unendlichen Weg der vollen, ihr den Weg weisenden Wahrheit. «Aber das hält nur ein fanatischer Rationalist u. Intellektualist bis an sein Lebensende aus» (XIV,175). Als täglich handelnde Menschen klammern wir die Sinnfrage nicht aus, bis wir sie vielleicht eines Tages wissenschaftlich befriedigend gelöst haben oder nicht, sondern wir handeln immer schon auf Sinn hin. «Das ist wohl der Grund, warum man heute wieder nach seinen [Thomas von Aquins] Schriften greift. Es ist eine Zeit, die sich mit methodischen Erwägungen nicht mehr zufriedengibt. Die Menschen sind haltlos und suchen nach einem Halt. Sie wollen greifbare, inhaltliche Wahrheit, die sich im Leben bewährt, sie wollen eine ‹Lebensphilosophie›. Das finden sie bei Thomas. Er folgte nur dem Gesetz der Wahrheit. Ihre Früchte trägt sie von selbst» (HT 322). Thomas geht davon aus: Es *ist* Wahrheit, auch wenn nur die göttliche Erkenntnis alle Wahrheit umfaßt. Er sieht alles Denken in den Horizont des Seins einbezogen, dessen Urgrund Gott ist. Sein in seinem Sinne ist nicht Gegenüber-Sein, sondern Bezogensein, im letzten auf den ersten unnennbaren Urgrund des Seins, dem sich nur der Glaube nähern kann. Daher kann Edith Stein – mit Thomas – von einer formalen und materialen Abhängigkeit der Philosophie vom Glauben reden. Husserl nimmt die Immanenz des Bewußtseins als «absoluten» Ausgangspunkt; für Thomas ist es, wie gesagt, der Glaube. Dessen Gewißheit verbürgt sich selbst und wird sichtbar im Gehen des Weges (als Zeugnis). Die Phänomenologie dagegen will sich als Wesenswissenschaft etablieren und zeigen, wie sich für ein Bewußtsein dank seinen geistigen Funktionen eine Welt und evtl.

verschiedene mögliche Welten aufbauen. «Wenn er [Thomas] sie [die ersten Prinzipien] als ‹angeboren› bezeichnet, so will er damit natürlich nicht sagen, daß der Mensch sie von Beginn seines Lebens an aktuell erkenne, aber er ist im Besitz dieser Erkenntnis ... und sobald der Verstand in Aktion tritt, vollzieht er seine Akte kraft der Gewißheit dieser Wahrheit, und es besteht jederzeit die Möglichkeit, den Blick darauf zu richten und sie aktuell einzusehen. ... Der Vorzug der unmittelbaren Erkenntnis ist, daß sie irrtumsfrei und unverlierbar ist» (HT 332). «Nota bene», notiert sich Husserl zu dieser Stelle an den Rand seines Handexemplars. Kritisch dürfte er jenen Ausführungen gegenübergestanden haben, wo Edith Stein meint, der Glaube erschließe einen Weg von Wahrheiten, die auf dem Boden der reinen Ratio verschlossen bleiben. Wie aber soll das dem Vernunftphilosophen jemals einsichtig werden?

Die Synthese zwischen Thomismus und Phänomenologie, wie Edith Stein sie betreibt, so schreibt Husserl in seinem Gutachten zu einem neuerlichen Habilitationsversuch, «ist nicht ganz in meinem Sinn» (4.11.1930). Edith Stein antwortet in einem «Exkurs über den transzendentalen Idealismus» in ihrer Habilitationsschrift «Potenz und Akt» (1931): Nach Husserl sei «das geistige Subjekt auf höherer Stufe eine intersubjektive, in Wechselverständigung stehende Gemeinschaft von ‹Monaden›» (PA 378). Wenn man Husserl folgt, «erscheint alles geistige Leben – und d. h. alles Sein, da das geistige Leben das einzige absolute Sein ist – in ein sinnloses Spiel aufgelöst» (PA 379). Dazu gibt es aber für Edith Stein eine überzeugendere Alternative, und zwar gerade dann, wenn man der Husserlschen Phänomenologie treu bleibt.

Warum ist das so? Edith Stein gibt folgenden Grund an: «Den Charakter des unbedingten oder ersten Seins hat die Monade nicht. Das wache Ich findet sich ‹im Dasein› und sein Dasein ist als Tatsache von ihm unablösbar, obwohl es die Möglichkeit seines Nichtseins denken kann» (PA 392). Unschwer ist hier der Einfluß Martin Heideggers zu erkennen. Husserl sieht nicht, daß das transzendentale Ego – als Zeitlichkeit – selbst ins Sein und in den

Wandel der Welt mit einbegriffen ist und daß es in einen Ursprung zurückreicht (Geburt) und in ein Ziel vorläuft (Tod), die es nicht mehr erhellen kann. Daraus folgert Edith Stein – anders als Heidegger –: «So transzendiert das Ich sich selbst in der Richtung auf etwas, worin es selbst den Grund seines Seins hat (also eine der des transzendentalen Idealismus entgegengesetzte Transzendenz)» (PA 391).

Husserl erwidert in einem Brief vom 17. (bis 31.) Juli 1931: «Ich glaube nicht mehr, daß sie das ‹große Hindernis› des sogenannten ‹transzendentalen Idealismus› überwinden werden. ... Aber so merkwürdig sind die Sachen, daß auch, wer zwischen transcendentaler Phänomenologie und phänomenologischer Psychologie nicht scheidet und die Wege einer universalen Ontologie ... geht (dieser eine eidetische Psychologie einordnend), wertvollste Arbeit leisten kann, die ich meiner transzendentalen Phänomenologie einzuordnen vermag.» In der Sache einigt man sich also nicht, aber man hält sich die Treue. Versöhnlich klingt der folgende Satz Husserls: «Vor allem, an meinen alten Freunden halte ich fest und habe wärmstes Interesse für ihr Wirken und ihre Geschichte.»

Vom Verlauf des restlichen Jahres 1929 gibt ein Brief Edith Steins an Ingarden eine Vorstellung: «... am 15. VII. beginnen meine Ferien. Ich habe die Absicht, noch am selben Tag nach Würzburg zu fahren, wo 2 unserer Schwestern studieren, und von dort weiter nach Breslau. Vom 18. VII. bis etwa 25. VIII. werde ich dort sein, dann einige Tage in München (wo ich einen Vortrag zu halten habe). Bis 1. IX. sicher wieder hier [in Speyer]. Die Zeit in Breslau ist, soweit sie nicht von persönlichen Verpflichtungen ausgefüllt wird, in erster Linie für den hl. Thomas bestimmt. Ich ... will nun alles daran setzen, ihn in den Ferien druckfertig zu machen» (XIV,200; 11.7.29).

In München hielt Edith Stein auf Einladung der «Arbeitsgemeinschaft für Klostervorsteherinnen und klösterliche Schulleiterinnen» den Vortrag «Die Mitwirkung der klösterlichen Anstalten an der religiösen Bildung der Jugend».[22] Diese Institution bestand seit 1916 mit der Absicht, die Ordensfrauen über die veränderten Zeitverhältnisse zu informieren und sie rechtzeitig auf ihr Erziehungswerk nach dem Kriege vorzubereiten.

Nach den wenigen Beispielen, die schon besprochen wurden, können wir erahnen, was Edith Stein ihren klösterlichen Zuhörern und Zuhörerinnen zu sagen hatte: Die katholische Bildung in den von Orden geleiteten Schulen und Internaten habe reichlich Mittel zur Verfügung, um dem jungen Menschen zu helfen, seinen jeweils eigenen Weg zu Gott zu finden und ihn zu menschlicher Reife zu führen. Zu den Bildungsmitteln zählt Edith Stein selbstverständlich an erster Stelle neben einer gründlichen dogmatischen Unterweisung die eucharistische und liturgische Erziehung, die allerdings das geistliche Leben des Erziehers voraussetzt, das – ohne Worte – werbend und begeisternd auf die jungen Menschen in ihrem Hause wirken kann. Wäre sie Schulleiterin, so würde sie Ausflüge oder Wanderungen nicht so planen, daß der Besuch der hl. Messe ausfiele – eher dann für solche Unternehmungen zwei oder drei Tage einsetzen. Denn die ihnen anvertrauten Kinder müßten am Leben der Erzieher(innen) herausspüren können, wo für sie die Mitte des Lebens liegt.

Edith Stein ergreift aber auch sofort die Gelegenheit, vor Kontrollen und Überwachungen des Kirchenbesuchs oder gar des Sakramentenempfangs der Schüler ernst zu warnen. Nein, die Kinder sollten es wie eine Selbstverständlichkeit spüren, woher ihren Erziehern und Erzieherinnen Kraft, Friede und Fröhlichkeit zuströmt. In diesem Zusammenhang solle man auch das Beten in den Klöstern den Jugendlichen, wenn sie dies wollten, zugänglich machen. Gerade das Chorgebet aber spielt sich in vielen Frauenklöstern völlig unter Ausschluß der im Hause lebenden jungen Menschen ab.

Adelgundis Jaegerschmid OSB in St. Lioba (Günterstal bei Freiburg), die von Edith Stein ein Exemplar des Vortags erhalten hat, kritisiert, daß die Kirchengeschichte zu wenig berücksichtigt sei. Edith Stein antwortet darauf: «Ihre Kritik möchte ich nicht nur unterschreiben – ich möchte sagen: die Kirchengeschichte ist nicht mager, sondern überhaupt nicht behandelt, sondern es ist nur darauf hingewiesen, daß auch sie zu behandeln wäre. ... Eine Unterschätzung der Kirchengeschichte liegt mir durchaus fern; ich habe seit Jahren den lebhaften Wunsch, mich damit zu beschäftigen. ... Es kommt ja alles zu seiner Zeit» (VIII,58; 26.1.30). Adelgundis Jaegerschmid war Historikerin; daher fordert Edith Stein sie zum Schluß auf, selbst «eine willkommene Ergänzung» zu dem Vortrag zu verfassen.

Anfang September greift Edith Stein mit ihrem Artikel «Zum Kampf um den katholischen Lehrer»[23] «aus Gefälligkeit» in eine heftig geführte Debatte über die Frage ein, ob die evangelischen und katholischen Lehrer zusammenarbeiten sollten. Der Kapuziner P. Ingbert Naab witterte schwere Gefahren, wenn katholische Lehrer sich einem gemischtkonfessionellen Verein anschlossen. Sein Kontrahent Dr. Adelmann war hingegen der Meinung, daß die besonderen Aufgaben des deutschen Katholizismus nicht durch Absonderung der Katholiken, sondern durch gemeinsames Arbeiten über alle Glaubensspaltung hinweg am besten zu meistern seien. Edith Stein antwortet in ihrem besonnenen Artikel: «Seit vier Jahrhunderten ist der größere Teil des deutschen Volkes von der Kirche getrennt. Seit vier Jahrhunderten hat dieser abgetrennte Teil die Führung des deutschen Geisteslebens übernommen. Seit vier Jahrhunderten stehen die deutschen Katholiken vor der Frage: Sollen wir uns aus der Kirche herausziehen oder aus der deutschen Volksgemeinschaft herausdrängen lassen oder gibt es für uns eine Möglichkeit, beiden zugleich anzugehören? ... Wenn wir Glieder der Kirche und zugleich Glieder des deutschen Volkskörpers sind, so ist ... dadurch ein Doppeltes gefordert: einmal ... daß wir wirklich als Glieder des deutschen Volkes leben müssen, uns nicht von ihm absondern dürfen. Auf der anderen Seite aber ..., daß wir als lebendige Glieder der Kirche leben müssen.» Nach Edith Steins Überzeugung bedarf es zur Lösung der speziell katholischen Erziehungsaufgaben einer katholischen Pädagogik. Und das ist die Aufgabe der katholischen Berufsverbände, wobei sie zugleich einräumt: «Es können sehr wohl die konfessionell getrennten Organisationen sich zu gemeinsamen Veranstaltungen zusammentun» (XII,85 ff.).

An den Börsen kletterten inzwischen die Kurse ins Uferlose. Der allgemeine Glaube an eine Wunderwirkung des Kapitalismus und an schnellen Reichtum gab den Anstoß zu einer Spekulation größten Ausmaßes. Aktien wurden ausgegeben, die um das Vielfache überzeichnet waren. Im Oktober und November brach diese Spekulation in mehreren Wellen zusammen. An der New Yorker Wallstreet, der Weltleitbörse, verloren manche Aktien bis zu 90 Prozent ihres Wertes. Immer mehr Fabriken mußten daraufhin die Arbeit einstellen. Es kam zu Massenentlassungen, zunächst in den USA. Viele konnten die Kredite, mit denen sie ihren Wohlstand finanziert hatten, nicht zurückzahlen. Daraufhin brachen über ein Drittel der Banken zusammen. Rasch holte man das kurzfristig ans Ausland – vor allem an Deutschland – verliehene Geld zurück. Das war für Deutschland der Beginn jener schweren Wirtschaftskrise, in deren Folge Hitler an die Macht kommen sollte.

Das Jahr 1930 brachte für Edith Stein eine noch dichtere Folge von Verpflichtungen neben dem Schulalltag. In der Osterwoche (am 24. April) hielt sie in Nürnberg auf der Hauptversammlung des «Vereins der katholischen Lehrerinnen» den Vortrag «Theoretische Grundlagen der sozialen Bildungsarbeit». Darin verknüpft sie ihre frühen Ausführungen zu «Individuum und Gemeinschaft» mit einem theologischen Leitbild und einer Zeitkritik. Sie sucht einen mittleren Weg zwischen einem Individualismus, der die Gemeinschaft zerstört, und den Bestrebungen eines Sozialismus (ausdrücklich nimmt sie die deutsche Sozialdemokratie aus), der den Menschen zum Massenwesen seiner Gleichschaltungszwecke degradiert.

«*Individuum* wie *Gemeinschaft* sind nichts fertiges, sie sind immer *im Werden*, in Entwicklung begriffen» (XI,55). Der Mensch ist ein einzigartiges Wesen als Individuum (*dieser* Mensch) und zugleich immer als Gemeinschaftswesen in Beziehung zu anderen. Was er sein kann, ist nicht in Fülle und Reinheit da, sondern geschichtlich vermittelt (durch Rasse, Volk, Stand, Familie etc.). Er ist nie alles, was er sein kann, sondern nur, was sich je zu seiner Zeit von seinem Sein zeigen kann. Und der eine Mensch trägt dazu bei, was der andere je von sich her zeigen kann. So ist jeder des anderen Grenze und Möglichkeit. Für die Mehrzahl der Menschen sieht Edith Stein die Gefahr, daß «ihre Individualität in der Gemeinschaft erstickt», weil «das ‹Eigene›, was sie in sich haben, zu schwach (ist), um sich gegenüber dem Andersgearteten, was ihnen von allen Seiten entgegentritt, herauszutrauen und zu behaupten: es wagt sich nicht zu betätigen und muß darum verkümmern» (XI,58).

Eine ideale Gemeinschaft ist für Edith Stein die, in der die Freiheit des einzelnen sowie die Freiheit aller optimal verwirklicht sind: «Es würde jeder erkennen, an welchem Platz er durch seine Individualität hingehört, und würde diesen Platz bereitwillig einnehmen, und die anderen, ebenfalls von der richtigen Erkenntnis geleitet, würden ihm den Platz ebenso bereitwillig einräumen.» Eine solche Gemeinschaft wäre «schlackenlos rein» (XII,61), eine göttliche Gemeinschaft, in der jeder als Person er selbst und zugleich ganz transparent für den anderen wäre (das Bild der Trinität).

Darin sieht Edith Stein aber das Leitbild des katholischen Erziehungswesens im Kontrast zur gesellschaftlichen Wirklichkeit. «Das Durchschnittsbild des gegenwärtigen Volkslebens: wohl gibt es Staatsmänner, die ihr Amt sachgemäß, d. h. seinem Sinn gemäß, verwalten. ... Aber daneben steht die Menge derer, denen das Amt eine Futterkrippe ist und zugleich eine Verführung zu widergöttlichen, gemeinschaftsauflösenden Machtgelüsten und ihrer Befriedigung. Und die große Masse der ‹Staatsbürger›, für die die Volksgemeinschaft als solche jeden Sinn verloren hat, die für die staatlichen Einrichtungen nur so weit Interesse haben, als sich ein persönlicher Vorteil herausschlagen oder ein Nachteil umgehen läßt. Die Atomisierung ist soweit fortgeschritten, daß es kaum noch möglich ist, ... große Aktionen des ganzen Volkskörpers ... zustande zu bringen» (XII,65). Dagegen setzt sie als Ziel der sozialen Bildungsarbeit: «Ein gesunder Entwicklungsgang muß zu einer Harmonie der individuellen und sozialen Kräfte führen» (XII,58).

Die Schule als Erziehungsgemeinschaft, der Lehrer als Persönlichkeit, der die Individualität des einzelnen achtet, sich für ihn einsetzt, seine Begabungen fördert und sich selbst dabei zurücknimmt, um damit den Schüler in Freiheit zu Gott zu führen – das sind für Edith Stein die Mittel, um das von ihr gezeichnete Ziel sozialer Bildungsarbeit zu erreichen.

Ab Juni begann der Druck ihrer inzwischen fertiggestellten Thomas-Übertragung (bei Otto Borgmeyer in Breslau).

Das kirchliche und kulturelle Leben in Speyer stand 1930 ganz im Zeichen des 900-Jahr-Jubiläums der Grundsteinlegung des Kaiserdoms (6. bis 15. Juli) und des aus diesem Anlaß dort stattfindenden Eucharistischen Kongresses (12. bis 14. Juli), auf dem Edith Stein – sie sprang kurzfristig für Dr. Maria Maresch ein – vor dem «Mütterverein» über «Eucharistische Erziehung» sprach. Bereits im Mai und Juni gab es vorbereitende Veranstaltungen, u.a. festliche Jugendtage, getrennt für die Schüler der Volksschulen und der höheren Lehranstalten. Edith Stein nahm mit ihrer Klasse an der Prozession über die Rheinbrücke teil, bei der die von Pius XI. gestiftete Marienstatue – das ursprüngliche Gnadenbild war 1794 von randalierenden französischen Soldaten zerstört worden – in den Dom geführt und damit die Speyrer Marienwallfahrt feierlich wiedereröffnet wurde.

In ihrem Vortrag ermutigt sie die Mütter, auch im religiösen Leben Vorbilder zu sein. Dazu gibt die Referentin die Weisung aus: «... den Heiland im Tabernakel aufsuchen, so oft wir können; die hl. Messe besuchen, so oft wir können; die hl. Kommunion empfangen, so oft wir können.»[24] Damit rief sie ihre Hörerinnen zu einer Kommunionpraxis auf, die damals noch durchaus unüblich war.

Einer großen Öffentlichkeit wurde Edith Stein schließlich durch ihren Vortrag «Das Ethos der Frauenberufe» bekannt, den sie auf der Herbsttagung des «Katholischen Akademiker-Verbandes» – das Generalthema hieß «Christus und das Berufsethos des modernen Menschen» – am 1. September 1930 in Salzburg gehalten hat. Diese Tagung legte den Grundstein zu den 1931 bis heute alljährlich begangenen «Salzburger Hochschulwochen», deren Leitgedanke die «Idee einer katholischen Universität» sein sollte, d.h. eine «universitas catholica in nuce», wie Peter Wust es in seinem Beitrag darstellte. Unter den zahlreichen Referenten (u. a. Prof. Dr. Alois Mager OSB/Beuron, Altkanzler Dr. Ignaz Seipel, Dozent Dr. Siemens/Essen, Prof. Dr. Engelbert Krebs/Freiburg, Abt Dr. Ildefons Herwegen/Maria Laach und Prof. Dr. von Hildebrand) war Edith Stein die einzige Frau. Ursprünglich sollte sie sogar das grundlegende Referat «Christliches Berufsethos» halten und hatte eigentlich nur deswegen zugesagt; dann aber wünschte man auch ein Frauenthema, zu dem Edith Stein sprechen sollte.

Sie greift in ihren Ausführungen auf ihre bereits gehaltenen Vorträge zurück und versucht, durch Sachlichkeit die aus konservativen Kreisen zu befürchtende Polemik vor allem gegen frauenrechtliche Forderungen von vornherein abzubiegen. Als weibliche Weise zu existieren wird wieder die Ganzheitlichkeit und Mütterlichkeit herausgestellt. Aber auch hier gilt: «Keine Frau ist ja nur Frau; jede hat ihre individuelle Eigenart und Anlage so gut wie der Mann und in dieser Anlage die Befähigung zu dieser oder jener Berufstätigkeit künstlerischer, wissenschaftlicher oder technischer Art usw. Prinzipiell kann die individuelle Anlage auf jedes Sachgebiet hinweisen, auch auf solche, die der weiblichen Eigenart fernliegen» (V,7), denn: «Ein echter Frauenberuf ist jeder Beruf, in dem die weibliche Seele zu ihrem Recht kommt», und zwar in besonderer Weise in der Hingabe und im Sein für andere. Dieser mütterlich-ganzheitliche Stil der Hingabe hat sein Ziel in der Liebe zum Ganzen und letztlich zu dem, der die Liebe selbst ist. Daher ist die Frau von ihrer Eigenart her zu jener Seinsweise berufen, die in einer Ordensberufung am reinsten zum Ausdruck kommt: die «restlose Hingabe» als «einzig adäquate Erfüllung weiblichen Sehnens» (V,11). «Gerade hier, wo jeder in Gefahr ist, ein Stück Maschine zu werden, kann die Entfaltung der weiblichen Eigenart zum segensreichen Gegengewicht werden» (V,8).

Gegen Ende ihrer Ausführungen fügt Edith Stein hinzu: «Anhangsweise möchte ich noch eine Frage aufwerfen ...: Warum hat man im Programm der Tagung neben die sachlich abgegrenzten Berufstypen ... die Gruppe der ‹Frauenberufe› gestellt? Warum ist auch sonst so oft die Rede vom ‹Beruf der Frau›, aber kaum je vom ‹Beruf des Mannes›? ... Ich glaube, es wäre sehr dankenswert, wenn diese Fragen ernst und gründlich durchdacht würden. Denn ... erst die rein entfaltete männliche *und* weibliche Eigenart ergibt die höchste erreichbare Gottebenbildlichkeit und die stärkste Durchdringung des gesamten irdischen Lebens mit göttlichem Leben» (V,15).

Über diese Tagung wurde in fast allen deutschen und österreichischen Tagesblättern und Kirchenzeitungen sowie in Zeitschriften berichtet. Edith Steins Vortrag fand von vielen Seiten Anerkennung. Walter Dirks vermißte jedoch in seinem Kommentar in der «Rhein-Mainischen Volkszeitung» einen Hinweis auf die «zerstörerischen Möglichkeiten» mancher weiblicher Berufstätigkeit, denn gerade diejenigen, die Güte, Wärme und Mitmenschlichkeit am Arbeitsplatz praktizieren, würden in der Regel ausgebeutet: «Ein Wort von der Versklavung der Frau, die in tausend Formen heute Tatsache ist in Büro und Fabrik, hätte die sonst so nüchternen und realen Ausführungen der Rednerin gut und notwendig ergänzt.»

Die Weltwirtschaftskrise zeigte nun auch in Deutschland ihre Auswirkungen. Ende Februar 1930 waren 3,4 Millionen Arbeitslose registriert, und die Zahl stieg ständig an, so daß die Furcht um den Arbeitsplatz umging. Auch die sozialen Spannungen wuchsen. Viele wandten sich vom kapitalistischen Wirtschaftssystem ab. Auch der demokratische Staat hatte in ihren Augen versagt. Die Wahlen am 14. September erbrachten ein erschreckendes Anwachsen der Radikalen von rechts und links.

In einer Erklärung Hitlers vor dem Reichsgericht Leipzig, die am 26. 9. 1930 veröffentlicht wurde, sprach er offen davon, daß die

NSDAP nun die legale Machtergreifung anstrebte, und er ließ auch keinen Zweifel daran, daß man dann den «Staat in eine Form gießen (werde), die wir als die richtige ansehen», und: «... es werden auch einige Köpfe rollen.»

Für Edith Stein folgte in dieser Zeit Vortrag auf Vortrag, zunächst der schon erwähnte «Zur Idee der Bildung» (18.10.) für den «Katholischen Lehrerinnenverein» in Speyer, dann über die «Grundlagen der Frauenbildung» (8.11.) und schließlich an der Universität Heidelberg zum Thema «Der Intellekt und die Intellektuellen» (2.12.), wobei sie die Intellektuellen an ihre soziale Verantwortung erinnerte.

Doch nicht alle ihre Vorträge fanden ein positives Echo. Im November 1930 stieß der Vortrag «Die Grundlagen der Frauenbildung», den Edith Stein auf Einladung des «Zentral-Bildungsausschusses des Katholischen deutschen Frauenbundes» im Hedwig-Dransfeld-Haus in Bendorf (Rhein) gehalten hatte, bei den promovierten Akademikerinnen (unter Vorsitz von Dr. Gerta Krabbel), die am nächsten Tag an einer Aussprache teilnahmen, auf Widerspruch. An eine dieser Damen hat Edith Stein einige Wochen später einen Brief geschrieben, in dem sie sich auf den genannten Vortrag vom 8.11.1930 bezieht. Darin bemerkt sie: «Es hat ja niemand ein Wort davon gesagt, daß es ‹zu fromm› war, d.h. daß man sich an der radikalen Ausrichtung am Übernatürlichen stieß. Und wahrscheinlich stand das doch bei so manchen im Hintergrund, obwohl die Diskussion um ganz andere Dinge geführt wurde. Meinen Sie nicht auch?» In einem Rundbrief an die Tagungsteilnehmerinnen schreibt Gerta Krabbel vierzehn Tage später: «... der Vortrag hatte eine große Geschlossenheit, führte auf tiefe Dinge, zeigte aber eine starke Einseitigkeit. ... Es fehlte die tiefe Auseinandersetzung mit den geistigen und vor allem pädagogischen Strömungen der Gegenwart. Zudem stand ein Bild der heutigen Schule im Hintergrund, das mit der Schule, an der die meisten der Anwesenden tätig sind, gar nicht übereinstimmt.» Als Edith Stein später in Münster arbeitete, hat sie sich nochmals über die Bendorfer Tagung geäußert: «... ich verstehe jetzt so gut, daß ich auf Menschen, die mitten im Leben stehen, damals sehr befremdend wirken mußte ... Das Schulwesen im Rheinland/Westfalen [ist] dem bayrischen [wozu das pfälzische gehörte], soviel ich beurteilen kann, um Jahrzehnte voraus» (VIII,117f.).

Das Weihnachtsfest 1930 und den Jahreswechsel verbringt Edith Stein in Beuron. Vom 20.12. bis zum 3.1. ist sie im Gästebuch der Familie Mayer eingetragen. In Beuron verfaßt sie ihren Vortrag «Das Weihnachtsgeheimnis», den sie am 13. Januar in Ludwigshafen im «Akademikerverband» hält. Auf dem Rückweg von Beuron nach Speyer besucht sie Husserl in Freiburg, um mit ihm über die Möglichkeit zu sprechen, mit einer Arbeit über Thomas von Aquin und die moderne Philosophie noch einmal einen Habilitationsversuch zu starten. Schwester Adelgundis Jaegerschmid, die bei Finke promoviert hatte, vermittelt ein Gespräch zwischen ihm und Edith Stein für das Wochenende am 24./25. Januar 1931. Bei dieser Gelegenheit spricht Edith Stein auch bei Martin Heidegger und Martin Honecker vor.

Heinrich Finke machte sie allerdings darauf aufmerksam, daß sie sich um Stipendien bemühen könne: Die Görresgesellschaft unterstützte satzungsgemäß katholische Habilitanden. Aber der Antrag mußte erst bearbeitet werden, und das geschah im September 1931. Der Vorstand hatte sie der zweiten Gruppe von Habilitanden zugeteilt und sie Bewerbern zugerechnet, «die kurz vor der Habilitation stehen». Edith Stein erhielt drei Stipendien in Höhe von 500, 600 und 400 RM.

Heidegger und Honecker ermutigten sie, mit ihrer Arbeit fortzufahren und die Habilitation zu versuchen. So konnte Edith Stein nun bald nach ihrer Rückkehr nach Speyer mit einer neuen wissenschaftlichen Arbeit beginnen. Rasch gedieh eine ziemlich umfangreiche Arbeit mit dem Titel «Potenz und Akt». Um die baldige Fertigstellung voranzutreiben, hatte sie mit der Generalpriorin der Dominikanerinnen zunächst eine Verringerung ihrer Stundenzahl besprochen, sich schließlich aber dann dazu entschlossen, ganz zu kündigen.

Das Schuljahr begann und endete damals an Ostern, und so

brachte dieses Fest 1931 für Edith Stein den Abschied von St. Magdalena und damit auch den Abschied von einer Lebensphase. Etwas Neues sollte beginnen, von dem noch niemand, auch sie selbst nicht, zu sagen wußte, was es bringen würde. Vorerst warteten weitere Vorträge, durch die sie sich – zusammen mit dem Stipendium ab September – ihren Lebensunterhalt finanzieren konnte.

Als Referentin auf Vortragstournee im deutschsprachigen Raum

Für Edith Stein begann nun ein Jahr des rastlosen Reisens mit zahlreichen Vortragsveranstaltungen in vielen deutschen Städten. Sie lebte mehr oder weniger aus dem Koffer. Dazwischen gab es längere Aufenthalte in Breslau, bei denen sie an ihrem Werk «Potenz und Akt» oder an einem der zu haltenden Referate schrieb. Edith Stein war mit Arbeit ausgelastet. Sie fühlte dabei eine hohe Verantwortung, denn sie trat nun vor eine breitere Öffentlichkeit und vor einen Katholizismus mit verschiedensten Strömungen, die von liberalen bis zu sehr konservativen Einstellungen reichten. Zudem war nicht sicher, ob sie nicht eine längere Zeit – und das in jener schwierigen wirtschaftlichen Gesamtlage – mit dieser Referententätigkeit ihren Lebensunterhalt verdienen mußte.

Schon im Januar 1931 kündigte die Zentrale der «Katholischen bayerischen Junglehrerinnen» (München) in der Jugendbeilage von «Zeit und Schule» ihre große Ostertagung für den 7. bis 11. April an. Bereits der Ankündigung ist anzumerken, daß die große Wirtschaftskrise sich bemerkbar machte: Die Teilnehmerinnen können in der «schönen, neuen Jugendherberge um den geringen Preis von 50 Pfg. übernachten». Am 8. April hielt Edith Stein ihren Vortrag «Die Bestimmung der Frau», und bei dieser Gelegenheit lernte sie Kardinal Faulhaber kennen. – Auch die Dichterin Gertrud von Le Fort (1876–1971) suchte Edith Stein auf und holte sich bei ihr Anregungen für ihre Karmelnovelle «Die Letzte auf dem Schafott» (1931).[25] «Wir sprachen einen Nachmittag vom Karmel, dem sie damals geistig noch ziemlich fern war. Erst durch die Arbeit an der Novelle ist sie mit ihm verwachsen» (IX,32f.; 27.2.35). Aus dieser Begegnung entsteht eine Freundschaft, die auch in Edith Steins Karmelzeit weiterdauert.

In ihrem Vortrag definiert Edith Stein die Bestimmung der Frau als eine dreifache: die allgemeine Bestimmung als Mensch, die ganz individuelle der eigenen Person und die spezielle der Frau. Die erste und zweite behandelt sie kurz, die dritte – das eigentliche Thema des Vortrags – ausführlich. Edith Stein widerspricht in diesem Vortrag der damals in katholischen Lehrerinnenvereinigungen häufig gehegten Auffassung, «als bedeute der Entschluß, den Lehrberuf zu ergreifen, schon den Verzicht auf die Ehe und als sei es als eine Art Fahnenflucht anzusehen, wenn [Lehrerinnen] später ihren Beruf aufgeben und heiraten. Das halte ich für eine bedauerliche Verirrung.» Ab 14. April arbeitet sie wieder in Breslau, wo sie vorerst auch bleiben wollte, an ihrer Habilitationsschrift. In der Zwischenzeit hatte Edith Stein ein Angebot erhalten, an der «Pädagogischen Akademie» in Spandau den Lehrstuhl für Psychologie zu übernehmen. Aber die Spandauer Akademie fiel den radikalen Sparmaßnahmen zum Opfer, die die Regierung Brüning im Zuge der großen Wirtschaftskrise einleitete. Auch die Möglichkeit der Habilitation in Breslau – Professor Josef Koch (1885–1967) macht sich für Edith Stein stark, Auguste Stein hat nichts gegen eine katholische Wirksamkeit ihrer Tochter in Breslau – wird sondiert, jedoch erfolglos.

Das weitere Jahr stand für Edith Stein ganz im Zeichen der Habilitation – und der hl. Elisabeth von Thüringen. Ihr Wiener Vortrag – anläßlich des «Dritten Österreichischen katholischen Frauentages» – über «Elisabeth von Thüringen. Natur und Übernatur in der Formung einer Heiligengestalt» (30.5.1931) ist einer von etwa einem Dutzend Vorträgen, die sie 1931 zum 750. Todestag der hl. Elisabeth von Thüringen gehalten hat. Wer die Elisabethfeiern, die auch im Deutschen Reich allenthalben begangen wurden, näher verfolgt, der bemerkt, daß die Heilige fast ausschließlich als Helferin der Notleidenden und Vorbild einer katholischen Mutter, als Schutzfrau katholischer Caritasliebe und als deutsche Heilige gepriesen wurde. Edith Stein jedoch geht es um das geistliche Werden der Heiligen. Dabei fällt auf, daß sie an Elisabeth gerade auch das Andersartige, das Un-deutsche betont.

Das Echo, das der Wiener Frauentag in den Zeitungen fand, übertraf noch weit die Resonanz der Salzburger Versammlung. In der «Wiener Reichspost» liest man: «Frau Dr. Edith Stein (Speyer) sprach in gedankentiefen und formvollendeten Worten über die hl. Elisabeth. ... Die Rednerin, deren hervorragende Referate schon bei der im Herbst stattgefundenen Tagung der katholischen Akademiker in Salzburg Aufsehen erregt hatten, fand für ihre Ausführungen ein gespannt lauschendes Publikum.» Diesem Vortrag folgte im Auftrag des Akademikerverbandes im Herbst eine von Przywara vermittelte Vortragstournee (12. bis 30. 10. 1931) durch fünfzehn Städte des Ruhrgebietes (u. a. Aachen, Bonn, Köln, Münster, Essen). An Ingarden schreibt sie: «Einige Aussichten haben sich unterwegs eröffnet; ich habe die eine nun zunächst ins Auge gefaßt: eine Dozentenstelle am Pädagogischen Institut in Münster.» Professor Johann Peter Steffes (1883–1955), der Ordinarius der dortigen theologischen Fakultät und Leiter des «Deutschen Instituts für wissenschaftliche Pädagogik», und vor allem Maria Schmitz, die Vorsitzende des «Vereins katholischer deutscher Lehrerinnen», wollten Edith Stein in Münster haben. Das war für Edith Stein ein unverhofftes Glück, denn als sie von Bonn nach Freiburg fuhr, um die Frage der Habilitation zu klären, erhält sie aufgrund der allgemeinen Wirtschaftslage eine Ablehnung: «D. h. die beiden Fachleute haben mir die Habilitationsfähigkeit auf Grund der früheren Leistungen zugesprochen, aber mir von einem offiziellen Versuch abgeraten, weil er bei der Fakultät und beim Ministerium nicht durchzusetzen wäre» (XIV,224; 29. 11. 31).

In Freiburg nahm Edith Stein im St.-Lioba-Kloster Günterstal Wohnung. Sie war dort mit den Korrekturen ihres zweiten Thomasbandes beschäftigt und mit der Vorbereitung der Vorträge, die sie auf Einladung der «Katholischen Frauenorganisation» in

Zürich halten sollte. Vorgesehen waren zweimal vier Vorträge unter dem Gesamtthema «Christliches Frauenleben», nämlich: «Frauenseele», «Frauenbildung», «Frauenwirken» und schließlich «Frauenleben im Licht der Ewigkeit», am 18., 20., 25. und 27. Januar im Kasino Aussersihl und am 19., 21., 26. und 28. Januar im katholischen Gesellenhaus Wolfbach. Zwischen diesen Vorträgen sprach sie bei der Gründung des «Katholischen Frauenbundes» des Kantons Zürich noch einmal über Elisabeth von Thüringen («Lebensgestaltung im Geist der hl. Elisabeth»). Man drängte sich um Edith Stein, und sie lernte viele Frauen kennen. Bei einem Abstecher nach Luzern traf sie die ihr bereits aus Breslau bekannte Dr. Hilde Vérène Borsinger, die sich später für Edith und Rosa Stein vergeblich um eine Erlaubnis zur Einreise in die Schweiz bemüht hat. Edith Stein pflegte noch über viele Jahre hinweg Beziehungen zu den Menschen, auch sehr jungen, die von ihren Vorträgen Anregungen für ihr praktisches Frausein empfangen hatten und deshalb weiterhin mit ihr in Kontakt bleiben wollten.

Das Ziel der katholischen Frauenvereinigungen, in denen Edith Stein sprach, war die Weiterbildung der Frauen, um sie zur Bewältigung der großen Aufgaben in Welt und Kirche zu befähigen. Die «Frauenorganisation» war ein noch junger Zusammenschluß katholischer Frauen und hatte in den beiden Vorjahren Peter Lippert SJ und Friedrich Muckermann SJ als Referenten gewinnen können. Edith Stein war also in bester Gesellschaft. Und doch mußte der Jahresbericht 1931/32 feststellen: «Der Besuch der Vortragsserie ließ leider zu wünschen übrig. Fräulein Dr. Stein aus Breslau entwickelte ihre tiefen Gedanken über christliches Frauenleben in vier ausgezeichneten Vorträgen. Die trotz umfangreichen Wissens äußerst bescheidene und anspruchslose Persönlichkeit vermochte leider das Gros unserer Frauen und Töchter nicht zu fesseln. Umso tiefer gingen aber die Ausführungen allen denen zu Herzen, welche die Gediegenheit und Feinheit des Gebotenen zu fassen vermochten. Unsere diesjährige Vortragsreihe schloß mit einem materiellen Defizit von ca. Fr. 250,—.» Der Eintritt zu den Vorträgen hatte je nach Platz —,50 bis 1,— Fr. betragen.

Die Absicht dieser Vorträge war Edith Steins bekanntes Anliegen, «Einblick in das Innerste unseres Seins» zu finden: «Wir sehen, daß es kein Fertiges, sondern ein Werdendes ist. ...Was wir sind und werden, ... muß um sich greifend sich auswirken; all unser Sein und Werden und Wirken in der Zeit aber ist geordnet von Ewigkeit her und hat einen Sinn für die Ewigkeit ...»

Die Vorträge hatten jedoch deshalb keine Breitenwirkung, weil Edith Stein das Bildungsniveau und die Arbeitswelt der meisten Frauen, vor denen sie sprach, falsch eingeschätzt hatte. Als Grundlage für das erste Thema – «Frauenseele» – hatte sie literarische Vorbilder gewählt: Sigrid Undsets «Ingunn», Ibsens «Nora» und Goethes «Iphigenie», was eine hohe literarische Bildung voraussetzte. Wenn sie dann im zweiten Referat – über «Frauenbildung» – von Erkenntnisarbeit und Willensleistungen als freien Akten spricht und Bildungsarbeit, Bildungsstoffe und Bildungsziele erörtert, dann waren diese akademischen Unterscheidungen der Mehrzahl der Zürcher Frauen und «Töchter» sicherlich neu und fremd. Und wenn Edith Stein im dritten Vortrag der Frau in Kunst und Wissenschaft mehr Raum gibt als der Frau in Fabrik, Büro und Haushalt, so verfehlte sie wohl auch damit den Interessen- und Wirkungskreis der meisten ihrer Zuhörerinnen.

Dozentin in Münster (1932–33)

Am 29. Februar 1932 beginnt für Edith Stein ein neuer Lebensabschnitt. Sie wird Dozentin am «Institut für wissenschaftliche Pädagogik» in Münster – eine sehr kurze, aber wiederum mit Arbeit ausgefüllte Phase, wie sich zeigen sollte. Wieder einmal muß sie sich ein umfangreiches neues Themengebiet erschließen und sich für ihre Vorlesungen die neueste Literatur aus Pädagogik, Psychologie und Philosophie erarbeiten.

Das Institut in Münster war erst 1922 vom «Verein katholischer deutscher Lehrerinnen» und vom «Katholischen Lehrerverband des Deutschen Reiches» – unter Mitwirkung der deutschen

Bischöfe – ins Leben gerufen und als Verein am Amtsgericht Münster eingetragen worden. Es sollte in der nach dem Ersten Weltkrieg veränderten Gesellschaft eine zeitgemäße Ausbildung für katholische Lehrerinnen und Lehrer sicherstellen. Zur Dauereinrichtung gehörten neben dem Vorlesungsbetrieb die Ferienlehrgänge zur Weiterbildung bereits im Schuldienst stehender Pädagogen. Großes Gewicht legte man auf die sog. «Führerkurse», von denen auch Edith Stein gelegentlich spricht. Sie sollten katholische – in erster Linie akademisch gebildete – Männer und Frauen durch religiöse, philosophische, pädagogische und politische Ergänzungsstudien zur Übernahme öffentlicher Verantwortung befähigen.

Edith Stein wohnte – gemeinsam mit zehn Studentinnen – im Studentinnenwohnheim «Collegium Marianum» (Frauenstraße 3), das bereits Ende des 19. Jahrhunderts für studierende Ordensfrauen eingerichtet worden war. Damals hielten hier einige Professoren Vorlesungen im Hause, weil man den Besuch der Universität als Verstoß gegen die Klausurvorschriften ansah. Und ausgerechnet hier wird Edith Stein nun mit dem Nationalsozialismus konfrontiert, und zwar durch eine (zigarettenrauchende) Mitbewohnerin, die eine begeisterte Nationalsozialistin war und bei Tisch Hitlers «Mein Kampf» immer wieder über alle Maßen pries. Bei aller Beherrschung, die Edith Stein eigen war, konnte sie sich die Bemerkung nicht verkneifen, daß eine rauchende Frau – auch wenn sie Studentin war – dem von Goebbels propagierten nationalsozialistischen Leitbild der deutschen Frau doch wohl nicht entspreche. Von Anfang an registrierte Edith Stein aufmerksam die Vorstellungen der neuen Machthaber.

Vor Beginn des Semesters fuhr sie nach München. Im Bayerischen Rundfunk sprach sie in der «Stunde der Frau» über «Fragen mütterlicher Erziehungskunst» (1.4.1932) und am 3. April vor einem Kreis junger Frauen aus dem «Katholischen Frauenbund» in einem bislang verschollenen Referat über «Die geistige Lage der Frau in der Jetztzeit». Sie wohnte im Haus Venio (damals noch in der Baaderstraße 55). Die Einladung des Bayerischen Rundfunks nutzte Edith Stein, um noch einmal nach Beuron zu fahren und dort die Karwoche und Ostern zu verbringen. Am Palmsonntag schreibt sie aus Beuron: «Natürlich habe ich mir auch schon oft überlegt, ob es zu verantworten ist, daß ich so häufig hierher gehe. Aber schließlich muß man dem inneren Leben auch die Nahrung gönnen, die es braucht, besonders wenn man zu anderen Zeiten viel nach außen hergeben muß» (VIII,107; 20. 3. 32).

Bei den Reichspräsidentenwahlen im April wurde Hindenburg zwar ein zweites Mal zum Reichspräsidenten gewählt. Aber Hitler, der sich als das «erlösende Wort», das Deutschland wieder Ehre, Freiheit und Brot geben werde, vorgestellt hatte, errang mit 36,8 Prozent der Stimmen mehr als nur einen Achtungserfolg. Von den Wahlen ermutigt, erhielt der Straßenterror der SA neuen Auftrieb.

Im ersten Semester in Münster las Edith Stein über «Probleme der neueren Mädchenbildung», und zwar 14täglich jeweils am Samstag von 18.30 bis 20 Uhr. Den Abendtermin wählte sie, um auch Hörern und Hörerinnen aus dem Schuldienst die Teilnahme zu ermöglichen. Edith Stein hätte es gern gesehen, wenn Universitätsstudentinnen als Gasthörerinnen ans Institut gekommen wären, «was für beide Teile ein Gewinn wäre» (VIII,111; 9. 6. 32).

Die Vorlesung behandelt Themen, die Edith Stein bereits in Vorträgen angesprochen hatte. Ihre Einfachheit und Schlichtheit, Klarheit und Geistesschärfe beeindruckte die Studentinnen. Wie in St. Magdalena sprach sie langsam und ohne große Geste, wenn sie ihre Gedanken ausführte. Sie entwickelt die Problematik zunächst von der gegenwärtigen Lage der Frau aus und untersucht dann die großen Zeitfragen im Hinblick auf Beruf und Berufung der Frau. Als erstes bringt sie Ehe und Mutterschaft zur Sprache, danach den außerhäuslichen Beruf sowie das Verhältnis der Frau zum Volksganzen und zur Politik, um schließlich auf die Ewigkeitsfragen zu sprechen zu kommen. Beim Thema Ehe greift sie auf die Verlautbarungen der Päpste zurück und wünscht den «Aufbau einer wahrhaft katholischen, großzügigen Sexual- und Ehetheorie und daraus abgeleitete Erziehungsgrundsätze», die auch manchen außerkirchlichen Kreisen als richtunggebend willkommen sein könnten. Besonders interessant sind ihre Hinweise auf die politische Erziehung der Frauen. «Die Völker Europas, die im Weltkrieg auf Leben und Tod miteinander gerungen haben, sind miteinander gestürzt ... und [können] nur miteinander einen Aufstieg ermöglichen» (V,100). Dafür ist die Mitwirkung der Frau nötig, durch rechtes Wahlverhalten und durch Übernahme öffentlicher Ämter.

Im zweiten und dritten Kapitel erörtert sie Frauenbilder in der «öffentlichen Meinung», die Meinungen des Staates und die Stellungnahmen der Kirche sowie «Lösungsversuche der letzten Jahrzehnte» zur Frauenfrage. Edith Stein räumt ein: «Die katholische Frauenbewegung verdankt ... der nichtkatholischen wertvolle Vorarbeit.» Und sie zieht das Fazit: Diese Frauenbewegung ist aber auf dem Boden des deutschen Idealismus, des weltanschaulichen und politischen Liberalismus erwachsen, während nun die katholische Frauenbewegung auf eigenem Boden zu stehen hat, auf dem Boden des Glaubens und der kirchlichen Weisungen. Im weiteren doziert sie bereits Bekanntes über das Bildungsmaterial (die den Lehrenden Anvertrauten), das Bildungsziel (den *ganzen* Menschen zu formen), Bildner und Bildungsgüter (Familie, Staat, Kirche; Wort und Sprache; Kunstwerke), und wie immer schließt sie mit einem Ausblick auf Gott als *den* Menschenbildner.

Noch während des Semesters setzt Edith Stein ihre rastlose Vortragstätigkeit fort. Der in der Pfingstzeit gehaltene Vortrag «Notzeit und Bildung» reflektiert den Bildungsnotstand, der aufgrund der drastischen Sparmaßnahmen im Deutschen Reich unübersehbar geworden war. Nachdem Eingaben der Berufsvereinigungen an die Ministerien nichts gefruchtet hatten, war der «Verein katholischer deutscher Lehrerinnen» zu energischer Selbsthilfe übergegangen und hatte eigene Aktionen zur Arbeitsvermittlung, Beratungsstellen und Fortbildungskurse gestartet. Edith Stein ruft dazu auf, positive Kräfte zu entbinden, wenn die materiellen Hilfsmittel versagen: «Wenn der Lehrbetrieb sich wieder auf die einfachsten Verhältnisse beschränken müßte, ...

Deutschland ist immer noch reich genug an höchsten Geistesschöpfungen. ... Bildungsarbeit heißt, Geist und Herz für diesen Reichtum aufzuschließen» (XII,74).

Ausführlich geht Edith Stein auf die starke Beschränkung der Stundenzahl und die Erhöhung der Klassenfrequenzen ein. Dies mache es unmöglich, sich dem einzelnen Kind zuzuwenden, es gefährde die spezielle Mädchenerziehung und den katholischen Religionsunterricht. Im Unterschied zu ihrer Zeit als Studentin tritt Edith Stein jetzt für eine Frauenbildung mit dem Ziel ein, die Eigenart der Frau besser zu entwickeln. Sie mahnt die politisch Verantwortlichen eindringlich, ihrem gesellschaftlichen Erziehungsauftrag auch in Zeiten der Not gerecht zu werden. Die Sorge für die Jugendlichen sei dringlicher denn je «durch die gesteigerte sexuelle Erregbarkeit und die Gefahren der Arbeitslosigkeit. ... Es ist fast mit Sicherheit anzunehmen, daß sich der Abbau im Berufsschulwesen in gesteigerter Kriminalität auswirken muß» (XII,77).

Zwei katholische Studentinnenvereine stellten sich bei ihr vor, und einer lud sie auf den 6. Juni 1932 zu einem Diskussionsabend über Frauenfragen ein, der sehr lebhaft wurde, wie sie ihrer Freundin Adelgundis Jaegerschmid berichtet (VII,111). Am Sonntag, den 26. Juni gibt Edith Stein im Dominikanerinnenkloster St. Dominikus in Ludwigshafen einen Goethevortrag für die katholischen Lehrerinnen. Im Jahr 1932 beging man nämlich den 100. Todestag Goethes, und Edith Stein wurde wiederholt zu Vorträgen anläßlich dieses Gedenkens eingeladen, auch nach Münster und in die Abtei Gerleve. Sie sprach – nach dem Motto «Prüfet alles und behaltet das Beste!» – über Goethes «Faust» als eine der «wenigen ganz großen Menschheitsdichtungen», an der «die große Frage der Menschheit, die Frage nach Sündenfall und Erlösung, in ihrer ganzen Tiefe ... sich entrollen läßt». Aber sie markiert zugleich auch ihre Distanz zu Goethe: «Das Wahrzeichen, das über unserer Menschenbildung steht, kann nicht ein Goethebild sein, sondern das Kreuz» (VI,28f.).

Der Rest des Jahres ist zu dieser Zeit bereits verplant: In den Ferien will sie sich zunächst mit der Erstellung eines Thomas-

Index[26] für ihre Übersetzung befassen, dann die psychologischen Quaestionen der «Summa» und einige Thomasliteratur lesen, dazu verschiedene neue philosophische Sachen, die sie für Zeitschriften zu besprechen oder zu beurteilen hatte. Der Familie will sie sich widmen und den Kontakten mit Freunden, einen Kursus über die Anthropologie des hl. Thomas abhalten, der dann aber aus Kostengründen nicht zustande kommt. Für den 12. September ist sie nach Juvisy (bei Paris) zu einer Tagung über Phänomenologie und ihre Beziehungen zum Thomismus eingeladen. Bei dieser Gelegenheit will sie eine Woche mit Koyré verbringen, ein bißchen Paris kennenlernen und viel für ihr weiteres Scholastikstudium profitieren.

Ende Juli schloß das Semester. Edith Stein zieht folgendes Fazit: «Ich habe einen ziemlich harten Kampf um die Begründung meiner wissenschaftlichen Existenz zu führen, nicht etwa mit irgend welchen Menschen – alle tun mir alles zulieb, was sie können –, sondern mit der Situation, die durch meine zehnjährige Ausgeschlossenheit aus der Kontinuität der Arbeit und dem tief innerlich begründeten Mangel an Fühlung mit dem modernen Leben gegeben ist.» Und in einem weiteren Brief heißt es: «Bei mir waren die letzten Semesterwochen noch recht fruchtbar. Vor allem habe ich schon erstaunlich gute Fühlung mit den Studentinnen gewonnen (nicht mit den Hörerinnen allein, sondern mit denen von der Universität, auch mit den studierenden Klosterfrauen im Marianum)» (VIII,110f., 115).

Gleich nach Semesterschluß reiste Edith Stein nach Augsburg, wo sie in der Führerinnenversammlung über «Die Aufgabe der Frau als Führerin der Jugend zur Kirche» zu sprechen hatte. Von Augsburg aus fuhr sie nach Breslau zu ihrer Familie. In ihren weiteren Vorträgen zu Frauenthemen kommt sie auch auf das Thema «Die Frau in der Kirche» zu sprechen. Sie betont, daß es keine dogmatische Festlegung der Kirche über das Wesen der Frau gibt und daß die lehramtlichen Äußerungen (etwa der Ehe-Enzyklika Pius' XI.) keinesweges das Bild der Frau («Gattin und Mutter, Herz der Familie») erschöpfen könnten. In der amtlich-männlichen Hierarchie gäbe es im Grunde zwei Richtungen: die eine, die die Frau patriachal nur im Haushalt sähen, und die andere der «weitblickenden Theologen», «die vorurteilsfrei an die Forderungen der liberalen Frauenbewegung herangingen und prüften, wie weit sie mit den Grundlagen katholischer Weltanschauung vereinbar seien, und so zu Bahnbrechern der katholischen Frauenbewegung wurden» (V,102; u. a. nennt sie J. Mausbach). Kirchenrechtlich allerdings spricht sie klar aus, daß in der Kirche von einer Gleichstellung von Mann und Frau nicht die Rede sein kann, denn die Frau sei von allen geweihten Ämtern der Kirche ausgeschlossen, obwohl dogmatisch nichts gegen eine Weihe der Frau zum Priester spreche. Das hat Edith Stein immer wieder auch in privaten Gesprächskreisen ausdrücklich betont. «*Dogmatisch scheint* mir nichts im Wege zu stehen, was es der Kirche verbieten könnte, eine solche bislang unerhörte Neuerung durchzuführen. ... *Dagegen* spricht die gesamte Tradition von den Urzeiten bis heute» (V,43). Für sie selbst aber bleibt das *Gefühl* – das auch durch die überlieferte Praxis der frühen Kirche, Frauen zwar zu Diakoninnen, nicht aber zu Priesterinnen zu weihen, Nahrung erhält –, daß Jesus «zu seinen amtlichen Stellvertretern auf Erden nur Männer einsetzen wollte» (V,42). An anderer Stelle fragt sie sich: «Hat der Herr jemals einen Unterschied zwischen Männern und Frauen gemacht? ... Und es scheint, daß er heute Frauen in besonders großer Zahl für spezifische Aufgaben in seiner Kirche beruft» (V,108).

Auf der Tagung in Augsburg ermutigte Edith Stein in ihrem Referat am 25.7.1932 die «Führerinnen», schon die Schulkinder in Gruppen zusammenzufassen. Die Erziehung zur Kirche setze zu spät ein, wenn damit erst in den Jahren der Pubertät mit all ihren Krisen begonnen werde. Sie bringt dann sehr konkret die sexuelle «Aufklärung» zur Sprache, für die die Mütter zwar berufen, aber zumeist unfähig seien. Auch der Priester sei als Mann für diese Probleme nur selten der geeignete Ansprechpartner. Die Jugendführerin müsse sich also befähigen, die Kinder in dieses schwierige Gebiet sachlich und sehr diskret einzuführen. Die Zeitungen berichten über die Bedrohung dieser Veranstaltung durch parallele Kundgebungen der Kommunisten und Nationalsozialisten, bei denen die Gewalt und Einschüchterung bereits offen zutage treten. Im Vorfeld der für Ende Juli anberaumten 6. Reichstagswahl war es andernorts zu schweren Unruhen, zu Saal- und Straßenkämpfen gekommen. Vom politischen Umsturz, der sich anbahnte, spricht Edith Stein bereits am 8. Juli: «In Münster ist es vorläufig noch ganz friedlich. Was die nächsten Wochen bringen, muß man abwarten» (VIII,114; 8.7.32). Und über die Situation im Elternhaus: «Die wirtschaftliche Lage ist sehr bedrängt. Meine Schwester [Rosa] würde ich gern schon jetzt mitnehmen. ... Aber meiner Mutter möchten wir gern alle Erschütterungen ersparen» (VIII,116; 28.8.32). Außerdem war die Existenz des Instituts in Münster noch nicht dauerhaft gesichert. Die Arbeitslosenzahl war inzwischen auf über sechs Millionen angestiegen. Die Propaganda der Radikalen nutzte die Verelendung aus, um alle Zukunftshoffnungen auf ihre antidemokratischen Lösungen zu konzentrieren. Vielen Enttäuschten schien mit der freien Wirtschaft auch der demokratische Staat bereits überwunden. Am 20. Juli hatte die Regierung von Papen mit der Absetzung der preußischen Koalitionsregierung aus SPD, Zentrum und Demokraten die letzte demokratische Machtbasis im Reich widerstandslos beseitigt und den Weg zu einem neuen autoritären Staat freigemacht. Der Ruf nach dem Führer wurde unüberhörbar. Bei den Reichstagswahlen vom 31.7.1932 konnte die NSDAP ihren Stimmenanteil auf 37,2 Prozent verdoppeln.

Das wichtigste Projekt des Jahres 1932 war für Edith Stein vermutlich die Tagung der «Société Thomiste» in Juvisy bei Paris. Sie war dazu persönlich – als einzige Frau – eingeladen worden, gemeinsam mit fünf weiteren Deutschen (Daniel Feuling, Alois Mager, Fritz-Joachim v. Rintelen, Bernhard Rosenmöller und Gottlieb Söhngen). Von Breslau aus fuhr sie am 3. September zunächst mit dem Nachtzug nach Würzburg, wo sie alte Freunde und neue Bekannte am Missionsärztlichen Institut traf. Am Montag früh ging es weiter nach Heidelberg, wo sie Hedwig Conrad-

Martius in der Chirurgischen Klinik besuchte und in der Abtei Neuburg Daniel Feuling OSB und Petrus Jans OSB. Am Dienstag fuhr sie nach Straßburg weiter, wo Jean Hering sie an der Bahn abholte. Alexander und «Do» (Dorothee) Koyré zeigten ihr (und Feuling) Paris, man betete in Sacré-Cœur, besuchte das nahe Künstlerviertel Montmartre und den Louvre. Durch Koyré lernte sie auch den jüdischen Philosophen Meyersohn kennen, dem sie beim Tee Rede und Antwort stehen mußte. Die Tagung im großen Dominikanerstudienhaus Juvisy fand am Montag, den 12. September statt. Der ausführliche Tagungsbericht mit den Protokollen der anschließenden Diskussionen am Nachmittag ist in einer Broschüre der Société Thomiste, «La Phénoménologie», bei Les Éditions du Cerf 1932 veröffentlicht. Auch Edith Steins vielbeachtete Beiträge zu den Diskussionen sind dort zu finden. In fünf Interventionen hat sie hauptsächlich auf Fragen zur Phänomenologie und zur phänomenologischen Methode geantwortet oder Stellung genommen. Am 17.9. fuhr sie von Paris nach Köln, besuchte dort Freunde und kam dann am 18.9. wieder in Münster an.

Nun war es Zeit, die Wintervorlesung vorzubereiten, die sie von November 1932 bis März 1933 über philosophische Anthropologie zu halten hatte. Diese Lehrveranstaltung sollte ihre letzte werden. «Das sind alles Versuche, in Anknüpfung an meine älteren Arbeiten weiter- und zu einer Grundlegung der Pädagogik zu kommen», schreibt sie an ihre Freundin Hedwig Conrad-Martius. Und sie gibt zugleich die Schwierigkeiten zu erkennen, die sie mit ihrer Dozentinnentätigkeit hat: «Ich habe mich schon oft gefragt, ob ich mit der philosophischen Arbeit nicht überhaupt über meine eigenen Möglichkeiten hinausgehe. ... Aber da ich nun vor so große Aufgaben gestellt bin, liegt mir natürlich daran, Klarheit zu bekommen, was ich mir vernünftigerweise zutrauen darf.» Schließlich bittet sie die Freundin, ihr «die Sinndeutung [ihrer] Lebensaufgabe» ermitteln zu helfen (VIII,131f.; 24.2.33).

Doch über all dieser akademischen Tätigkeit hat Edith Stein auch die Notleidenden nicht vergessen. «Eine Schwester des Marianums erzählt: ‹Es kam der so kalte Winter 1932/33. Eines Tages sprachen wir miteinander über die sehr ärmlichen Verhältnisse einiger Bewohner in einem kleinen mir bekannten Dörfchen. ... Einige Zeit nachher kam Frl. Dr. Stein mit einem Arm voll warmer Kleidung und Unterzeug zu mir, und bat, ich möchte doch den Bedürftigen des Dorfes diese Sachen schicken. Als ich ihr nahelegte, sie möge bei dieser Kälte doch auch an sich denken, sagte sie, die Sachen könnte sie gut entbehren.»[27]

Zum Teil noch während der Vorlesungszeit überstürzten sich die politischen Ereignisse. Am 30. Januar war die «Machtergreifung» durch Hitler erfolgt. Bereits am 1. Februar wurde der Reichstag erneut aufgelöst, da sich die rechten Parteien von einem neuen Wahlgang die absolute Mehrheit versprachen. Bis zum Wahltermin, dem 5. März, blieb ihnen Zeit, ihren Machtvorsprung für ihre Zwecke einzusetzen. Die erste Phase des Ausbaus der Diktatur begann: Eine Notverordnung vom 4. Februar erlaubte rigorose Einschränkungen der Presse- und Meinungsfreiheit. Zeitungs- und Versammlungsverbote folgten. Die Schlägertrupps der SA und des Stahlhelms erhielten eine weiße Armbinde mit der Aufschrift «Hilfspolizei». Am 26. Februar brannte das Reichstagsgebäude, am folgenden Tag erschienen die ersten Notverordnungen «zum Schutz für Volk und Staat»: Polizeiliche Verfolgungen, zumal der Kommunisten, setzten ein. Eine Verhaftungswelle folgte, erste Konzentrationslager wurden errichtet. Die Wahlen erbrachten eine knappe absolute Mehrheit für NSDAP und DNVP. Zügig wird nun die zweite Phase zum Ausbau der Diktatur eingeleitet: Am 24. März wird das Ermächtigungsgesetz mit den Stimmen der katholischen Zentrumspartei verabschiedet, das gemäß der Weimarer Verfassung nur für Notfälle erlassen werden konnte, und zwar nur für begrenzte Zeit. Unter Hitler wird es zum Dauerzustand. Am 1. April unternehmen staatliche Stellen einen ersten Versuch, jüdische Geschäftsinhaber und freiberuflich Tätige wie Ärzte und Rechtsanwälte zu boykottieren. SA-Angehörige in Uniform oder auch in ziviler Kleidung waren hauptsächlich daran beteiligt. Judensterne werden auf die Schaufenster gemalt, Inhaber und Kunden bedroht. Auch die Firma Stein in Breslau ist vom

Boykott betroffen. Am 5. April schreibt Edith Stein an Hedwig Conrad-Martius: «An unserem Geschäft macht es leider seit langem nicht viel Unterschied, ob es geöffnet ist oder nicht» (VIII, 135). Durch das «Gesetz zur Wiederherstellung des Berufsbeamtentums» vom 7. April verloren viele – auch gerade jüdische – Beamten, die politisch als nicht zuverlässig galten, ihre Stelle. Der mit der Familie Stein befreundete Professor Koebner, Chefarzt der Hautstation eines Städtischen Krankenhauses, wurde entlassen; Hans Biberstein rechnete täglich mit demselben Schicksal. Ebenso befürchtete man Übergriffe auf die Praxis von Max Gordon in Hamburg. Richard Courant verlor seine Professorenstelle und leitete seine Emigration in die USA in die Wege.

Um diese Zeit faßt Edith Stein den Entschluß, beim Hl. Stuhl um eine Privataudienz nachzusuchen. Freilich wollte sie dies nicht ohne den Rat von Erzabt Walzer tun. So reist sie am 7. April nach Beuron. Dort hat sie, als sich eine Privataudienz bei Papst Pius XI. nicht ermöglichen ließ, einen Brief an ihn verfaßt. Zur gleichen Zeit begannen die Verhandlungen des Vatikans mit der Reichsregierung über ein Konkordat, das die Rechte der katholischen Kirche in Deutschland sichern sollte. Erzabt Raphael, der gerade erst von einer Japanreise zurückgekehrt war, brach schon am 25. April für wenige Tage nach Rom auf. Es ist als sicher anzunehmen, daß er bei dieser Gelegenheit Edith Steins Brief versiegelt – wie sie selbst in ihren Aufzeichnungen schreibt – übergeben hat. Sie hat in diesem Brief um eine Enzyklika zum Schutz der Juden ersucht, und sie macht auch auf die Gefahren für die Katholiken aufmerksam. Doch Vorrang hatte nun der Abschluß des Konkordates (20. Juli 1933). Dafür wurde sogar die Auflösung der politischen Interessenvertretung der Katholiken, der Zentrumspartei (am 4. Juli 1933) in Kauf genommen. Enttäuscht notiert Edith Stein in ihren Aufzeichnungen «Als ich in den Kölner Karmel kam»: «Ich habe einige Zeit danach einen Segen für mich und meine Angehörigen erhalten. Etwas anderes ist nicht erfolgt.» Und sie fährt fort: Ob Papst Pius XI. «nicht dieser Brief noch manchmal in den Sinn kommen mochte. Es hat sich nämlich in den folgenden Jahren

Schritt für Schritt erfüllt, was ich damals für die Zukunft der Katholiken in Deutschland voraussagte.»[28] Zu spät erkannte Pius XI., daß er getäuscht worden war. Die Enzyklika «Humani generis unitas», die auch Stellung zur Judenverfolgung nehmen sollte, wurde im Mai 1938 begonnen. Ihr Tenor ist zwiespältig: Einerseits werden die Katholiken vor den Juden gewarnt, «solange der Unglaube des jüdischen Volkes und seine Feindschaft gegenüber dem Christentum fortbesteht», andererseits verurteilt der Papst «ganz besonders den Haß gegen das einst auserwählte Volk Gottes, nämlich jenen Haß, den man ‹Antisemitismus› nennt»[29]. Der Tod des Papstes verhinderte die Veröffentlichung dieser Enzyklika. Die Entwürfe galten bis 1995 als verschollen.

Am 18. April bricht Edith wieder von Beuron auf, macht einen Besuch im Kloster St. Magdalena in Speyer und kehrt am 19. April abends nach Münster zurück. Am nächsten Tag sucht sie die Geschäftstselle des Instituts auf. Dort rät man ihr, vorerst keine Vorlesungen mehr anzukündigen, sondern an der angefangenen Arbeit zur «Anthropologie» in aller Stille weiterzuarbeiten, bis die politische Lage sich geklärt habe. Der «Verein katholischer deutscher Lehrerinnen» sagt ihr die Weiterzahlung des Gehalts zu, bis sie wieder arbeiten könne, sei es weiter am Institut, sei es irgendwo im Ausland.

Anmerkungen

1 M. Renata, 70.

2 Hedwig Conrad-Martius, Realontologie, München 1919, 325.

3 Alexander Koyré, Descartes und die Scholastik, Bonn 1923, 168.

4 Hedwig Conrad-Martius, Schriften zur Philosophie I, 1963, 256.

5 M. Renata, 55.

6 Maria Adele Hermann, Die Speyerer Jahre von Edith Stein, Aufzeichnungen zu ihrem 100. Geburtstag, Speyer 1990, 73.

7 Edith Stein ging nach einem Zeugnis von Frau Elisabeth Wahl «fast als einzige weltliche Person ... in den Werktagsgottesdiensten zur heiligen Kommunion»; täglicher Kommunionempfang war damals noch nicht üblich. Vgl. J. Feldes, Edith Stein und Schifferstadt, 1998, 32f.

8 Maria Adele Hermann, 85f.

9 Maria Adele Hermann, 87.

10 Maria Adele Hermann, 101.

11 Erich Przywara, Edith Stein. Zu ihrem zehnten Todestag, in: In und Gegen, (1952), 61.

12 Ebd., 61ff.

13 Hanna-Barbara Gerl, Unerbitterliches Licht, 63.

14 Hanna-Barbara Gerl, Unerbitterliches Licht, 106.

15 Der Aufsatz «Wahrheit und Klarheit im Unterricht und in der Erziehung» ist abgedruckt in der – inzwischen fast verschollenen – Zeitschrift «Volksschularbeit, Monatschrift für aufbauende Erziehung und Bildung. Herausgegeben von Georg Albrechtskirchinger». Der Herausgeber war Vorsitzender des «Katholischen Lehrervereins Bayern». Der Wortlaut des Textes läßt vermuten, daß es sich um einen Vortrag gehandelt hat, zumal auf der Maschinenabschrift die Notiz zu lesen ist: «11.9. Speyer und 12.9. Kaiserslautern». Eine Jahresangabe fehlt dort, jedoch ist der Abdruck bezeichnet als «Heft 11, S. 321–328, 1926, 7. Band», unterzeichnet mit Dr. Edith Stein/Speyer. Das spricht dafür, daß Edith Stein das Referat im September 1926 gehalten hat.

16 Maria Adele Hermann, 88.

17 Edith-Stein-Jahrbuch. Band 2, Würzburg 1996.

18 Vgl. die Liturgiekonstitution «Sacrosanctum Concilium», Nr. 58.

19 P. Notker Hiegl, Beuron und seine Heiligen, 1996, 103f.

20 Der Bericht über diese Versammlung ist veröffentlicht im Organ des genannten Vereins «Zeit und Schule», 28. Jg. Nr. 9, 1.5.1928. Das ungekürzte Referat findet sich in der Jugend-Nummer der Zeitschrift, Nr. 5, 1.7.1928, S. 108–110. Im weiteren Verlauf der Tagung referierten noch mehrere andere Frauen, mit denen Edith Stein bis in ihre Klosterzeit hinein verbunden blieb.

21 Ein Manuskript der Referentin zu diesem Vortrag gibt es nicht mehr. Der – vermutlich gekürzte – Text findet sich mit der Angabe «Dr. E. Stein, Speyer a. Rh.» in der Jugend-Nummer (Beilage Nr. 2 der Katholischen Junglehrerinnen zu der Zeitschrift «Zeit und Schule») vom 16. Februar 1929. Ort und Datum des Referates sind nicht angegeben.

22 Näherer Aufschluß über diese Veranstaltung findet sich im Archiv der Zisterzienserinnen-Abtei Seligenthal in Landshut. Domkapitular Thaddäus Stahler (1857–1938) war in der Zeit des Ersten Weltkriegs Vorsitzender des Landesverbandes der kath. geistl. Schulverbände Bayerns, dem auch verschiedene Dominikanerinnenklöster angehörten, die Schulen besaßen, sicherlich auch St. Magdalena. Stahler hatte 1916 aus diesem Verband heraus eine «Arbeitsgemeinschaft für Klostervorsteherinnen und klösterliche Schulleiterinnen» gebildet.

23 Der Text ist abgedruckt im Speyrer Bistumsblatt, dem «Pilger», Nr. 30, 27. Juli 1930, S. 699/700, jetzt auch in: ESW Bd. XII, S. 123–125.

24 Die Vielfalt der Veranstaltungen war beeindruckend, besonders auch deswegen, weil die meisten Referate von Frauen gehalten wurden, eins gar von einer Studentin. Auch aus dem umliegenden Ausland, besonders aus dem Deutschen Reich, waren führende Frauen zahlreich gekommen, u. a. die Reichstagsabgeordnete Dr. Helene Weber.

25 Es ist die Geschichte einer furchtsamen Karmelitin, die während der Französischen Revolution als letzte ihres Ordens auf dem Schafott hingerichtet wird.

Als sie die Unausweichlichkeit ihres Weges erkennt, nimmt sie ihre Berufung als Blutzeugin an. Die Novelle schildert den inneren Weg dieser Nonne und zeigt, daß Gottes Kraft gerade in der Schwäche lebendig ist.

26 Der «Thomas-Index» – ein lateinisch-deutsches Wörterverzeichnis zu Edith Steins Übertragung von «De veritate» – wurde wegen finanzieller Schwierigkeiten erst 1934 gedruckt.

27 M. Renata, 109.

28 M. Renata, 114.

29 Georges Passelecq, Bernard Suchecky, Die unterschlagene Enzyklika. Der Vatikan und die Judenverfolgung, München 1995, 142.

5. Kapitel

Der Weg in die dunkle Nacht

«Wenn es hier nicht mehr geht, so gibt es in Deutschland überhaupt keine Möglichkeit mehr für mich.»[1] Das war die nüchterne Bilanz, die Edith Stein aus dem Gespräch mit dem Geschäftsführer des «Instituts für wissenschaftliche Pädagogik» in Münster angesichts der politischen Lage ziehen mußte. Auch viele ihrer jüdischen Freunde konnten bereits keine Arbeit mehr finden. Und wohin hätte sie sich auch bewerben sollen, wenn es selbst in einer katholischen Einrichtung wie diesem wissenschaftlich-pädagogischen Institut keine Anstellung mehr für sie gab? Überall hätte man dieselben Befürchtungen vorbringen können.

Bei ihrer Familie in Breslau konnte sie die Ferien verbringen – die christlichen Hochfeste feierte sie bereits seit ihrer Konversion auswärts –, aber als bekennende und überzeugte Christin kaum noch auf Dauer leben, weil es wegen ihrer Konversion zu immer neuen Spannungen mit der Mutter gekommen wäre.

Wieder einmal stand Edith Stein vor dem Nichts. Wenn es in Deutschland keine Möglichkeit mehr gab, sollte sie dann emigrieren? Das war ja die Konsequenz, die viele jüdische Familien, aber auch Künstler wie Thomas Mann, Bertold Brecht oder Marlene Dietrich aus der Machtergreifung Hitlers zogen. Immerhin hatte Edith Stein ein Angebot von einer Schule in Südamerika erhalten (näheres darüber ist nicht bekannt). Aber sie entschied sich, wie bereits vor Jahren Werner Heisenberg und andere, auch in diesen schweren Zeiten in Deutschland zu bleiben. In den elf Tagen zwischen der «Kündigung» und der endgültigen Entscheidung über ihren künftigen Lebensweg muß Edith Stein intensiv darüber nachgedacht haben, ob diese verfahrene Situation nicht ein Wink oder gar der Wille Gottes sei: Sollte sie nun ihren seit 1921 gehegten Wunsch in die Tat umsetzen und in den Karmel eintreten? Das würde bedeuten, in einer kleinen (Ordens-)gemeinschaft von zumeist nicht akademisch gebildeten Frauen hinter Klostermauern ein Leben des Gebetes zu führen. Verglichen mit ihrem bisherigen Leben, zumal der großen öffentlichen Wirksamkeit der letzten Jahre, wäre dies einer ungeheuren Selbstbeschränkung und einer erneuten radikalen Umwendung des Lebensweges ins Ungewisse gleichgekommen.

Edith Stein hatte ihr rastloses öffentliches Leben seit ihrer Konversion immer aus dem Gebet heraus gelebt. War die Unterbindung ihrer öffentlichen Tätigkeit in Deutschland nun tatsächlich ein Wink, ganz im Gebet stellvertretend für andere vor Gott zu stehen? War das der Weg, wie sie sich in dieser ausweglosen Situation selber treu bleiben konnte?

Am zweiten Sonntag nach Ostern – es war der 30. April 1933 – beging man in der St.-Ludgeri-Kirche in Münster das (nachgeholte) Fest des Namenspatrons. Den ganzen Tag über war das Allerheiligste zur eucharistischen Anbetung ausgesetzt. Edith Stein ging gegen Abend in die Anbetungsstunde, um Klarheit über ihren weiteren Lebensweg zu gewinnen. Da kam ihr die Erinnerung an den Tag ihrer Taufe. Damals hatte sie gehofft, daß die Taufe der erste Schritt sein könnte auf dem Weg in den Orden der Teresa von Avila, der «Unbeschuhten Karmelitinnen». Freilich war unmittelbar nach der Konversion an einen Ordenseintritt noch nicht zu denken gewesen, und später hatte die Rücksicht auf ihre Mutter sie davon abgehalten. Ihre geistlichen Berater – zunächst Prälat Schwind in Speyer, dann der Erzabt von Beuron – hatten zudem die Zustimmung zu diesen Klosterplänen mit dem Hinweis auf Edith Steins bedeutsame öffentliche Wirksamkeit im katholischen Leben verweigert. Nun aber war dieses Hindernis gefallen, und auch ihre alternde Mutter, so hofft Edith Stein, könnte noch umgestimmt werden.

Am Abend des Gebetstages in der Ludgeri-Kirche ist Edith Stein entschlossen, den Eintritt in den Karmel anzustreben: «Als der Schlußsegen gegeben war», so schreibt sie, «hatte ich das

Jawort des Guten Hirten.»[2] Schriftlich bittet sie Erzabt Raphael um seine Zustimmung. Dieser hat zwar Bedenken, ob die inzwischen Zweiundvierzigjährige das einfache und entbehrungsreiche Leben im Karmel durchhalten kann, doch er stimmt zu.

«Karmel», der Name des Ordens, erinnert an den gleichnamigen Ort in der Nähe der heutigen Hafenstadt Haifa (Israel). Dort lebte im 9. Jahrhundert v. Chr. der jüdische Prophet Elija, ein Gottsucher, der gegen die Willkür der Mächtigen kämpfte. Einmal hat er für die dürstenden Menschen und das ausgedorrte Land von Gott Regen erbeten (vgl. 2 Kön 18). Zu ihm hat Gott nicht in den Zeichen der Natur (im Feuer, im Erdbeben oder im Sturm) gesprochen, sondern in einem «leisen, sanften Säuseln», und er hat sein Gesicht in einen Mantel gehüllt (vgl. 2 Kön 19). In seiner Nachfolge haben sich bereits in frühchristlicher Zeit christliche Mönche dort niedergelassen, um wie Elija als Einsiedler in der Einsamkeit ein kontemplatives Leben zu führen. Im dürren Land, das sich nach Regen sehnt, erkannten sie den Menschen, der Gott sucht, im Regen die Barmherzigkeit Gottes und in der Wolke den Menschen Maria – die Jungfrau vom Karmel –, deren Sehnsucht nach Gott sich zum Heil aller erfüllt. Nach jüdischer Überlieferung war Elija nicht gestorben, sondern er ist zu Gott entrückt worden und wird wiederkommen am Ende der Zeiten. Am alljährlichen Passahfest steht deshalb ein gefüllter Becher auf dem Tisch, und die Tür wird geöffnet, damit Elija komme und man das endzeitliche Mahl miteinander halten kann. Eljas Wahlspruch «Es lebt der Herr, vor dessen Angesicht ich stehe» hat Edith Stein wiederholt zu Hilfe genommen, um die Berufung des Karmels zu erläutern.

Als sich zur Zeit der Kreuzzüge auch Männer aus dem Abendland dorthin zurückzogen, erbaten sie vom damaligen Patriarchen von Jerusalem eine verpflichtende Regel. Der Kernsatz dieser Ordensregel gilt bis heute: «Es bleibe ein jeder in seiner eigenen Zelle …, Tag und Nacht im Gesetz des Herrn betrachtend und im Gebete wachend, sofern er nicht durch andere Arbeiten rechtmäßig verhindert ist.»

Als der Orden sich jedoch durch zurückkehrende Kreuzfahrer in Europa verbreitete, verlor er mit der Zeit seine Zentralidee der gespannten Sammlung und des unerbittlichen «Eiferns» für Gottes Sache. Was Teresa von Avila (1515–1582) im «Kloster der Menschwerdung» erfahren hat, war symptomatisch: eine an äußeren Formen orientierte Frömmigkeit, allenfalls ehrenwerte Mittelmäßigkeit und komfortable Starre.

Dem hielt Teresa Christus als den Mann der Schmerzen entgegen, der für die anderen einsteht, mit ihnen leidet und blutet. Sie wollte keine Neugründung, aber eine Reform, um zu den ursprünglichen Quellen zurückzukehren. Sie sorgte sich nicht in erster Linie um ihr persönliches Heil oder um das ihrer Schwestern oder ihres Ordens. Teresa ging es um die geistliche Sendung der Kirche. Mit ihrer neu entdeckten Christusliebe wollte sie die Kirche ihrer Zeit an ihre Wurzeln und an ihren Auftrag erinnern: an die Feindesliebe Jesu. Mit Luther und Ignatius von Loyola verbindet sie der neue, vom einzelnen und seiner Heilsfrage her motivierte Zugang zu Gott: «Wie kriege ich einen gnädigen Gott?» Aber im Unterschied zu Luther ist es nicht das befreiende Wort Gottes («Sola scriptura»), in dem der Glaube zur Ruhe kommt, sondern die Freundschaft mit Gott, die Teresa im eigenen Inneren, «von Angesicht zu Angesicht», findet («Solo Dios basta»). Das innere Gebet ist für sie «ein Gespräch mit einem Freund, mit dem wir oft und gern zusammenkommen, um mit ihm zu reden, weil wir sicher sind, daß er uns liebt». In innersten Gemach der «Seelenburg» liegt jener Ort, an dem sich das Wort erfüllt: «... nicht mehr ich lebe, sondern Christus lebt in mir» (Gal 2,20). Dazu sagt Edith Stein: «... wir verstehen unter dem Gesetz des Neuen Bundes den Herrn selbst, ... um uns ihm nachzugestalten» (vgl. XI,5). Im Zentrum dieser Gottsuche steht die den ganzen Menschen umfassende und bis ins letzte verinnerlichte Feindesliebe, oder besser: ein Lieben, das den Haß überwindet im Sinne einer konsequenten und mühsamen Arbeit an sich selbst. Und das ist es auch, was Edith Stein der in Deutschland ausbrechenden Gewalt, der Ausgrenzung sowie dem entfesselten Haß, der die Welt in Brand setzen wird, entgegensetzt.

Mit ihrem Eintritt in den Karmel begibt Edith Stein sich auf den Weg der Schwestern Teresas. Teresa selbst hat ihre kirchliche Sendung einmal – in der ganzen barocken Bildhaftigkeit ihres Sprachstils – so umschrieben: «Wenn in einer Schlacht der Bannerträger auch nicht selbst kämpft, so steht er deswegen doch in keiner geringeren Gefahr, im Gegenteil, in seinem Innersten muß er mehr durchstehen als alle anderen. ... So ergeht es den Kontemplativen: Sie müssen das Banner der Demut hoch vor sich hertragen und alle Schläge aushalten, die auf sie zurückschlagen. Ihr Anteil ist, wie Christus zu leiden, das Kreuz emporzuheben, es trotz aller Gefahren nicht aus den Augen zu lassen.»

Nachdem auch Raphael Walzer seine Zustimmung signalisiert hatte, konnte Edith Stein die ersten vorbereitenden Schritte für ihren Ordenseintritt in die Wege leiten. Es war ihr klar, daß mehreres gegen ihren Eintritt in den Karmel sprechen konnte: ihr

Alter von fast 42 Jahren, vielleicht die Konversion aus dem Judentum, vor allem jedoch die philosophische Ausbildung und ihre öffentliche Tätigkeit. Daher bat sie eine Bekannte um Vermittlung, nämlich Frau Dr. Elisabeth Cosack, die mit Sr. Marianne de Deo (geb. Gräfin Praschma) eine Freundin im Kölner Karmel hatte. Gemeinsam suchen sie am Sonntag, den 21. Mai 1933 den Karmel in Köln-Lindenthal (Dürener Straße 68) auf. Elisabeth Cosack will zunächst allein mit Sr. Marianne sprechen, während Edith Stein in der Kapelle neben dem Votivaltar der hl. Therese v. Lisieux betet. Das Ergebnis stimmt hoffnungsvoll, denn Sr. Marianne spricht davon, daß sie eine Neugründung plane, und zwar in Pawelwitz (später Wendelborn genannt), einem Vorort Breslaus, und daß sie gerne bereit sei, Edith Stein zu dieser Stiftung mitzunehmen.

Freilich geht das alles nicht so rasch, wie die Beteiligten es sich wünschten. Edith Stein mußte ja erst einmal Aufnahme im Kölner Karmel finden. Dazu hatte sie sich der Priorin, der Subpriorin und Novizenmeisterin, schließlich allen stimmberechtigten Schwestern vorzustellen und natürlich ihre Papiere einzureichen: Geburts-, Tauf- und Firmzeugnis, dazu Gutachten des zuständigen Pfarrers und ihrer geistlichen Berater Dompropst Dr. Donders in Münster und Erzabt Raphael Walzer aus Beuron. Schließlich bedurfte es eines Zeugnisses von St. Magdalena in Speyer sowie eines ärztlichen Attestes.[3] Zu erwähnen ist, daß das Zeugnis von Erzabt Walzer nicht von Edith Stein selbst erbeten wurde, denn die ob dieser ungewöhnlichen Kandidatin besorgte Novizenmeisterin Teresia Renata war ihr zuvorgekommen. Raphael Walzer bedauerte zwar das Verschwinden «dieser wertvollen Arbeitskraft der ‹streitenden› Kirche» in der Klausur eines Karmels, stellte ihr jedoch ein glänzendes Zeugnis aus. So konnte Edith Stein sich am 18. Juni im Sprechzimmer den Kapitularinnen vorstellen. Sie wurde darauf aufmerksam gemacht – vermutlich von der Novizenmeisterin Teresia Renata –, daß sie im Karmel nicht mit einer Fortsetzung ihrer wissenschaftlichen Arbeit rechnen könne. Der Eintritt in den Karmel bedeutet ja in völliger Armut (ohne bestimmte Einkünfte) und in strenger Klausur ein Leben des Gebets führen, in dem, wie

Teresa schrieb, die Schwestern «alle Freundinnen seien, einander lieben und gern haben und einander beistehen» sollen. Die Tagesordnung war genau eingeteilt, sie lebte aus dem Schweigen und ist ganz auf das Beten mit der Kirche (Stundengebet), auf Betrachtung und Sammlung sowie auf die Vergegenwärtigung des Kreuzweges und der Leidensgeschichte Jesu ausgerichtet: 4.30 Uhr Aufstehen, 5–6 Uhr erste Betrachtung, anschließend der Beginn des Stundengebetes (Prim/Non), 7 Uhr hl. Messe, 8–9.53 Uhr Arbeit, 9.53–10.00 Uhr kurze Gewissenserforschung, 10 Uhr Mittagessen, anschließend bis 12 Uhr Rekreation mit gemeinsamer Unterhaltung, 12–13 Uhr Mittagsruhe, 13–14 Uhr Arbeit (bzw. für die Novizinnen ab 13.30 Uhr Unterricht), 14 Uhr Stundengebet (Vesper) mit geistlicher Lesung, 15–16.35 Uhr Arbeit, 16.35–17.00 Uhr Kreuzwegsmeditation und geistliche Lesung in der Zelle, 17–18 Uhr zweite Betrachtungsstunde, 18 Uhr Abendessen und Rekreation, 19.30 Uhr Stundengebet (Komplet), 20–21 Uhr Zelleneinsamkeit, 21 Uhr Stundengebet (Matutin und Laudes; die eigentlichen Morgengebete, da die kirchliche Tageszählung – nach jüdischem Brauch – von Abend zu Abend geht).[4]

Edith Stein wußte, daß diese Tagesordnung des Karmels – mit «nur» 4½ Stunden Arbeitszeit – ganz auf die Betrachtung und das innere Wachstum (Mitgehen mit der Liebe und dem Leiden Jesu) ausgerichtet war. Daher antwortet sie auf den Hinweis von Sr. Renata: «Nicht die menschliche Tätigkeit kann uns helfen, sondern das Leiden Christi. Daran Anteil zu haben, ist mein Verlangen.»[5] Später schreibt sie über das Ziel des Ordenslebens im Karmel: «Die Hingabe unseres Willens ist das, was Gott von uns verlangt und was wir leisten können. ... Sie ist zugleich die Bedingung der mystischen Vereinigung, die nicht in unserer Macht steht, sondern freies Geschenk Gottes ist» (VI,67).

Am folgenden Tag erhält sie per Telegramm in Münster das Ergebnis der Abstimmung: «Freudige Zustimmung. Gruß Karmel.» Damit war Edith Stein vom Karmel in Köln als Anwärterin für den Ordensberuf (Postulantin) aufgenommen.

Im Karmel in Köln

Was Edith Stein bewogen hat, den Kölner Karmel zu wählen, wissen wir nicht. Sicher ist jedoch, daß sie diesen Karmel kannte, und zwar durch eine Konvertitin aus dem Judentum, die sie auf die Taufe vorbereitet hatte.

Der Kölner Karmel ist der älteste in Deutschland. Er konnte damals auf eine bewegte Geschichte mit nur zweimaliger Unterbrechung zurückblicken. Im November 1637 waren die beiden ersten Unbeschuhten Karmelitinnen nach Köln gekommen: Mutter Theresia von Jesus aus Brüssel und Mutter Isabella vom Hl. Geist aus Antwerpen. Die Gründung dieser beiden Klöster war durch Spanierinnen erfolgt, die noch unmittelbare Schülerinnen und Novizinnen der hl. Teresa v. Avila gewesen waren. Daher fühlte sich der Kölner Karmel in der direkten Nachfolge der großen Kirchenlehrerin. Die erste Niederlassung in der südlichen Altstadt, damals noch innerhalb der Stadtmauern gelegen, beherbergte als kostbaren Schatz eine Marienstatue, die die in Köln verstorbene Exkönigin Maria de Medici den Karmelitinnen vermacht hatte. Damals, noch mitten im Dreißigjährigen Krieg, gab die Priorin Isabella diesem Bildnis den Namen «Maria Regina Pacis». In den unsäglichen Schrecken jenes Krieges galt die größte Sehnsucht der Menschen ja dem Frieden – dem «Frieden der Waffen und dem Frieden der Herzen», wie es in einem alten Gebet heißt. Bald schon wurde das Muttergottesbildnis in der Karmelitinnenkirche als Gnadenbild verehrt. Es verblieb auch in der Kirche, als 1802 die Bewohnerinnen im Zuge der Säkularisation das Schicksal der Ausweisung ereilte; Novizinnen hatten sie schon lange nicht mehr aufnehmen dürfen. Die alternden Schwestern zogen sich damals in ein Privathaus in der Pfarrei St. Columba zurück. Als wieder bessere Zeiten kamen, setzte eine beherzte und unnachgiebige Kölnerin nach unglaublichen Mühen die Wiederbelebung des Karmels durch. Diesmal kamen die Gründerinnen aus Lüttich; und da die alte Karmelkirche inzwischen Pfarrkirche geworden war, bezogen sie 1845 ein neues Kloster neben der romanischen Kirche St.

Gereon. Doch schon 1875 vertrieb sie der Kulturkampf. Dieses Mal war die noch junge Kommunität jedoch nicht gewillt, auszusterben. Sie zog in die Niederlande und baute ein neues Kloster in Echt (Niederländisch-Limburg). Da sich auch viele Gläubige in Köln nicht mit dem Verlust des Karmels abfinden wollten, mußte die staatliche Seite schließlich nachgeben. So kehrte 1896 ein Teil der Ausgewanderten wieder nach Köln zurück. Der Karmel bei St. Gereon war jedoch inzwischen verkauft worden, Vinzentinerinnen waren mit einem Kinder- und Waisenheim eingezogen. Daher bezogen die Karmelitinnen nun erst einmal eine provisorische Mietswohnung, während der dritte Kölner Karmel entstand: der Karmel in Köln-Lindenthal, Dürener Straße 68, in den Edith Stein 1933 eintrat.

Am 15. Juli wurde Edith Stein in Münster feierlich verabschiedet, und noch am selben Tag – es war die Vigil des Hochfestes Unserer Lieben Frau vom Karmel – zog sie in Köln fürs erste in ein Pfortenzimmer des Klosters ein; sechs große Kisten mit Büchern und Manuskripten waren schon vorher angekommen. Die Kandidatin konnte nun ein paar glückliche Wochen in ihrer Pfortenwohnung verbringen. Am Gitter im Presbyterium machte sie bereits die ganze Tagesordnung mit. Ihr Eintritt in die Klausur war für den 14. Oktober geplant, den Vorabend des Hochfestes der hl. Teresa. Vorher wollte sie noch zwei Monate in Breslau verbringen, um die Mutter auf ihre Lebensentscheidung vorzubereiten und um Abschied zu nehmen von der ganzen Familie und den Freunden. Zuvor traf Edith Stein in Trier Erzabt Raphael, um seinen Segen für die kommende Zeit in Breslau zu erbitten. In Trier verehrte sie auch den «Heiligen Rock», der dort gerade ausgestellt war. Sicherlich galt er ihr als Sinnbild der Menschheit und der Passion Jesu. Das Hochfest Mariä Himmelfahrt am 15. August erlebte sie in der Benediktinerabtei Maria Laach.

In Breslau hatte sich inzwischen vieles verändert. Die Geschäfte gingen nicht mehr, Bekannte emigrierten, jüdische Freunde und auch Familienmitglieder hatten ihren Arbeitsplatz verloren. Auguste Stein schmerzte es, daß niemand in die frei gewordene

Wohnung einziehen wollte, die in ihrem Haus zu vermieten war, Edith Stein erreichte jedoch noch vor ihrer Abreise, daß die evangelische Gemeinde «Zu den elftausend Jungfrauen» die Räume anmietete. Auguste Stein, die ihre Hochzeit mit patriotischen Anklängen begangen hatte, die – wie ihre ganze Familie – ihr Leben lang als Deutsche in Deutschland gelebt, hart gearbeitet und damit auch andere Familien ernährt hatte, sollte auf einmal nicht mehr dazugehören, «zu einem Pariadasein» verurteilt sein (VII,2), wie Edith Stein schreibt.

Bereits seit März 1933 hatte Edith Stein erwogen, das Leben ihrer Familie im Sinne eines Protest- und Aufklärungsbuches niederzuschreiben, um es dem erschreckenden Zerrbild der «programmatischen Schriften und Reden der neuen Machthaber» (VII,1) entgegenzuhalten. Unter dem Eindruck der Breslauer Verhältnisse ging sie nun daran, diesen Plan in die Tat umzusetzen. Sie begann damit, die Erinnerungen ihrer Mutter zu protokollieren und zu ordnen. Diese wollte sie dann durch eigene Erlebnisse ergänzen. Das war der Anfang ihres Buches «Aus dem Leben einer jüdischen Familie». Edith Stein wollte damit den vielen, denen die Erfahrung jüdisch-deutscher Lebenswelt fremd war – vor allem aber «der Jugend, die heute von frühester Kindheit an im Rassenhaß erzogen wird» –, die Gelegenheit geben, «jüdisches Menschentum» (VII,2) kennenzulernen. Das ideologisierte und verlogene Haßbild des Judentums, das Hitler in seinem Machwerk «Mein Kampf» – im Kapitel «Volk und Rasse» – gezeichnet hat, lenkte geschickt das Versagen der deutschen Politik (und Kriegsführung) in gesellschaftlichen, sozialen und politischen Problemen auf einen Sündenbock. Edith Stein wußte bereits seit Schelers Vorlesung über die Sympathiegefühle Liebe und Haß, daß beides mächtige Elementargewalten sind, denen der Mensch unvermittelt, aber nicht wehrlos ausgesetzt ist. Daher will sie dem öffentlich immer spürbarer werdenden Haß entgegentreten und an die Vernunft der Menschen appellieren. Hitlers Haßbild vom Juden als «Parasit im Körper anderer Völker»[6], dem er den angeblich höherentwickelten und zum Herrentum berufenen Arier als «den Kulturbegründer und -träger schlechthin»[7] gegenüberstellte, setzt Edith Stein mehrere Generationen ihrer patriotisch eingestellten Familie entgegen.[8] Sie zeichnet die schleichende Säkularisierung und Liberalisierung in dieser jüdischen Familie nach – das Buch endet 1916 mit der Feier der bestandenen Promotion, d.h. vor der Konversion Edith Steins –, die mit Ehrlichkeit, Fleiß und Aufrichtigkeit dazu beigetragen hatte, Deutschland voranzubringen, und damit ein Beispiel dafür gibt, wie wichtig das Judentum wirtschaftlich und kulturell für Deutschland geworden war.

Und wie erging es Edith Stein in der Familie mit ihren klösterlichen Plänen? Wie viele andere jüdische Familien, so hatte zu dieser Zeit auch die Familie Edith Steins – dies berichtet ihre Nichte Susanne Batzdorf-Biberstein aus eigener Anschauung – durch den äußeren Druck damit begonnen, sich wieder neu «die vernachlässigten jüdischen Werte zu eigen zu machen. ... Der bewußt gelebte jüdische Glaube hatte vielleicht bei vielen geschlummert, wurde aber jetzt in der Zeit des Schreckens und der Bedrohung lebendig»[9] und machte aus deutschen Staatsbürgern jüdischen Glaubens eine Schicksals- und Leidensgemeinschaft. In dieser Situation mußte der Plan der Christin Edith Stein, in den Karmel einzutreten, auf ihre Familie unverständlich wirken. Falls wirtschaftliche Not der Grund für den Karmeleintritt sein sollte, dann wollten Max Gordon und Hans Biberstein sie sogar finanziell unterstützen, damit sie diesen Schritt nicht vollziehe.

Die beiden Monate in Breslau waren für Edith Stein wie für ihre Angehörigen eine sehr schwere Zeit. Sie litt besonders unter dem fast verzweifelten Leid der Mutter, die den Klostereintritt ihrer geliebten Jüngsten nicht verstand und wohl auch nicht verstehen wollte. Aus Breslau schrieb Edith damals an Schwester Callista Kopf: «Ich weiß, daß meine Mutter sich nur einigermaßen beruhigt hat, weil sie im stillen hofft, daß ich es doch nicht fertigbringen werde, das Schrecklichste zu tun, was sie sich denken kann. Helfen Sie mir, daß ich gehen kann, wie es beabsichtigt war» (VIII,150; 13.9.33). Und später schreibt sie rückblickend über diese Zeit: «Oft habe ich in jenen Wochen gedacht: Wer von uns beiden wird zusammenbrechen, meine Mutter oder ich? Aber wir hielten beide bis zum letzten Tage aus.»[10]

Auch Edith Steins Geschwister sowie ihre Nichten und Neffen litten unter der bevorstehenden Trennung. Sie wußten aber auch alle, daß Edith nie etwas unternehmen würde, nur um dem allgemeinen jüdischen Schicksal zu entgehen, sondern daß sie dem Ruf ihres Gewissens folgte. Alle erwiesen ihr jetzt die gleiche Liebe und Rücksicht, die sie ihr gegenüber immer gezeigt hatten.

Der letzte Tag zu Hause war der 12. Oktober, Edith Steins Geburtstag und zugleich der Abschluß des jüdischen Laubhüttenfestes. Auguste Stein und ihre Tochter Edith besuchten gemeinsam den Festgottesdienst in der Synagoge des Rabbinerseminars. Der Rabbiner, ein bedeutender Gelehrter, hielt eine ausgezeichnete Predigt. «Man kann also auch jüdisch fromm sein?» forschte Auguste auf dem Heimweg. Gern bestätigte Edith dies, hatte sie doch über Jahrzehnte die Frömmigkeit ihrer Mutter erlebt und bewundert. Nun aber, so fügt sie hinzu, habe sie anderes kennengelernt. «Warum hast du es kennengelernt?» kam es verzweifelt zurück. «Ich will nichts gegen ihn sagen. Er mag ein sehr guter Mensch gewesen sein. Aber warum hat er sich zu Gott gemacht?»[11] Eine Erklärung über den für sie so fremden Glauben ihrer Tochter wollte Auguste Stein nicht hören. «Meiner Mutter etwas verständlich zu machen, war ganz unmöglich. ... Von Katholizismus und vom Klosterleben hat sie schauderhafte Vorstellungen» (VIII,156,154; 31.10.33). Kurz vor dem Tod der Mutter blickt Edith Stein in einem Brief an Petra Brüning noch einmal auf diese Tage zurück: «Sie schreiben, ... der Herr werde meiner Mutter ihre Messiashoffnung anrechnen. Wenn sie die nur hätte! Der Messiasglaube ist bei den heutigen Juden, auch bei den gläubigen, fast verschwunden. Darum habe ich meiner Mutter weder die Konversion noch den Eintritt in den Orden je verständlich machen können» (IX,60; 19.7.36). Während dieses letzten Tages, den Edith Stein in Breslau verbrachte, kamen viele Gäste, Verwandte und Freundinnen, um sich von ihr zu verabschieden.

Am übernächsten Tag, dem 14. Oktober, betritt Edith Stein am

Nachmittag die Klausur. Damit beginnt ihre sechsmonatige Probezeit im Orden. Sie trägt ein schwarzes Samtkleid und erhält nun die damals für «Postulantinnen» (Ordensanwärterinnen) übliche «Pellerine» (großer Kragen) und das Häubchen. Ihre Zelle liegt zwischen denen der Novizinnen und geht zum freundlichen Innenhof hinaus: «... zwischen ... weißgetünchten Mauern, drei Meter im Quadrat».[12] Diese Abgrenzung nach außen und die radikale Zurücknahme ihrer Aktivitäten (noch Jahre zuvor war sie rastlos durch Deutschland gereist), um für innen frei zu werden, – das ist der deutliche Ausdruck ihres konsequenten Weges von der phänomenologischen Methode der «Reduktion», dieser Erkenntnisweise, die das Empfangen in der Erkenntnis neu entdeckt hatte, hin zur täglich neu zu erwerbenden Aufmerksamkeit für Gott und sein Geheimnis. Aus der Phänomenologin Edith Stein war eine kontemplative Nonne geworden. «Eigentlich sollten alle meine Freunde sich mit mir freuen, daß ich endlich dort gelandet bin, wo ich längst hingehörte», schrieb sie damals (XIV,235; 27. 11. 33). Die abendliche Komplet war für Edith Stein das erste Chorgebet im Karmel, dem um 21 Uhr die Matutin zum Hochfest der hl. Teresa folgte.

Die Aufnahme in den Orden vollzieht sich in mehreren Stufen und über einen längeren Zeitraum hinweg, im Falle Edith Steins über viereinhalb Jahre: zunächst die Zeit der Anwartschaft (Postulat), dann die Phase der Aufnahme in den Orden (Noviziat) mit der Einkleidungsfeier – als zeitlich befristete Bindung an die Gelübde der Armut, Keuschheit und des Gehorsams im Orden (Profeß) –, dann die lebenslange Bindung (Ewige Profeß) und das Schleierfest, durch das aus der Novizin (dem Neuling) eine Kapitularin (dauerndes Mitglied einer Ordensgemeinschaft) wird. Man prüft sich also intensiv, ob man zueinander paßt, ob es die richtige Lebensweise ist.

Auch für Edith Stein beginnt das Ordensleben ruhig. Für gewöhnlich sollen die Postulantinnen keine Außenkontakte haben, um sich gut in die Ordensgemeinschaft einleben zu können. Die Stunden der Betrachtung und des Schweigens sind durchbrochen von täglicher Arbeit – ein Teil der Schwestern verdient dadurch den Lebensunterhalt –, von Phasen der Geselligkeit und Gemeinschaft, damit die Spiritualität «geerdet» ist. Im Karmel war man immer der Überzeugung, daß sich die «Berufung» eines Menschen in seiner Eignung für diese Lebensweise zeigen muß: einerseits in der Eignung zu Einsamkeit und Alleinsein, andererseits zur Gemeinschaft der Mitschwestern.

Die damalige Priorin Josepha Wery erteilte Edith Stein jedoch verständnisvoll einige Sondererlaubnisse. Sie durfte, wie seit Jahrzehnten, allwöchentlich einen Brief an die Mutter schreiben, durfte überhaupt ihren Briefwechsel weiterführen, wie es in Anbetracht der schwierigen Lebensumstände, in denen die meisten ihrer Verwandten und Freunde lebten, ratsam schien. Gelegentlich konnte sie auch Besuche im Sprechzimmer empfangen.

Ihrem skeptischen Freund Roman Ingarden, der sich zu erklären versucht, wie eine Husserl-Schülerin in einen solchen Orden eintreten kann, muß sie erwidern, seine Mutmaßungen gingen «so gründlich daneben, daß wir wohl an kein Ende kämen, wenn ich mich aufs Widerlegen einlassen wollte. Es wird besser sein, wenn ich Ihnen ganz einfältig etwas von meinem Leben erzähle. Wir glauben, daß es Gott gefällt, sich eine kleine Schar von Menschen auszuwählen, die besonders nahen Anteil an seinem eigenen Leben haben sollen. Wir wissen nicht, nach welchen Gesichtspunkten die Auswahl getroffen wird. Jedenfalls nicht nach Würde und Verdienst, und darum macht uns die Gnade der Berufung nicht stolz, sondern klein und dankbar. Unsere Aufgabe ist es, zu lieben und zu dienen, weil Gott die Welt, die er geschaffen hat, niemals preisgibt und vor allem die Menschen sehr liebt» (XIV,238; Sommer 1937).

Wissenschaftliches Arbeiten ist während der Noviziatszeit in einem Orden nicht gestattet, denn diese Jahre sind der geistlichen Bildung der Novizen und ihrer Einführung in die Ordensbräuche vorbehalten. Die Neueingetretenen beteiligen sich auch an allen im Kloster anfallenden Arbeiten, wozu Edith Stein selbstverständlich bereit war. Hausfrauliche Tätigkeiten waren ihr allerdings nach den langen Jahren des Studiums und der Berufstätigkeit ungewohnt, so daß sie darin recht ungeschickt war. So ließ man sie schon bald auch schriftliche Arbeiten erledigen. In den freien Stunden arbeitet sie weiterhin an ihrem Buch «Aus dem Leben einer jüdischen Familie». Außerdem beginnt sie, die Werke des Philosophen Duns Scotus (1265–1308) zu studieren, der in Köln gelehrt hat und begraben ist. Von ihm stammt ein franziskanisches Leitmotiv der Spätphilosophie Edith Steins, das in dem Satz zum Ausdruck kommt: «Die Liebe ist das freieste, was es gibt.»

Neben diesen Studien erstellt Edith Stein nun auch das Wörterverzeichnis zu den beiden Bänden ihrer Thomasübertragung, sie verfaßt ein kurzes Lebensbild der hl. Teresa von Avila («Liebe um Liebe») und aus Anlaß der Heiligsprechung Teresia Margaretas (am 19.3.1934) den Aufsatz «Die heilige Teresia Margareta vom Herzen Jesu». In beiden Heiligenviten kreist der Gedanke immer wieder um die Heiligkeit, zu der der Mensch berufen ist. Sie ist die Antwort auf die zuinnerst erlebte Liebe Gottes, der Versuch, «diese Liebe mit Gegenliebe zu vergelten» (XI,97). Edith Stein lenkt den Blick auf die im Menschen wache Sehnsucht nach dem Unendlichen, die durch Endliches nicht erfüllt werden kann. Außerdem läßt man sie die kleinen «Rituale» (Ritenbücher) zu den Feiern der Einkleidung und des sog. Schleierfestes der jungen Schwestern (damals nach der Ewigen Profeß) aus dem Lateinischen ins Deutsche übersetzen, damit sie dann zweisprachig zum liturgischen Gebrauch der Kirchenbesucher gedruckt werden können. An Roman Ingarden schreibt Edith Stein aus dem Karmel: «Bei uns gilt es gleich, ob man Kartoffeln schält, Fenster putzt oder Bücher schreibt. Im allgemeinen verwendet man aber die Leute zu dem, wozu sie am ehesten taugen, und darum habe ich sehr viel seltener Kartoffeln zu schälen als zu schreiben. Anfangs waren es kleine Sachen, rein religiöse oder Buchbesprechungen» (XIV,238).

Nach ihrem ersten Besuch bei Edith Stein im Karmel notiert Hedwig Conrad-Martius: «Edith hatte immer schon, von Natur, etwas Kindliches und Freundliches an sich. Aber die Kindlichkeit,

Vergnügtheit und Geborgenheit, die sie jetzt gewonnen hatte, war, wenn ich das sagen darf, bezaubernd. Der wundersame Doppelsinn des Wortes Gratia: Gnade und Anmut waren hier vereinigt.»[13] Edith Stein verändert sich durch das innere Leben im Karmel, man spürt etwas von einer inneren Ausstrahlungskraft. Manche ihrer Freunde, auch Erzabt Raphael Walzer, hatten sich zuvor Sorgen gemacht, ob ein so intellektueller Mensch sich in eine Gemeinschaft ganz andersartiger Frauen einleben könne. Sie alle waren überrascht, wie schnell sich die Postulantin offensichtlich in ihrer geistlichen Familie eingelebt hat und wie wohl sie sich dabei fühlt. «Ich hatte mich vollständig getäuscht», gibt Erzabt Raphael zu verstehen. Edith Stein fühlt sich nun, wie sie mehrfach betont, ganz daheim. Daher kommt es auch, daß die zweiundvierzigjährige Postulantin so verjüngt wirkt, daß sie kaum von den viel jüngeren Gefährtinnen zu unterscheiden ist. In einem Punkt allerdings scheint sich ihr «Alter» bemerkbar gemacht zu haben: Im Karmel gab es damals ein «Zeremoniale», das in 454 Bestimmungen jeden Schritt und jeden Handgriff im Chor, im Refektorium usw., usf. vorschreiben zu müssen meinte. Von diesem Unglücksbuch sagt sie später, es habe während des ersten Jahres «viel Kraft verbraucht», sei aber – immerhin – «eine gute Schule der Demut» gewesen.

Am 15. Februar 1934 stimmte das Konventskapitel für die Aufnahme Edith Steins in das kanonische Noviziat.[14] Zuvor hatte der Hausarzt Dr. Eugen Hopmann am 10. Februar 1934 dem Orden bescheinigt: «Die Postulantin Dr. Edith Stein ist heute von mir untersucht worden. Sie ist gesund.» Auch ein sog. kanonisches Examen hatte die Kandidatin vor dem Klosterkommissar – damals Dr. Albert Lenné – abzulegen, das sicherstellen sollte, daß die Bewerberin von niemandem zum Ordenseintritt gedrängt worden war.

Edith Steins Einkleidung am 15. April gestaltete sich zu einem großen Fest, «wie es der Kölner Karmel noch nie erlebt hatte»[15]. Der Menschenandrang von Weggefährtinnen und Weggefährten Edith Steins, die sie an ihren verschiedenen Arbeitsstellen und in ihren verschiedenen Lebensphasen kennen- und schätzen gelernt hatte und die ihr auch jetzt die Treue hielten – von ihrer evangelischen Taufpatin Hedwig Conrad-Martius über die vielen Lehrerinnen und Lehrer, Kolleginnen und Schülerinnen bis zu Erzabt Raphael Walzer, der die Predigt hielt –, sprengte den Rahmen der kleinen mit Blumen überfüllten Kapelle. Edmund Husserl sandte einen Brief und erbat sich ein Bild von der Einkleidung. Die Familie fehlte, doch die Geschwister hatten alle geschrieben, und Rosa, die im stillen längst auch der katholischen Kirche angehörte, die Taufe aber hinausschieben mußte, schenkte ihrer Schwester als Zeichen der familiären Verbundenheit die weiße Seide für das damals zur Einkleidung übliche Brautkleid.[16]

Der Münsteraner Philosoph Peter Wust veröffentlichte einen Zeitungsartikel zur Einkleidung Edith Steins, in dem es heißt: «Es wurde eine Braut zum Altar geleitet, deren Lebensweg fast symbolisch genannt werden kann für die geistige Bewegung der letzten Jahrzehnte. ... Vor langen Jahren hatte ihr Lebensweg sie zu dem Begründer der Phänomenologie geführt. ... Von Anfang an muß wohl in der Intention dieser neuen philosophischen Richtung etwas Geheimnisvolles verborgen gewesen sein, eine Sehnsucht zurück zum Objektiven, zur Heiligkeit des Seins, zur Reinheit und Keuschheit der Dinge, der ‹Sachen selbst›. ... Viele seiner Schüler ‹trieb› die der ursprünglichen Intention eigene Objektgeöffnetheit weiter auf dem Weg zu den Dingen, zu den Sachverhalten, zum Sein selbst, ja sogar zum Habitus des katholischen Menschen. ... Offenbar aber hatten Geist und Sprache dieses seinsnahen Denkers so sehr auf die Husserlschülerin abgefärbt, daß nicht nur ihr ganzes Wesen immer stiller, schlichter, kindlicher wurde, sondern ... daß ihr Weg eines Tages weiterführen mußte, immer tiefer hinein in die eigentliche Realität des Seins, in die Realität des Übernatürlichen im Sinne jener großen Gestalten, die im ‹Karmel› dastehen als die Klassiker des mystischen Gebetslebens, im Sinne also einer hl. Teresia von Avila und eines hl. Johannes vom Kreuz.»[17]

Die Einkleidungsfeier selbst, in welcher die Anwärterin das

Ordenskleid anzieht, ist eine symbolhaft verdichtete Aufnahmefeier, mit der die Braut ins Haus des Bräutigams aufgenommen wird. Die Ordensanwärterin erscheint – in Weiß und mit Schleier – als Braut Christi, die seinem Ruf – hier und jetzt – in eine konkrete Gemeinschaft folgt und sich ihm – zunächst auf ein Jahr (Noviziat) – verspricht. Sichtbar wird diese Verbindung dadurch, daß die Braut das weiße Kleid gegen das (braune) Ordensgewand tauscht, wobei sie das Skapulier (als Zeichen des Gebets) erhält und mit einem ledernen Gürtel (seit der Antike ein Zeichen dafür, daß man zum Aufbruch bereit ist) umgürtet wird. Dazu vernahm die zweiundvierzigjährige Edith Stein Jesu Worte an Petrus, die dessen Leidensnachfolge und sein Martyrium (Kreuzestod mit ausgestreckten Händen) andeuten. Für sie mögen diese Worte geklungen haben wie ein Lebensrückblick und ein Ausblick auf das, was kommen sollte: «Als du jung warst, gürtetest du dich selbst und wandeltest, wohin du wolltest, wenn du aber alt wirst, wird ein anderer dich gürten im Namen des Vaters und des Sohnes und des Heiligen Geistes.» Im biblischen Urtext heißt es: «... wirst du deine Hände ausstrecken, und ein anderer wird dich gürten und führen, wohin du nicht willst» (Joh 21,18f.). Auch für Edith Stein bedeutete die Bereitschaft zum Aufbruch die Einwilligung, Jesu Weg der Vereinigung und Versöhnung mitzugehen, selbst bis in den Tod.

Mit der Einkleidung erhielt Edith Stein zugleich ihren Ordensnamen. Wie es im Kölner Karmel üblich war, hatte sie einen Wunsch äußern dürfen, und so erhielt sie den neuen Namen «Teresia Benedicta vom Kreuz». «Unter dem Kreuz», schreibt sie später, «verstand ich das Schicksal des Volkes Gottes, das sich damals schon anzukündigen begann. Ich dachte, die es verstünden, daß es das Kreuz Christi sei, die müßten es im Namen aller auf sich nehmen» (IX,124). Ihren Namenstag feiert sie am Fest des hl. Benedikt von Nursia. Er habe sie adoptiert, meint sie, und ihr in seinem Orden Heimatrecht gegeben, obgleich sie «immer den Berg Karmel vor Augen hatte» (IX,13).

Das erste Noviziatsjahr verlief noch recht ruhig für Edith

Stein. Sie half bei den allgemeinen Hausarbeiten und erhielt einige Schreibaufträge. Auch im Chorgebet wurde sie nun wie die anderen Schwestern für die verschiedenen Aufgaben – Kantorin, Lektorin – eingeteilt. Mit den Novizinnen spielte sie «Theater», wenn häusliche Feste anstanden. Zu den Gedenktagen der Priorin und der Novizenmeisterin übersetzte sie lateinische Psalmen ins Deutsche, die dann auf bekannte Kirchenliedmelodien von den jungen Schwestern gesungen wurden. Edith Stein galt als frohsinnige, ruhige und sehr hilfsbereite Mitschwester.

Im Herbst 1934 beginnt ihre Verbindung zu der Hamburger Konvertitin Dr. (rer. pol.) Ruth Kantorowicz, die bis zu ihrem gemeinsamen Tod in Auschwitz währen sollte. Ruth war ein überaus ängstlicher, unsicherer Mensch, das einzige Kind eines wohlhabenden Arzt-Ehepaares mit Beziehungen zur Familie Gordon. Bei ihrem Hamburger Aufenthalt war Edith Stein der damals dreijährigen Ruth – «ein scheues kleines Mädchen» – erstmals begegnet. Im Jahr 1934 konvertierte Ruth mit Zustimmung ihres verwitweten Vaters kurz vor dessen Tod zur katholischen Kirche. Die Ratschläge, die Edith Stein ihr gibt, werfen auch ein Licht auf ihre eigene Konversionszeit: «Ich möchte Ihnen trotz ihrer 33 Jahre raten, die Frage des Ordensberufes vorläufig noch ganz zurückzustellen. ... Sie würden kaum ein Kloster finden, das Sie unmittelbar nach der Konversion aufnimmt. Das Einleben in die katholische Welt scheint mir jetzt auch für Sie das Wichtigste. ... Benützen Sie Ihre freie Zeit, um Gott und die hl. Kirche besser kennen- und liebenzulernen: die Glaubenslehre, die Liturgie, unsere Heiligen; aber auch die kirchlichen Einrichtungen und das katholische Leben der Gegenwart, auch mit seinen Schatten, die Ihnen auf die Dauer nicht verborgen bleiben werden. Wenn es Ihnen an menschlichen Beziehungen in Hamburg fehlt, würde ich gern dazu helfen. Sie dürfen sich auch immer mit Fragen an mich wenden» (IX,16f.).

Im Februar 1935 kann Edith Stein Mater Petra Brüning in Dorsten berichten: «Am Ostermorgen darf ich Profeß machen» (IX,32). Es handelte sich um die Zeitlichen Gelübde für drei Jahre, die den Ewigen Gelübden vorangehen müssen. Die Feier war in aller Morgenfrühe des Ostersonntags (21. April 1935). Im Karmel wurden damals alle Gelübde ohne eine kirchliche Feier im Schwesternkonvent abgelegt. In der Klausur allerdings wurden die Zeitlichen wie die Ewigen Gelübde hochfestlich begangen.

Nach Ablegung der ersten Gelübde erwartet Edith Stein eine neue Aufgabe. Einige Tage später besucht nämlich P. Provinzial Theodor Rauch (1890–1972) den Kölner Karmel und unterrichtet sich auch über die Tätigkeiten der Neuprofesse. Er war nicht wenig stolz darauf, daß in seiner Ordensprovinz eine hochbegabte Husserl-Schülerin lebte, und er war sich der ihm damit auferlegten Verantwortung sehr bewußt. Anfänglich war geplant gewesen, daß Edith Stein nach Vollendung des kanonischen Noviziatsjahres in die Neugründung nahe Breslau übersiedeln solle, wie sie es sich vor ihrem Eintritt gewünscht hatte. P. Theodor war jedoch der Überzeugung, Edith Stein habe anderes zu tun, als in der noch provisorischen Stiftung Haus- und Gartenarbeit zu leisten. Er ordnet also an, daß sie wieder an die mitgebrachten Manuskripte gehen solle, um den Entwurf von «Potenz und Akt» druckfertig zu machen, den er sich hatte zeigen lassen. Edith Stein, die es von Anfang an ganz den Vorgesetzten überlassen wollte, ob und wie ihre Fähigkeiten verwendet würden, macht sich sogleich ans Werk. Doch das war im Karmel besonders schwierig, zum einen wegen der ständigen Unterbrechungen des Tageslaufes, und zum anderen deshalb, weil sie die Klausur nicht verlassen konnte, um Bibliotheken oder Buchhandlungen aufzusuchen. Provinzial Theodor Rauch half deshalb bereitwillig, die notwendige Literatur zu beschaffen, und dispensierte sie auch von der gemeinsamen Mittagsrekreation, damit sie mehr zusammenhängende Zeit gewinnt.

Dieses Projekt wird Edith Stein bis 1939 beschäftigen (Mai 1935 bis September 1936: Erstellung des Manuskripts; danach Verlagssuche, Korrekturen der Druckfahnen und des Umbruchs). Daneben hatte sie nur noch für wenige andere Publikationen Zeit: «Über Geschichte und Geist des Karmel» (1935) und «Das Gebet der Kirche» (1936). Von nun an jedenfalls erwähnt sie in ihren

Briefen immer wieder das ihr aufgetragene Werk. Sie mußte von ihren Freunden Ratschläge einholen, Bücher ausleihen, um Korrekturen bitten. Schon nach kurzer Zeit glaubte sie zu erkennen, daß der alte Entwurf nicht genüge, um ihr großes Anliegen zu verwirklichen, nämlich die Auseinandersetzung zwischen der Gedankenwelt des hl. Thomas von Aquin und der phänomenologischen Form des Philosophierens. Es war ihr klargeworden, daß sie bisher nie Zeit und Gelegenheit gefunden hatte, sich eine umfassende Kenntnis der mittelalterlichen Philosophie anzueignen. «Ich kann also jetzt nur zeigen», schreibt sie am 20. Mai 1935, «wie weit ich mit dem doppelten Rüstzeug mittelalterlicher und moderner Denkformen in der Bewältigung der großen Seinsfragen gekommen bin. Vielleicht kann es andern eine Hilfe sein, um weiter zu gelangen» (XIII,64). Schon nach wenigen Monaten ändert sie ihre Pläne: Sie findet nun das Manuskript «Potenz und Akt» ganz unzulänglich und will versuchen, etwas Besseres an seine Stelle zu setzen. Im Herbst deutet sie an, daß wohl nicht alle Mitschwestern Verständnis für ihr «großes Opus» haben: «Eine solche Arbeit paßt doch sehr schlecht in unseren Rahmen hinein und verlangt manches Opfer nicht nur von mir, sondern auch von meinen lieben Mitschwestern. Das möchte man doch nicht in Anspruch nehmen, wenn es nicht lohnt» (IX,50). Zum Glück besaß Edith Stein die Gabe einer ungewöhnlichen Konzentrationsfähigkeit. Auch im Niederschreiben ihrer Gedanken war sie überaus schnell, sie schrieb «mit fliegender Feder», wie ihre Noviziatsgefährtinnen feststellten. Edith Stein hatte ihr neues Werk zweibändig geplant. Der zweite Band sollte zudem zwei Anhänge erhalten, einen über Teresas Hauptwerk «Die Seelenburg» und einen zweiten über Heideggers großen Entwurf «Sein und Zeit». Im Februar des folgenden Jahres schreibt sie an Martin Grabmann: «Ich habe an der neuen Fassung der Arbeit über ‹Potenz und Akt› seit einem halben Jahr gearbeitet und bin noch damit beschäftigt. Es ist eine völlige Umgestaltung. Der neue Name soll ‹Endliches und ewiges Sein› sein» (IX,54). Der Untertitel des Werkes lautet «Versuch eines Aufstiegs zum Sinn des Seins».

Auch wenn Edith Stein dieses Buch als Lernende für Mitlernende geschrieben hat, darf man es doch mit Fug und Recht als ihr Hauptwerk bezeichnen. Sie versucht darin, auf dem Hintergrund der mehr als zweitausendjährigen abendländisch-jüdisch-christlichen Denk- und Offenbarungsgeschichte (v. a. Platon, Plotin, Aristoteles, Kant, Augustinus, Thomas, Teresa u. a.), die Wahrheits- und Gottsuche von einst mit den denkerischen Möglichkeiten der Moderne (v. a. Phänomenologie, Kant, Heidegger) dem heutigen Menschen zu erschließen und nachvollziehbar zu machen. Auf dem Boden einer sich der Kontemplation öffnenden Phänomenologie will Edith Stein drei große Bereiche zusammenführen: erstens die neuzeitliche Philosophie, die nach den Grundlagen sicherer Erkenntnis sucht (Erkenntnistheorie), zweitens die abendländische Denkgeschichte, die nach dem Sinn von Sein, d. h. dem (letzten) Zusammenhang, fragt und nach der Einheit von allem, was ist (Ontologie), und drittens die christlich-jüdische Spiritualität. Ihre eigene Arbeit sieht sie vor allem darin, ein Medium der Übersetzbarkeit, d. h. eine Sprache, zu finden, «in der sie sich verständigen können» (II,7).

All dies geschieht auf dem Hintergrund ihrer eigenen Denkgeschichte, denn auch dieser Versuch einer Übersetzung und Vermittlung wird eingetragen in das Spannungsgefüge der Sinnsuche: zwischen der radikalen Geschichtlichkeit des dem unvorhersehbaren Lauf der Welt ausgesetzten Individuums und der Erfahrung, im Letzten geborgen und bejaht zu sein.

«Der Zusammenhang unseres eigenen Lebens ist vielleicht am besten geeignet, um zu veranschaulichen, was gemeint ist. Man unterscheidet in der gewöhnlichen Redeweise ‹Planvolles› – und das gilt zunächst als ‹sinnvoll› und ‹verständlich› – und ‹Zufälliges›, was in sich sinnlos und unverständlich erscheint. Ich habe ein bestimmtes Studium vor und suche mir dafür eine Universität aus, die mir besondere Förderung in meinem Fach verspricht. Das ist ein sinnvoller und verständlicher Zusammenhang. Daß ich in jener Stadt einen Menschen kennen lerne, der ‹zufällig› auch dort studiert, und eines Tages ‹zufällig› mit ihm auf weltanschauliche Fragen zu sprechen komme, erscheint zunächst nicht durchaus als verständlicher Zusammenhang. Aber wenn ich nach Jahren mein Leben überdenke, dann wird mir klar, daß jenes Gespräch von entscheidendem Einfluß auf mich war, vielleicht ‹wesentlicher› als mein ganzes Studium. ... Was nicht in meinem Plan lag, das hat in Gottes Plan gelegen. Und je öfter mir so etwas begegnet, desto lebendiger wird in mir die Glaubensüberzeugung, daß es – von Gott her gesehen – keinen Zufall gibt, daß mein Leben ... vor Gottes allsehendem Auge ein vollendeter Sinnzusammenhang ist» (II,110).

Vom Individuum her gesehen steht das Leben stets neu in Herausforderungen, gehen wir mit unseren Plänen und Entwürfen in das Dunkel einer Zukunft, von der wir nicht wissen, was aus uns wird. Vom Individuum her läßt sich der Zusammenhang des Lebens nicht umgreifen, denn auch das Individuum ist stets dem Geschehen der Geschichte übereignet.

Aber es läßt sich denken, daß von Gott her gesehen das Ganze des Lebens ein sinnvoller Zusammenhang ist, in dem alles, was ist, seine Stelle hat, in der seine Freiheit sich in vollkommener Weise auswirken und sein Sein zur Vollendung kommen kann.

Ob es zwischen diesen beiden anscheinend so entgegengesetzten Polen (Individuum und Gott) eine Brücke geben kann, muß sich in der Erfahrung zeigen. Dabei spielt – man erinnere sich in diesem Zusammenhang an John Henry Newmans Lehre vom «illative sense» – die eigene innere Gewißheit (des Gewissens) eine entscheidende Rolle. «Der gewöhnliche Weg geht über Wirkungen, die man in sich, an anderen und an Begebenheiten usw. in Natur und Menschenleben bemerkt, von denen keine einzige – für sich genommen – so eindeutig auf eine göttliche Urheberschaft hinweist, daß nicht auch eine andere Erklärung denkbar wäre, die aber jede einen solchen Hinweis in sich enthalten ..., daß man sich dem nicht entziehen kann» (20.11.1927), d. h., «je öfter mir so etwas begegnet», heißt es jetzt in «Endliches und ewiges Sein», «desto lebendiger wird in mir die Überzeugung, daß ... mein ganzes Leben ... vor Gottes allsehendem Auge ein vollendeter

Sinnzusammenhang ist» (II,110). Im Unterschied zur rationalen Erkenntnis handelt es sich hier aber um eine durch die Erfahrung geleitete, nicht restlos ins Denken umsetzbare Lebensweisheit. Hier geht es um eine «dunkle Erkenntnis» des Glaubens, um «ein Ergreifen Gottes. Das Ergreifen aber setzt ein Ergriffenwerden voraus» (II,28). Diesen Weg denkend bis an die Grenze der Selbsterkenntnis zu gehen, das ist das Ziel von Edith Steins «Versuch eines Aufstiegs zum Sinn des Seins».

I. Auf einer ersten Stufe der Selbsterkenntnis steht das Ich als einfaches Bewußtsein, ohne Reflexion auf sich selbst, d. h. als ungeteiltes «Ichleben» («ich denke an etwas, ich höre zu, ich rufe dich an ...»).

II. Auf der zweiten Stufe richtet das Ich den Blick auf sich selbst. Dabei entdeckt es, daß es zwar Akte vollziehen und daher bestimmte Aussagen über sich selbst machen kann («ich bin so und so etc.»), daß aber andererseits keine dieser Aussagen das Ich tatsächlich einholen kann. Immer bleibt da ein Abstand zwischen dem Ich als Gedachtem und dem Ich als Denkendem. Und dieser Unterschied läßt sich schlechterdings nicht selbst noch einmal von einem dritten Standpunkt aus betrachten und «objektivieren». Das «Ich denke» ist der objektiv unfaßbare Grund.

III. Und so weist eine dritte Stufe der Selbsterkenntnis auf das Unfaßbare am Ich, das Edith Stein den «Raum der Seele» nennt, auf einen «ich-jenseitigen» Abgrund: die Welt, in der ich lebe und das Geheimnis, das ich selbst mir bin und das auf einen mir verborgenen innerlich-jenseitigen Grund verweist.

Dieses «reine Ich», das sich da im Denken als gewiß zeigt, ist nun kein reines Verströmen als bloßes Weiterschreiten von Augenblick zu Augenblick, sondern zugleich ein Festhalten und ein Umfassen des Dahinströmenden im Sinne eines Zusammenhangs des strömenden Bewußtseins, d.h. «Ichbewußtsein». Es erfährt sich zeitlich als eine jeweilige Gegenwart zwischen Vergehendem und Kommendem, von Nichtsein und Sein, als eine beständige Urbewegung oder einen fortwährenden Übergang in sich selbst hinein und aus dem Nichts heraus.

Dabei erzeugt es seine Gehalte nicht selbst, und es umspannt sich auch selbst nicht in einem denkenden Blick (immer wird auch vergessen, und niemals kann die Zukunft vorweggenommen werden). Das Selbstsein (der Seele) wird leiblich und geistig vermittelt durch Welt, durch die Welt der anderen im weitesten Sinne. Sie zeigen ihm seine Grenzen (Endlichkeit) und eröffnen ihm zugleich Möglichkeiten, seine Freiheit hier und jetzt zu leben und in der gegenwärtigen geschichtlichen Stunde aus dem dunklen Grunde heraus *dieses* geschichtliche Ich (und nicht alles) zu werden. Immer aber ist da auch ein Maß, das mir den Blick öffnet für Welt, so daß ich nicht willkürlich auswähle, sondern mich verstehend in der Welt bewege: Ich bin zwar niemals alles, was ich war, stets aber werde ich versuchen, das zu werden, was ich sein kann. Auf dieses unbekannte und doch bereits dunkel in mir gespürte («transzendente») Ich hin bin ich mir stets voraus. Die eigentliche Aufgabe in dieser Situation der Selbsterkenntnis besteht nach Edith Stein darin, zur Selbstgestaltung weiterzuschreiten und – wie sie in verschiedenen pädagogischen Arbeiten ausgeführt hatte – nach außen auszustrahlen, so daß Äußeres und Inneres immer mehr zur Deckung kommen. Doch dazu muß das oft zerstreute und außer sich lebende Ich, das von allen möglichen Dingen in Beschlag genommen ist, erst einmal zu sich selbst kommen. Bereits an dieser Stelle kann das Denken sich aber sagen: Menschliches Sein ist, wie sich gezeigt hat, begrenztes Sein. Es umfaßt sich zeitlich und inhaltlich nicht selbst, sondern ist stets auf Empfangen von Sein und Inhalten angewiesen. Dieser Zwischenstand zwischen Sein und Nichts, zwischen dem, was ich war, bin und sein kann, enthüllt – und hier führt Edith Stein ins Herz des thomanischen Denkens – die Idee eines reinen Seins, das keine Möglichkeit («Potentialität») mehr offen läßt, in dem kein Nichts mehr anzutreffen ist und in dem alles, was sein kann, in äußerster Fülle verwirklicht (d. h. «actus purus») ist. Damit rührt das Denken, das nach dem Wesen des Seienden fragt, an ein letztes oder erstes Sein. Und genau hier kommt das Denken dann auch in eine äußerste Verlegenheit: Wie läßt es sich denn erklären, daß das, was in sich vollkommen ist, aus sich herausgeht und etwas anderes als es selbst hervorbringt und ins Leben ruft?

Unser Denken stößt hier an eine Grenze, denn wir versuchen, mit einem Begriff über das Geheimnis (Gottes*begriff*) zu urteilen wie über ein zusammengesetztes Ding, das man im Denken (in Sein und Wesen) auseinanderlegen kann. Ein Denker wie Thomas von Aquin «braucht Wendungen wie: ‹Gott ist seine Güte, sein Leben› usw., und ebenso: ‹Gott ist sein Sein.› Das alles sind Versuche, etwas in Urteilsform auszusprechen, was sich im Grunde nicht mehr in Form des Urteils aussprechen läßt. Denn zu jedem Urteil gehört eine Zergliederung, das vollkommen Einfache aber läßt keine Zergliederung mehr zu. Am ehesten ist noch die Aussage möglich: ‹Gott ist – Gott› als Ausdruck der Unmöglichkeit einer Wesensbestimmung durch etwas anderes als ihn selbst» (II,317).

IV. Letztlich kann hier nur etwas gesagt werden, wenn Gott von sich selbst her sein Schweigen bricht und sich offenbart: Möglich ist dies – nach Edith Stein – 1. als Aufscheinen von Schönheit (Güte und Wahrheit), 2. als Ruf zur Verantwortung, 3. als Weg zur Stille, oder auch 4. als geschichtlich ergehende (Wort-)Offenbarung, die eine weitere Stufe der Selbsterkenntnis erschließt.

1. Das Aufscheinen des Einen als Schönheit, Güte und Wahrheit

Hier treffen sich die Intentionen der Schiller-Kantschen Ästhetik ihrer frühen Jugendjahre und des (Breslauer und Speyrer) Deutschunterrichts mit den Einsichten der im Bad Bergzaberner Denkerkreis sowie an Thomas (Platon und Plotin) geschulten reifen Denkerin Edith Stein.

Das Aufscheinen von Schönheit begegnet uns als ein «Glanz» oder als Glänzen, das «uns an die Seele rührt». Es begegnet uns in der sinnlichen Welt als das Strahlen des körperlichen Lichtes selbst, ohne das uns alle sinnliche Schönheit verborgen bliebe, als Farbenglanz und als Liebreiz körperlicher Gestalten. Es begegnet als Wahrheit, in dem Sinne, in dem ein Physiker von der Schönheit einer Theorie spricht, wenn sich die Zusammenhänge klären und sich die verschiedenen Teilergebnisse zu einer einfachen Theorie verbinden, d.h., wenn in einem intensiven, zündenden Augenblick die Übereinstimmung der Teile untereinander und mit einem einheitlichen Ganzen unmittelbar einleuchtet. Und es begegnet als anrührendes Aufscheinen oder als die innere Ausstrahlung von Güte und Heiligkeit, d. h. als «geistige Schönheit: die Schönheit der Menschenseele, deren ‹Wandel oder Tun nach der geistigen Klarheit der Vernunft im rechten Maß geordnet ist› (S th II/II q 145 a 2 corp.)» (II,300).

Wo Schönheit erlebt wird, da sind wir zunächst nicht auf uns selbst gerichtet, sondern wir sind staunend vor ein Sein gebracht und werden seiner erlebnismäßig inne. Erst aus der Erinnerung heraus – wenn das Ich sich wieder meldet – können wir das Gewesene und das, was sich darin zeigte, reflektieren, ohne jedoch das im Erleben Gegenwärtige selbst einzuholen. Im Erlebnis des Schönen offenbaren sich: «erstens Unversehrtheit oder Vollkommenheit – denn was verstümmelt ist, das ist eben dadurch häßlich –, sodann Ebenmaß oder Harmonie und schließlich Klarheit» (II,300). Die schöne Seele oder der Heilige offenbaren uns, wie wir sein sollen. Durch sie fällt ein Strahl des göttlichen Lichtes auf den Menschen, erhellt sein Dasein und offenbart ihm ein unbedingtes Sein, das ihn von sich her dazu aufruft, sich selbst als das Bild der höchsten Schönheit zu verwirklichen.

2. Der Weg der Besinnung, der in den Abgrund des Schweigens führt (die kontemplative Tiefenphänomenologie Edith Steins)

Aber zunächst muß überhaupt die Bereitschaft geweckt werden, das Überwerfen von eigenen oder fremden Meinungen über die Dinge zurückzunehmen, um sich selbst ein Urteil zu bilden – schließlich auch alles Wissen über das eigene Ich zurückzunehmen, um an den Grund des Ichs zu rühren. Das verstehende Ich «muß in sich hinein gezogen werden – wie es durch die Forderungen, die an es herantreten, und durch die Stimme des Gewissens geschieht» (II,406). Das kann ein erster Hinweis für das Ich sein, daß es da mehr gibt, als was dem gewöhnlichen Blick vor Augen liegt. Aber es muß diesen Innenraum auch betreten wollen. Es braucht also die ausdrückliche Zustimmung dazu, hören und still werden zu wollen.

Ist diese Dimension des Hörens einmal aufgedeckt und die Bereitschaft dazu geweckt, dann kann man versuchen, das hörende Verstehen einzuüben. Dazu gehört zunächst einmal die Forderung, sich von allem frei zu machen, was an alltäglichem Umtrieb und Gerede uns und unser Denken in Beschlag nimmt. Schweigend gilt es, alle Dinge und Namen und alle Anliegen der Welt loszulassen, aus dem Begreifen und Sagen herauszukommen. Wenn wir dabei wieder auf uns selbst blicken, dann verschwindet immer mehr alles Fremde, das von außen an uns (über uns) herangetragen wurde, man kommt vor «eine ungewohnte Leere und Stille» (II,407). Diese Stille der Sammlung läßt alles sein und ist somit mit allem, was ist, in lautlosem Einklang, gerade weil sie sich an nichts mehr klammert. Und sie erreicht hier eine Freiheit, Offenheit und Weite, die alles Welthafte und alles, was einen Namen hat, übersteigt, auch das eigene Ich: auf seinen namenlosen und lautlosen Abgrund hin. «Das darf nicht etwa dahin mißverstanden werden, als könnte die Seele in diesem Leben natürlicherweise sich selbst erkennen ‹wie sie erkannt ist›, d. h. wie Gott sie kennt» (II,405). Es ist vielmehr die Realisierung einer letzten Offenheit, indem ich mich öffne für das, was ich nicht bin und das allem, was ist, zuvor ist. Erst in dieser äußersten Bewegung kommt die Bewegung des Ichs zur Ruhe, und in dieser Haltung der leeren Aufmerksamkeit läßt sie das Äußerste geschehen, um auf eine ursprünglichere Bewegung eingehen zu können, die ihr immer schon zuvorkam, die sich aber nicht erzwingen läßt, sondern Geschenk ist. «Das ist es, was die Kenner des inneren Lebens zu allen Zeiten erfahren haben: sie wurden in ihr Innerstes hineingezogen durch etwas, was stärker zog als die ganze äußere Welt» (II,407). Dieses lebendige Sich-Loslassen und Sich-Geschehenlassen auf den ganz Anderen hin ist die äußerste und höchste Möglichkeit des Menschen. Daher kann Edith Stein sagen: «Das Gebet ist die höchste Leistung, deren der Menschengeist fähig ist» (XI,52).

3. Der Weg der praktischen Vernunft

Ein anderer Weg, wie das Ich über sich hinausgeführt wird auf das Postulat Gottes oder – nach Edith Stein – auf einen letzten unbedingten Seinsgrund, ist der Weg des Handelns, dem es um das Gute geht.

Die Stimme des Gewissens kann den Menschen nicht nur aus der alltäglichen Zerstreuung auf sich selbst zurückrufen, sondern auch zu einem Einsatz für andere, dessen Sinn die Grenzen der eigenen Möglichkeiten sprengt und der sich dennoch nicht abweisen läßt, sondern mich unbedingt einfordert.

Es zeichnet den Menschen aus, daß er den Dingen und auch sich selbst gegenüber auf Abstand gehen und in seinem Handeln zwischen verschiedenen Möglichkeiten wählen kann (Wahlfreiheit). Er kann sich seinen Triebkräften hingeben; er muß es aber nicht. Kant geht vor allem auf die drei mächtigsten ein: Sexualtrieb (Arterhaltung), Selbsterhaltungstrieb und die Liebe zum Leben. Der Mensch hat eine gewisse Freiheit sich und seinen Trieben gegenüber. Wenn der Sexualtrieb etwas verlangt, das mit schwerer Strafe, vielleicht sogar mit Todesstrafe bedroht ist, dann wird der Mensch auf eine entsprechende Handlung verzichten. Wenn wir im Augenblick der Hinrichtung eines Menschen, von dem wir wissen, daß er zu Unrecht verurteilt wurde, die Aufforderung verspüren, unbedingt für ihn eintreten zu sollen, auch wenn wir damit unser eigenes Leben gefährden, so zeigt sich damit – nach Kant – eine äußerste und zugleich paradoxe Form von Freiheit: Im Aufruf zu unbedingter Solidarität zeigt sich eine Freiheit auch gegenüber unserem eigenen Leben (transzendentale Freiheit). Nicht die Arterhaltung, auch nicht die Selbsterhaltung, sondern die unbedingt gelebte Solidarität ist das, wozu wir im Letzten aufgerufen und bestimmt sind. Erst in der Evidenz eines unbedingten Sollens wird sich endliche Freiheit ihrer selbst gewiß, eine dem Sittengesetz entsprechende Ordnung anzustreben und mit allen zur Verfügung stehenden Mitteln voranzutreiben. Es ist aber nicht gesagt, daß sich durch unseren unbedingten Einsatz praktisch auch die sittliche Ordnung in der Welt durchsetzt. Aber es kann doch erkannt werden, daß dieser Einsatz hierfür eine «notwendige» (aber eben nicht «hinreichende») Bedingung ist. Also steht man hier vor einem Dilemma: entweder anzunehmen, daß eine sittliche Weltordnung grundsätzlich nicht möglich ist, was letztlich zur Konsequenz hat, daß das sittliche Handeln geschwächt wird – oder anzunehmen, daß die Möglichkeit einer Übereinstimmung zwischen der zum Guten entschiedenen Freiheit und dem Naturverlauf, aller Erfahrung zum Trotz, besteht. Dann muß man aber eine Instanz (Gott) fordern, die die Macht hat, beide Ordnungen – Sittlichkeit und Naturgesetz – miteinander zu versöhnen.

Edith Stein stimmt mit Kant darin überein: «Im Gebot der Pflicht offenbart sich die Freiheit des Ich auch noch gegenüber seiner eigenen Natur. (So ist es bei Kant gemeint)» (II,409). Die zu unbedingtem Handeln eingeforderte Freiheit sei aber eine, die jeweils ein bestimmtes Maß an Lebenskraft und Leistungsfähigkeit aufzuweisen habe. Der Arzt, der nach übermäßiger Tagesarbeit nachts wiederum zu einem Kranken gerufen wird, mag sich außerstande fühlen, noch einmal hinauszugehen. Aber die Forderung schweigt nicht still. Es steht ein Menschenleben auf dem Spiel – «du kannst, denn du sollst». Es kann also sein, «daß das Sollen über die natürliche Kraft hinaus verpflichtet» (II,408). Wenn in solchen Fällen, wo die natürlichen Kräfte erschöpft sind, uns Kraft zu sinnvollem Tun – zu solidarischer Liebe – zuwächst, dann könnte dies auch, so Edith Stein, auf eine jenseits unserer Möglichkeiten weisende Kraftquelle hinweisen, auf einen letzten erlebten und nicht nur im Denken geforderten Seinsgrund, den wir bei der Realisierung äußerster Verantwortlichkeit berühren. Die äußerste Hingabe des Lebens für einen anderen, die Freiheit auch der eigenen Natur gegenüber, wird durchsichtig für den Sinn des Menschseins selbst. Zugleich kommt es zu der anderen wichtigen Grenzerfahrung, daß die Erfahrung und Gewißheit unbedingten Sollens den Sinn unseres Seins (Selbstlosigkeit, Gerechtigkeit, unbedingte Solidarität) offenbar macht.

Der Ruf zur Verantwortung kann auch als Wort Gottes bezeichnet werden, insofern er den Charakter der Unbedingtheit hat, der über alle endliche Verpflichtung hinausweist: «... und wer ein solches Wort Gottes bereitwillig in sich aufnimmt, der empfängt eben damit auch die göttliche Kraft, ihm zu entsprechen» (II,409). Der Vollzug dieses Übergangs der Hingabe an den anderen meiner selbst aber ist an die freie Zustimmung geknüpft. Darin vollendet sich erst die Freiheit des Menschen: «Die Liebe ist das Freieste, was es gibt.» Erst dann kann es «zu einer vollständigen Erneuerung und Umwandlung» (II,409) kommen.

Mit einer letzten Wendung des Gedankens kommt Edith Stein an ihr Ziel: «Die Hingabe zielt auf Einswerden, sie kommt erst zur Vollendung durch Annahme von seiten der geliebten Person» (II,416). Das heißt, daß zur Vollendung der Sinnbewegung des Lebens in der Liebe «eine Mehrheit von Personen» (II,419) gehört. Je radikaler die wechselseitige Durchlässigkeit füreinander wird, desto mehr verwirklicht das Ich in Freiheit, was es sein kann: Je radikaler das Sein zum Du, desto erfüllter das Selbersein. «Hier findet jede Person in der anderen sich selbst wieder, und da ihr Leben wie ihr Wesen eines ist, so ist die wechselseitige Liebe zugleich Selbstliebe, Jasagen zum eigenen Wesen und zur eigenen Person» (II,420). Hier gelangt das Denken vor eine Reinheit von Sinn (die Idee der Liebe), an der alle endlichen Beziehungen ihr Maß haben.

Durch das Denken ist dieser Sinn nicht realisierbar, vielmehr ist das Denken, das solches denkt, bereits Antwort oder doch zumindest Hinweis auf eine über es selbst hinausweisende Erfahrung von Gnade oder unbedingtem Bejahtsein, d. h. auf eine geschichtlich ergehende Offenbarung durch Gott selbst. Insofern führen die phänomenologischen Analysen Edith Steins auf eine Offenbarung von unbedingter Liebe im Raum der Geschichte hin. Im Leben und Sterben Jesu wird ihr dieser letzte Seinsgrund sichtbar: Gottes Leben verdankt sich nicht einem anderen, sondern ist «ewige Bewegung in sich selbst, ein ewiges Sich-selbst-Schöpfen aus der Tiefe des eigenen unendlichen Seins als schenkende Hingabe des ewigen Ich an ein ewiges Du und ein entsprechendes ewiges Sichempfangen und Sichwiederschenken» (II,325). Damit ist der Grundriß für eine Ethik mitmenschlichen Lebens gelegt. Sie überwindet sowohl eine verengte moderne Suche nach einsamer Selbstverwirklichung als auch das unverbindliche Spiel der Beliebigkeit eines Sich-Fallenlassens in die große Öde oder Leichtigkeit des Seins. Die ethische Perspektive, die sich für unsere heutige Gesellschaft – bei allen Grenzen – vom Werk Edith Steins eröffnen könnte, läge in einer Sicht der Wirklichkeit (und einer Kirche), die in der Anerkennung des anderen (mit allen Konsequenzen) die Vielfalt und die konstituierende Relationalität aller Realität bejaht und somit Sein als Vermittlung von Identität und Differenz denkt und ethisch praktiziert.

Die Suche nach dem Sinn des Seins kommt – bei Edith Stein – in einer trinitarischen Anthropologie und Ontologie an ihr Ziel, und was sich zunächst wie eine kontemplative oder spekulative Betrachtung der trinitarischen Struktur des Seins ausnimmt, wird durch ihre personale Vermittlung zu einer Basistheorie für eine Ethik solidarischen Miteinanders und Füreinanders. Sind hier die Grundlagen gelegt, die das Christentum in die Suche nach einem tragfähigen «Weltethos» einzubringen hätte?

Überaus zeitraubend war für Edith Stein die Suche nach einem Verlag zur Herausgabe des umfänglichen Werkes. Die von ihr erwähnte Buchsammlung hieß «Bücherei Christliches Denken» und war 1935 von der Benediktinerabtei Seckau initiiert worden. Da diese Reihe im Verlag Anton Pustet in Salzburg verlegt wurde, mußte nun das dortige Fürsterzbischöfliche Ordinariat um das damals vorgeschriebene «Imprimatur», die kirchliche Druckerlaubnis, angegangen werden. Das Maschinenmanuskript wurde dorthin geschickt und fand zunächst jedoch keinen Fachmann zu seiner Beurteilung. Schließlich kam am 3. November 1938 die kirchliche Druckerlaubnis. Nun aber sah sich Pustet nicht mehr in der Lage zu drucken. Edith Stein schickte das Manuskript daraufhin an den Verlag Jakob Hegner in Wien, der jedoch nach längerem Zögern ablehnte. Inzwischen war P. Heribert Altendorfer (1893–1953) Nachfolger des Provinzials Theodor geworden. Er sprach über das Werk Edith Steins mit ihrem früheren Verleger Otto Borgmeyer in Breslau. Schon bald beginnt der Druck des ersten Bandes. Der Orden hatte einen Druckkostenzuschuß von RM 3000,– zugesagt, und so wurde am 22. Juli 1938 der Vertrag geschlossen. Borgmeyer versicherte auch, daß er bei diesem wissenschaftlichen Werk (für einen doch recht begrenzten Leserkreis) keinen Einspruch der «Reichsschrifttumskammer» befürchte. Auch der Druck des zweiten Bandes hatte schon begonnen, als eine neue «Ausführungsbestimmung» jener dem Ministerium für «Volksaufklärung und Propaganda», d. h. Joseph Goebbels, unterstellten Kammer herauskam, die jüdische Autoren von jeglicher Veröffentlichung ausschloß. So blieb der Druck von Edith Steins Hauptwerk bei Borgmeyer im zweiten Bande stecken.

Für Edith Steins Angehörige in Hamburg und Breslau sowie für ihre jüdischen Freundinnen und Freunde wurde das Leben nun immer schwerer. Die Nürnberger Rassengesetze vom September 1935 hatten die Juden als Staatsbürger entrechtet. Mischehen wurden verboten. Zudem hatten die Juden ihr Stimmrecht verloren und das Recht, ein öffentliches politisches Amt zu bekleiden. Zug um Zug wird die weitere Entrechtung vorangetrieben. Edith

Stein erlebt dies hautnah. Ihre für Dezember 1935 vorgesehene Besprechung der Thomas-Übersetzung von Joseph Bernhart kann nicht mehr erscheinen: «Nachdem ich noch eine weitere Besprechung nach Aachen geschickt hatte, ging mir plötzlich ein Licht auf, daß wohl weder diese noch die vorausgehende je erscheinen wird. ... Die Erleuchtung kam mir, als ich erfuhr, daß ich nicht mehr wahlberechtigt sei» (ESTA C 5/16; 19.4.36). Faktisch gab es für jüdische Bürger keine Publikationsfreiheit mehr. Brisante Themen werden von nun an in den Briefen Edith Steins nur noch andeutungsweise umschrieben. In dieser Zeit beginnt sich ein Magenleiden bei ihr bemerkbar zu machen.

Neben ihrer Arbeit kümmert sie sich immer wieder um Menschen, die ihren Rat oder ihre Hilfe suchen, in dieser Zeit vor allem um Ruth Kantorowicz. Diese Jüdin, die ihre Stelle als Bibliothekarin längst verloren hatte, war im Sommer 1935 nach Köln gezogen und hatte in nächster Nähe des Karmels Wohnung genommen. Im folgenden Jahr trat sie in Maastricht in den Karmel ein, wurde aber nach zehn Monaten aus dem Orden entlassen. Nun konnte sie nicht mehr nach Deutschland zurück. Brieflich nimmt Edith Stein sich der völlig Niedergeschlagenen an, sie schickt ihr hilfreiche Freunde, bis die Ursulinen in Venloo sie als Pförtnerin aufnehmen.

Am 14. September 1936 war Ediths Mutter Auguste Stein nach einem langen und schweren Krebsleiden, das Edith in vielen Briefen erwähnt, gestorben. Die Mutter hatte gegen Ende ihres Lebens nichts mehr von ihr hören wollen und ihre jüngste Tochter auch in ihrem Testament nicht erwähnt. Edith Steins Schmerz darüber ist unüberhörbar. In einem Brief an Dr. Helene Hirschler schreibt sie: «Ich hatte sie seit meinem Eintritt (Oktober 1933) nicht mehr gesehen. Das war das Schwerste in meinem Ordensleben. Aber es hat meine Überzeugung nicht erschüttert, daß ich dort bin, wo ich hingehöre» (ESTA C IV/75 f.).

Am Todestag hat Edith Stein morgens (in Köln) die Empfindung, daß ihre Mutter (in Breslau) gerade gestorben ist. So war es auch. Unverkennbar bleibt, daß sie vom Leben und jetzt auch vom

Sterben ihrer Mutter tief beeindruckt ist: «Sie hat ‹ihren› lieben Gott (wie sie oft mit Nachdruck sagte) wirklich lieb gehabt und im Vertrauen auf ihn viel Schweres getragen und viel Gutes getan» (IX,64). Der Glaube war «das Letzte, was noch in ihrem schweren Todeskampf in ihr lebendig blieb» (IX,68). Daher ist Edith Stein zuversichtlich, daß ihre Mutter nun bei Gott ist und für ihre Familie sorgen und auch für sie beten wird, damit «auch ich ans Ziel komme» (IX,68). Als man ihr das Gebetbuch der Mutter bringt, fällt ihr Blick auf das Gebet, das sie selbst 1922 am Grab ihres Vaters daraus gesprochen hat. Dort heißt es: «Aber du bist, du lebst noch, das fühle ich in meinem Innern. Wenn eine solche Gotteskraft schwinden könnte, wenn eine solche tiefe Innerlichkeit, wie deine Liebe war, wenn solche Gefühle, wie du sie gegen mich gehegt, bloß ein Erzeugnis von Erde, von Fleisch und Blut und deshalb vergänglich wären, dann müßte alles zusammenstürzen, dann gäbe es auch hier keinen Geist, keine Höhe, keine Würde, keine Liebe, keine beseeligende Innigkeit.»[18] Edith Stein ist davon tief berührt. Sie muß anerkennen, daß darin «derselbe Glaube» an die unvergängliche Liebe und Kraft Gottes, die auch den Menschen aus dem Tod rettet, zu finden ist, «der uns so selbstverständlich ist und auf den ich mich jetzt stütze. Er ist dem Judentum nicht fremd.» Und sie fügt hinzu: «... nur leider, bei den meisten gar nicht lebendig» (ESTA; C IV 2). Aber gilt das nicht auch für die Christen in Deutschland, anno 1936? An Mater Petra schreibt sie am 3. Oktober: «Ich denke natürlich beständig an meine liebe Mutter. Aber der heftige Schmerz der ersten Tage hat sich doch bald beruhigt, weil ich ganz zuversichtlich hoffen darf, daß Gott sie bald zu sich genommen hat» (IX,67). Und acht Tage später: «Es ist mir jetzt leichter als während der Monate, in denen ich immer denken mußte, daß meine Mutter in ihren Leiden vergeblich auf mich warte. Nun ist sie im Frieden und versteht alles» (IX,69).

Inzwischen war es für Rosa Stein möglich geworden, die Taufe zu empfangen, was in Köln geschehen sollte. Es war zugleich der erste Besuch Rosas bei ihrer Schwester und überhaupt der erste

Besuch eines ihrer Geschwister. Rosa wurde für den 16. Dezember erwartet. Am Abend des 14. hatte Edith Stein jedoch einen Unfall. Sie stürzte im dunklen Treppenhaus und brach sich den linken Fuß und die linke Hand. Der herbeigerufene Hausarzt ließ sie sogleich ins Krankenhaus bringen.

So traf Rosa ihre Schwester nicht im Karmel an, sondern sie mußte sie im Hospital aufsuchen. Gerade das aber erwies sich als glücklicher Umstand. Im Sprechzimmer des Karmels wären die beiden Schwestern durch ein Doppelgitter getrennt gewesen, und sicher hätte diese Vorrichtung auf die durch die Judendiskriminierung recht verschüchterte Rosa sehr niederdrückend gewirkt. Für einen notwendigen Aufenthalt außerhalb des Klosters galten die Klausurvorschriften jedoch nicht, so daß Edith Stein und ihre Schwester Rosa täglich am Krankenbett zusammensitzen, in Ruhe miteinander sprechen und sich auf das große Ereignis der Taufe vorbereiten konnten. Die Taufe fand am frühen Nachmittag des 24. Dezember in der St.-Elisabeth-Kirche des Krankenhauses in Köln-Hohenlind statt. Freunde bringen Edith Stein mit einem Gehgips dorthin, so daß sie der Zeremonie beiwohnen kann. In der Christmette der Heiligen Nacht empfängt Rosa dann in der Kapelle des Karmels ihre erste heilige Kommunion. In den folgenden Tagen hat Edith reichlich Zeit – sie war vom Chorgebet noch dispensiert –, mit ihrer Schwester im Sprechzimmer zu verweilen. Es sind erfreuliche Tage für beide. Rosa war bei ihrer Ankunft in Köln noch wie erstarrt gewesen durch all das, was sie durchgemacht hatte. Dann aber war sie förmlich aufgeblüht und konnte Kraft schöpfen für das Leben in Breslau, in einer ganz anders denkenden Umwelt. Es war zwar ein friedliches Zusammenleben mit den Angehörigen, innerlich aber fühlt Rosa sich bereits dem Karmel zugehörig und auch von dort aus tut man alles, um ihr dieses Bewußtsein der Zugehörigkeit zu erhalten.

Das Jahr 1937 steht ganz im Zeichen der Feiern zum 300. Gründungstag des Kölner Karmels. Die Priorin Teresia Renata verfaßt eine Festschrift mit dem Titel «Unter dem Zepter der Friedenskönigin – 300 Jahre Kölner Karmel». Für diese Festschrift, die mehr als 200 Seiten und viele Fotos umfaßt, fertigt Edith Stein die Register der benutzten Quellen und das Literaturverzeichnis an; von ihr stammt auch die Einteilung des Buches in übersichtliche Kapitel. Aus Edith Steins Briefen ist zu ersehen, mit welcher Aufmerksamkeit sie die Festvorbereitungen verfolgt. Die Freude aller Schwestern gilt dem alten, noch immer in der Pfarrkirche an der Schnurgasse/Vor den Siebenburgen hochverehrten Gnadenbild der Friedenskönigin, das den Karmelitinnen für die Dauer des Festes geliehen wird.

Nach den Festtagen überträgt ihr die Priorin – Edith Stein hatte ja eine Ausbildung als Rote-Kreuz-Schwester – die Aufgabe der Krankenwärterin. Sr. Clara Hustegge, die älteste der Laienschwestern im Kölner Karmel, war seit längerem erkrankt und ab Herbst 1937 bettlägerig. Die Krankenpflege, so meint Edith Stein, sei eine «ambulante» Tätigkeit, denn ihr Dienst besteht «hauptsächlich in vielen Wegen zwischen Krankenzimmer, Küche und Keller, auch durch den Garten, da unsere Kranke seit einigen Wochen am liebsten draußen liegt, in viele warme Decken verpackt» (IX,93). Während einer Grippeepidemie hat Edith Stein einmal so viele Patientinnen zu versorgen, daß sie sogar das Chorgebet versäumen muß. Gegen Ende des Jahres überträgt die Priorin ihr die Aufgabe der «Windenschwester, das heißt, die Vermittlung des Verkehrs zwischen Klausur und Außenwelt» (IX,100f.). In einem Brief an Agnella Stadtmüller erklärt Edith Stein ihre neue Aufgabe, die der Dominikanerin unbekannt war. In St. Magdalena in Speyer gab es keine «Winde», nämlich nicht den Drehkasten, durch welchen man im Karmel Gegenstände aus der Klausur an die Pforte hinausgab oder umgekehrt. «Auch das Telefon habe ich zu bedienen», erklärt die neue Windnerin. «Außer unserer Mutter [Priorin] und Mutter Subpriorin darf sonst niemand ans Telefon gehen. Auch die Winde ist immer verschlossen, und ich trage den Schlüssel am Gürtel, habe an beiden Stellen die Klausur zu hüten. Natürlich bin ich meist unterwegs, seit ich dieses Amt habe, für den Schreibtisch ist wenig Zeit. Jeder Brief wird in vielen Absätzen geschrieben. Es ist eine ziemlich ungewohnte Lebensweise, aber ein Posten, der in einem Haus mit strenger Klausur große Bedeutung hat, und ich bin dankbar, daß er mir anvertraut wurde.» Edith Steins Ruhe, Freundlichkeit und Diskretion machten sie zur Windnerin sehr geeignet.

Inzwischen waren im März 1938 deutsche Truppen in Österreich einmarschiert. Noch im gleichen Monat erhielt die nazihörige «Sudetendeutsche Partei» der CSR aus Berlin die Weisung, in Prag Ansprüche zu erheben, «die für die tschechische Regierung unannehmbar sind». Alles schien nun auf den Krieg hinauszulaufen, auf den Hitler sich jahrelang vorbereitet hatte.

Der April 1938 brachte Aufregung in den bisher noch recht stillen Karmel. Es ging um das Inkrafttreten der «Nürnberger Gesetze» vom 15. September 1935, richtiger: um deren «Erste Verordnung zum Reichsbürgergesetz» vom 14. November 1935, die alle jüdischen Mitbürger für nicht wahlberechtigt erklärt hatte. Auf Wunsch der kirchlichen Oberen hatten die Karmelitinnen – unter Dispens von ihrer Klausur – bei der Reichstagswahl im März 1936 das Wahllokal aufgesucht. Die Schwestern gingen in kleinen Gruppen dorthin, und Edith Stein war zurückgeblieben. So wollten sie es auch bei der folgenden Wahl am 10. April 1938 halten. Ehe sie aber das Haus verlassen konnten, erschien eine Abordnung des zuständigen Wahlvorstandes mit einer plombierten Urne im Sprechzimmer, um den Schwestern, wie es hieß, das lästige Ausgehen zu ersparen. Die drei Herren trugen «natürlich» Hakenkreuze an ihrer Uniform und waren aus diesem Grund den Schwestern überaus verdächtig. Schlimmes gewärtigend, gingen sie nach und nach mit dem Personalausweis ans Sprechgitter, und die Herren machten eine Notiz in ihre Liste. Zuletzt fiel ihnen auf, daß Dr. Edith Stein noch nicht gewählt hatte, und sie fragten, ob sie noch zu erwarten sei. Nun gab die Priorin Auskunft: Diese Schwester sei nicht wahlberechtigt wegen jüdischer Abstammung. Daraufhin war die Angelegenheit beendet. Die drei Männer verließen das Haus, ohne sich irgendwie zu äußern. Es ist hier vorwegzunehmen, daß auf dieses Ereignis hin nie eine Reaktion von seiten der Parteiorgane erfolgt ist. Die allgemeine Aufregung unter den Schwestern schien sich aber als berechtigt erwiesen zu haben. Manche hatten nämlich zuvor die Ansicht geäußert, die Wahlen seien gar nicht mehr geheim, man werde kontrolliert und die Auszählung der Stimmen werde ohnehin zu Hitlers Gunsten gefälscht. Auch einige gutmeinende Außenstehende hatten geraten, unter diesen Umständen sei es besser, kein Risiko einzugehen und mit «Ja» zu stimmen. Es gab ja längst nur noch eine Partei, und die Frage auf dem Wahlzettel lautete lediglich: «Stimmst Du für die Liste unseres Führers?» Edith Stein war gerade im Begriff, ihre zehntägigen Exerzitien zur Ewigen Profeß zu beginnen. In größter Erregung beschwor sie die Schwestern, unter keinen Umständen Hitler die Stimme zu geben: Er sei ein Feind Gottes und der Kirche. Es ist klar, daß sie eine Unwahrheit, um ihre jüdische Herkunft zu verbergen, nie geduldet hätte; und ebenso klar ist, daß die Priorin sich zuvor bei Edith Stein vergewissert hatte, was sie im Falle einer Nachfrage antworten solle.

Bereits öfters hatte Edith Stein den Gedanken erwogen, in einen Karmel Palästinas überzusiedeln – der Staat Israel existierte ja noch nicht, Palästina stand unter britischem Mandat. Sie dachte insbesondere an den Karmel in Bethlehem, wo Jesus als Kind einer jüdischen Mutter geboren wurde (die Geburt von einer jüdischen Mutter ist noch heute ausschlaggebend für die Anerkennung als Jude in Israel). Seit aber die Verfolgungen im Deutschen Reich immer mehr Juden zur Ausreise nach Palästina bewogen hatten, war es dort zu schweren Unruhen gekommen. Der Aufruhr eskalierte in bürgerkriegsähnlichen Zuständen und veranlaßte Großbritannien, die Zahl der einwandernden Juden eng zu begrenzen. Der Karmel in Bethlehem war ausschließlich von christlichen Araberinnen bewohnt. Unter diesen Umständen riet man Edith Stein von einem Einreiseversuch ab.

Durch die Mitarbeit an der Jubiläumsfestschrift war den Kölner Karmelitinnen der Karmel im niederländischen Echt wohlvertraut. Damals lebten fast nur deutsche Schwestern dort, und es wurde im Haus deutsch gesprochen. So entstand der Gedanke, daß Edith Stein in Echt am besten aufgehoben sei. Vorerst konnte

Mutter Teresia Renata eine Übersiedlung aber noch verhindern, und die meisten Schwestern dachten ebenso. Es ging ja im Kölner Karmel weiterhin alles seinen ruhigen und gewohnten Gang.

Am 21. April 1938 legt Edith Stein die Ewigen Gelübde ab, und zwar, wie im Karmel üblich, ganz in der Stille der Klausur. Die übliche Danksagung für die Gestaltung dieses Tages nutzt sie, um die Schwestern auf den Ernst der Lage hinzuweisen: Man war nun in einer Situation, in der es keine Kompromisse mehr geben konnte. Bei allen künftigen Entscheidungen gelte es, sich mutig zu Gott zu bekennen und Zeichen des Glaubens zu setzen. Immer öfter kommt Edith Stein darauf zu sprechen, daß angesichts der Bedrohung der Zeit die Liebe im Karmel und im eigenen Leben immer reiner werde und so Gottes Wille geschehen möge. «Ob wir die reine Liebe anstreben sollen? Ganz gewiß. Dazu sind wir erschaffen. Sie wird unser ewiges Leben sein, und hier müssen wir suchen, so nahe wie möglich zu kommen» (IX,145). Aber da ist zugleich das Böse: die Gewalt, die anderen ihren Willen aufzwingen und sie widrigenfalls vernichten will. In jedem von uns steckt etwas davon. Das Böse kann faszinierend sein, jedenfalls ist es «eine wirksame Macht» (II,372). Edith Stein erfährt es in ihrem eigenen Gesichtskreis: Frühere Schülerinnen hatten sich Hitler angeschlossen. Aber leben wir nicht immer in einer Welt, in der es Gutes und Böses gibt? Daher leiden wir stets auch selber in unserer Entwicklung an Gewalt und Unverständnis. Und es ist uns nie ganz gegenwärtig, ob wir in unserem Handeln nicht auch beengt sind, ob wir in allem die Aufmerksamkeit hatten, anderen kein Unrecht zuzufügen. «Was wir von uns erkennen, auch von unseren Fehlern und Vergehen, ist nur die belichtete Oberfläche. Die Tiefe woraus sie kommen ist uns weitgehend verborgen» (IX,145). Wird die Gewalttat nicht – wie schon im Ersten Testament geglaubt wird – auf den Urheber zurückfallen? Können wir uns völlig gegen die Ansteckung wehren? Was kann man dagegen tun? – Man kann sich wehren. «‹Böse› im strengen und eigentlichen Sinne ist nur etwas, was dem freien Willen entspringt» (II,372). Man kann sich vor andere stellen und sie schützen. Und man kann versuchen wiedergutzumachen, was andere angerichtet haben. Dem Haß mit Liebe zu begegnen, daran mitzuwirken, daß die Wirkkraft des Bösen entmachtet wird, mit einem anderen Wort: «zu sühnen» – daß darin ihre ganz eigene Berufung, gegebenenfalls auch durch den eigenen Tod, immer mehr an ihr Ziel kommen könnte, dieser Gedanke gewinnt in den folgenden Jahren für Edith Stein immer mehr an Überzeugungskraft. Sie begreift diese Form der Absage an die Gewalt als ihren Beitrag dazu, das zu werden, was der Mensch sein kann: als Teilhabe an der Menschwerdung des Menschen.

Ihr geistlicher Begleiter Johannes Hirschmann fragte sie: «Wer sühnt für das, was am jüdischen Volk im Namen des deutschen Volkes geschieht? ... Wer wendet die entsetzliche Schuld zum Segen für beide Völker?» Und sie antwortet damals: «Die, die die Wunden, die hier der Haß schlägt, nicht neuen Haß gebären lassen, sondern die, obwohl sie selbst mit Opfer des Hasses sind, das Leid unter den Gehaßten und das Leid der Hassenden auf sich nehmen.»[19]

Seit Wochen war Edmund Husserl schwer erkrankt. Um ihn war es still geworden. Man hatte ihm, obwohl er bereits im Ruhestand lebte, aufgrund der Rassengesetze die Lehrerlaubnis entzogen. Die Ausreise zu Vorträgen ins Ausland wurde ihm verweigert, obwohl er dort mehrfach ausgezeichnet worden war. Er mußte seine Wohnung verlassen, in der er zwanzig Jahre lang gelebt hatte. Gepflegt wurde er in den letzten Monaten von seiner Frau Malvine, der Rote-Kreuz-Schwester Kläre Immisch und von Edith Steins Freundin Sr. Adelgundis Jaegerschmid, die auch Edith Stein auf dem laufenden hielt. Husserls Leben und jetzt auch sein Sterben haben Edith Stein ähnlich tief berührt wie das Leben und Sterben ihrer Mutter. Mit dem Sterben wird ein Leben endgültig. Das war eine Einsicht, die Edith Stein bereits früh von Wilhelm Dilthey übernommen hatte. Und Husserls Leben blieb bis zum Schluß von nichts anderem erfüllt als von der Sehnsucht nach Wahrheit. Fünf Wochen vor seinem Tod erklärte Husserl Adelgundis Jaegerschmid: «Vor allem Anfang steht immer das Ich, das ist und denkt und seine Beziehungen sucht in Vergangenheit, Gegenwart und Zukunft. Aber das ist eben das schwierige Problem. Was war vor dem Anfang? ... Philosophie ist der leidenschaftliche Wille nach der Erkenntnis des Seienden. ... Alle Philosophie ist Philosophie des Anfangs, Philosophie des Lebens und des Todes» (16./17. März 1938).[20] Adelgundis Jaegerschmid erzählte Edith Stein von Husserls Gedanken auf dem Sterbebett und diese antwortet ihr am 23. März: «Um meinen lieben Meister habe ich keine Sorge. Es hat mir immer sehr fern gelegen zu denken, daß Gottes Barmherzigkeit sich an die Grenzen der sichtbaren Kirche binde. Gott ist die Wahrheit. Wer die Wahrheit sucht, der sucht Gott, ob es ihm klar ist oder nicht» (IX,102). Am 27. April 1938 starb Husserl in Freiburg. Als er den Tod kommen fühlte, begann er alles loszulassen. Er löste sich auch von seiner Arbeit «und war nur noch von der Sehnsucht nach der ewigen Heimat erfüllt. So war es ein seliges Sterben, das keine Trauer der Zurückbleibenden will» (XIV,239). Als Adelgundis Jaegerschmid ihr von der tiefen Sammlung und Ergebung berichtete, die den verehrten «Meister» in seiner letzten Krankheit beseelten, betrachtete Edith Stein dies «als ein ganz großes Profeßgeschenk. ... Ich wartete schon immer darauf, daß zu dieser Zeit die Erlösung kommen werde. Sie werden nicht denken, daß ich auf meine Gebete oder gar ‹Verdienste› so großes Vertrauen hätte. Ich bin nur überzeugt, daß Gott niemanden für sich allein beruft. Und daß Er verschwenderisch an Liebesbeweisen ist, wenn Er eine Seele annimmt» (IX,104f.).

Das Schleierfest war wieder eine große kirchliche Feier. Nun wurde der weiße Novizenschleier gegen den schwarzen der Kapitularinnen vertauscht. «Nimm mich an, o Herr, nach deinem Wort», spricht die Schwester, die den neuen Schleier empfängt. Die Ergebung in Gottes Wille, die im Karmel gelebt werden soll und sich ganz ausdrucksstark im täglichen Gebet in Erinnerung bringt, war für Edith Stein nun bis ans Lebensende verbindlich geworden. Das Schleierfest fand für sie am 1. Mai 1938 statt. Bei dieser öffentlichen Feier gab es jetzt aber keinen Andrang mehr wie zum Fest ihrer Einkleidung. Auch um Edith Stein war es still geworden. Es machte sich bemerkbar, daß viele ihrer Freunde längst das nationalsozialistische Deutschland verlassen hatten, auch manche ihrer entfernteren Verwandten. «Aber ich vergesse niemanden», schreibt sie im Blick auf die in der Ferne Lebenden.

Am 14. Oktober dieses Jahres bekommt sie erstmals Besuch von ihrem Bruder Arno, der sich vor seiner Auswanderung nach Amerika von ihr verabschieden will. Arnos Frau und zwei seiner Kinder waren schon drüben. Sein ältester Sohn Wolfgang aber war bis Dezember im Lager. Ob sich der inzwischen über Sechzigjährige noch einmal eine Existenz wird aufbauen können, scheint ungewiß. «Zu sparen hat jetzt gar keinen Sinn», schreibt Edith Stein, «weil sie ja doch alles hergeben müssen, wenn sie aus dem Land gehen» (IX,121). Auch in Hamburg waren die Geschwister zur Auswanderung entschlossen. Werner Gordon war bereits in Kolumbien. Er hatte rasch eine gesicherte Existenz gegründet und konnte Eltern und Geschwister zu sich holen. Hans Biberstein war in den USA, und auch Erna Biberstein und ihre Kinder rüsteten sich zur Fahrt ins Ungewisse. Den jüdischen Ärzten war die Approbation entzogen worden – bis dahin hatten sie jüdische Patienten noch behandeln dürfen –, und Susanne und Ernst Ludwig Biberstein mußten die Schule verlassen. Susanne arbeitete als Hausgehilfin bei einer befreundeten jüdischen Familie, Ernst Ludwig erlernte, wie sein Vetter Wolfgang Stein, die Landwirtschaft. Edith Stein erlebt ihre ganze Ohnmacht. Sie muß zusehen, wie ihre Familie zerstreut wird, sie leidet mit ihnen und bittet Gott, sie alle zu behüten und dafür stellvertretend ihr Leben zu nehmen – so wie einst Esther Gott ihr Leben für ihr Volk angeboten hatte. «Wenn sie nur wüßten, wo sie hin sollen! Aber ich vertraue darauf, daß die Mutter aus der Ewigkeit für sie sorgt. Und darauf, daß der Herr mein Leben für alle genommen hat. ... Ich bin eine sehr arme und ohnmächtige kleine Esther» (IX,121).

Auch Gerhardt Stein, der einzige Sohn von Paul und Gertrude Stein, war längst in Übersee. Seine Eltern jedoch konnten sich zu einem solchen Schritt nicht aufraffen. Sie haben einige Jahre später, zusammen mit ihrer Nichte Eva, in Theresienstadt den Tod gefunden.

Dann kam die Pogromnacht des 9. November. Zwischen dem 9. und 11. November 1938 zündeten SA-Männer und Parteimitglieder an vielen Orten jüdische Gotteshäuser an und zerstörten jüdische Geschäfte und Wohnungen. 91 Fälle von Tötungen wurden zugegeben. Über 35 000 Juden kamen in die Konzentrationslager. Vor diesem Haß und dieser Gewalt konnte niemand mehr die Augen verschließen. Die zerstörten Synagogen, die zertrümmerten Geschäfte, die fehlenden Mitbürger – all das war nicht mehr zu übersehen.

In Lindenthal war es ruhig geblieben, auch der Karmel blieb unbehelligt, wie übrigens auch später, als 1941 alle westdeutschen Karmelitinnen (in Aachen, Düren, Bonn, auch in Luxemburg) aus ihren Klöstern vertrieben wurden. Der Kölner Karmel hat nie eine Belästigung erfahren, bis er im Oktober 1944 durch Bomben vernichtet wurde.

Aber Edith Stein hat nun keine Ruhe mehr. Sie sah immer mehr Verwandte und Freunde auswandern oder ihre Auswanderung vorbereiten und kommt nun von der Besorgnis nicht los, daß ihre Gegenwart die Schwesterngemeinschaft gefährden könnte. Ausdrücklich sagt sie in einem Brief (IX,129), daß noch kein Druck von außen erfolgt war. Sie selbst war jedoch von der Notwendigkeit ihrer Übersiedlung ins Ausland überzeugt, um Schlimmeres für den Kölner Karmel zu verhindern. Und solche Notwendigkeiten waren für Edith Stein ein Wink des göttlichen Willens. So rüstete sie sich nun wieder zu einer Lebenswende. Überraschenderweise kommen rasch alle nötigen Ausreisepapiere zusammen. Die Einladung der Echter Schwestern zu einer «Klimaveränderung» war überaus herzlich, und so bricht Edith Stein im Auto des befreundeten Arztes Dr. Paul Strerath und in Begleitung des Pfarrers Dr. Leo Sudbrack am Nachmittag des 31. Dezember 1938 nach Echt auf. Ehe man Köln verläßt, führen die beiden Herren Edith Stein noch in die Kirche «Maria vom Frieden», damit sie die erste Kölner Karmelstätte sehen und sich den Segen der Regina Pacis erbitten kann. Vor der Komplet des Silvestertages erreicht sie ihre neue Heimat, wo man sie herzlich aufnimmt.

Edith Stein hat die deutsch-niederländische Grenze nicht illegal überschritten. Sie hatte die damals vorgeschriebenen Papiere beantragt und auch erhalten. Was sie noch nicht besaß, war jedoch die Erlaubnis zum Daueraufenthalt in den Niederlanden, d. h. zur Einwanderung. Sie hatte nicht gewußt – und möglicherweise wußten das nicht einmal die Echter Schwestern –, daß das Einwandern sogar in den immer gastfreundlichen Niederlanden nicht einfach war. Da man die ins Land gekommenen Juden wegen der ihnen drohenden Gefahren nicht zurückschicken konnte, waren Auffang- und Übergangslager errichtet worden. Die Flüchtlinge hatten sich ihr unsicheres Leben erträglich zu machen gewußt, indem sie Kindergärten und Schulen für die Kinder sowie Kulturangebote, Vorträge und Konzerte für die Erwachsenen einrichteten. Manche der Insassen warteten auf ihre Papiere zur Auswanderung nach Übersee, andere wollten vorerst beobachten, wie sich die Lage im Deutschen Reich entwickeln würde.

Edith Steins Verwandte und Freunde atmeten auf in der Zuversicht, sie nun in Sicherheit zu wissen. Auch Edith selbst war dankbar. «Hier ist nun wieder alles neu», schreibt sie, «aber ich bin wieder im Karmel und von herzlicher mütterlicher und schwesterlicher Liebe umgeben» (IX,129; 14.1.39). Auf dem kleinen Klausurfriedhof findet sie die Gräber der 1875 aus Köln gekommenen Schwestern, deren Namen sie aus der Festschrift kennt. Man erweist ihr die Aufmerksamkeit, ihr die Zelle der in jungen Jahren verstorbenen Schwester Gertrudis Erzberger zu geben, der Tochter des 1921 ermordeten deutschen Finanzministers Matthias Erzberger. Edith hatte seinerzeit die Geschicke der Weimarer Republik lebhaft verfolgt, ja sie mitzugestalten versucht. Nun fühlt sie sich ihrer «Zellenvorgängerin» herzlich verbunden, über die sie später auch eine kleine biographische Abhandlung verfaßt. Das Sich-Einleben in die neue Umgebung wird ihr dadurch erleichtert, daß sie bald an die vertraute Arbeit des Korrekturlesens gehen kann – vorerst druckt der Verlag ja noch an ihrem großen Werk «Endliches und ewiges Sein».

Als die Drucklegung gestoppt wird, bittet Edith Stein um Arbeit im Haus. Der Konvent war durch die Übersiedlung etlicher Schwestern nach Beek/Limburg, wo der Echter Karmel im Frühjahr 1938 eine Neugründung ins Leben gerufen hatte, zahlenmäßig zurückgegangen. Der ländliche Haushalt mit seinem großen Obst- und Gemüsegarten beanspruchte viele Kräfte. Man überträgt ihr bald die von ihr geschätzte Aufgabe der Windnerin, und da der Außenverkehr im Dorf Echt nicht so lebhaft ist wie in der Kölner Vorstadt Lindenthal, besorgt sie nebenher noch das Refektorium. Die Echter Mitschwestern, zumal die Vorgesetzten, waren freudig überrascht, wie schnell Edith Stein sich in der neuen Umgebung einlebte, wie selbstverständlich sie alles Gebräuchliche mitmachte und wie freundlich und zuvorkommend sie sich allen gegenüber verhielt. Die Priorinnen, anfangs Ottilia Thannisch und später Antonia Engelmann, beide waren Deutsche, trugen ihr sogar auf – was in Köln undenkbar gewesen wäre! –, die kleinen geistlichen Ansprachen für sie zu verfassen, die brauchgemäß an den Tagen der sog. Gelübdeerneuerung (eine Frömmigkeitsübung am 6. Januar und am 14. September) von der Oberin gehalten wurden. Im Juli erlebt Edith Stein die große Freude und Erleichterung, auch ihre Schwester Rosa im Echter Karmel empfangen zu können. Da es in Echt keine eigenen Pfortenschwestern gab, wird Rosa Stein «Hausfrau im Pfortenhaus», wie Edith sie nennt. Rosa betreut Kapelle und Sakristei, macht Ausgänge und Besorgungen, bedient die Gäste. Bald ist auch Rosa unentbehrlich und sehr beliebt im Kloster und im Ort.

Als Mutter Antonia Priorin wurde, trug sie Edith Stein wieder schriftliche Arbeiten auf. Ein deutscher Verlag erbat einen Artikel für einen Sammelband. Edith Stein hatte für den Herausgeber, P. Eugen Lense OCist., bereits in Köln einen Aufsatz geliefert, ein Lebensbild der Mutter Franziska Esser (1804–1866), Gründerin des Kölner Karmels an St. Gereon. Nun wünschte P. Lense eine Abhandlung über eine noch unbekannte Karmelitin. Edith Stein entschied sich für eine frühverstorbene Mystikerin aus Paris, Marie-Aimée von Jesus (geb. Dorothée Quoniam 1839–1874). Der Aufsatz wurde jedoch wegen der Papierknappheit nicht mehr gedruckt (jetzt in XI,101–120).

Da sich inzwischen herausgestellt hatte, daß «Endliches und ewiges Sein» in Deutschland nicht mehr erscheinen konnte, versucht Edith Stein, in den Niederlanden einen Verlag zu finden. Dazu hätte das umfangreiche Werk jedoch übersetzt werden müssen, wofür aber vorerst kein Philosoph gewonnen werden kann.

Kurz vor Ende der Fastenzeit, am 16. März 1939, marschierten deutsche Truppen in die Tschechei ein und errichteten das sogenannte «Protektorat Böhmen und Mähren». Der Griff nach Prag zeigte den Westmächten, die noch im «Münchner Abkommen» (29. 9. 1938) einer Besetzung des Sudetenlandes zugestimmt hatten, daß die Grundlagen der Appeasement-Politik zusammengebrochen waren. Die Zeichen standen auf Krieg. Und Edith Stein wußte, was das bedeutete. Sie erinnert sich an die Schrecken des Ersten Weltkriegs, an den Zusammenbruch, die Orientierungslosigkeit und die Not der Deutschen. In Hitler sieht sie den Antichrist, der die Welt in Brand stecken und auch das Christentum selbst bedrohen wollte. Sie will für die Deutschen und für den Frieden in der Welt eintreten. Am Palmsonntag, da man Jesu Liebe bis in den Tod am Kreuz gedenkt, bittet sie die Priorin von Echt, sich «dem Herzen Jesu als Sühnopfer für den wahren Frieden» anbieten zu dürfen: «... daß die Herrschaft des Antichrist, wenn möglich, ohne einen neuen Weltkrieg zusammenbricht und eine neue Ordnung aufgerichtet werden kann» (IX,133; 26. 3. 39). Und sie bittet ihre Mitschwestern in Beek auch um das Gebet für die eigene Familie und für jene Angehörigen, die noch nicht in Sicherheit sind (10. 4. 1939). Eine Woche später heißt es: «Ich habe kein anderes Verlangen, als daß an mir und durch mich Gottes Wille geschieht.» Sie weiß um den Kampf, den das bedeutet: «Viel Gebet ist nötig, um in jeder Lage treu zu bleiben.» Vor allen aber sorgt sie sich um Menschen, denen alle Hoffnung genommen wird, die keinen Trost finden in der Überzeugung, daß Gott ihnen auch im

Tod zugewandt bleibt und ihnen vergilt, was sie Gutes getan haben. Sie sorgt sich «für die Vielen, die Härteres zu tragen haben als ich und die nicht so verankert sind im Ewigen» (IX,137). Und immer wieder ist in diesen Monaten der Satz zu lesen: «Dein Wille geschehe.»

In dieser Situation schreibt Edith Stein am 9. Juni 1939 ihr Testament. Darin blickt sie noch einmal zurück und bringt im Bittgebet vor Gott, was sie in den letzten Jahren und Monaten bewegt hat. Insbesondere bittet sie um ein glaubwürdiges und überzeugendes Zeugnis heiligen Lebens für ihren Orden. Wie einst Mose (vgl. Ex 32,31 f.) bietet sie sich selbst an für das jüdische Volk, wenn anders Gott sich nicht seines Volkes erbarmt, für die Deutschen, für den Frieden der Welt und für ihre Angehörigen. Wörtlich heißt es: «Ich bitte den Herrn, daß er mein Leben und Sterben annehmen möchte zu seiner Ehre und Verherrlichung, für alle Anliegen des Heiligsten Herzens Jesu und Marias und der Heiligen Kirche, insbesondere für die Erhaltung, Heiligung, Vollendung unseres Heiligen Ordens, namentlich des Kölner und Echter Karmels, zur Sühne für den Unglauben des jüdischen Volkes und damit der Herr von den Seinen aufgenommen werde und sein Reich komme in Herrlichkeit, für die Rettung Deutschlands und den Frieden in der Welt, schließlich für meine Angehörigen, lebende und Tote, und alle, die mir Gott gegeben hat: daß keiner verloren gehe» (ESTA; A 55).[21]

Ihrem Schwager Hans Biberstein gegenüber zeigt Edith Stein sich nachdenklich: «Ob wir wohl noch erleben werden, daß die Ereignisse unserer Tage ‹Geschichte› werden? Ich habe großes Verlangen, all das einmal im Licht der Ewigkeit zu sehen. ... Man staunt, wie verkehrt man vieles früher gesehen hat und begeht doch im nächsten Augenblick den Fehler, sich ein Urteil zu bilden, ohne daß man die nötigen Grundlagen hat» (IX,142). Inzwischen war mit dem Überfall deutscher Truppen auf Polen (1.9.1939) der Zweite Weltkrieg ausgebrochen. Die Gewalt war nicht mehr aufzuhalten und nahm jetzt ihren Lauf. Die alte Weltordnung ging unter. Und wieder einmal war ungewiß, was kommen sollte. Am

14. Mai 1940 kapitulierten die Niederlande und Belgien. Die Flüchtlings- und Auffanglager wurden nun mit Stacheldraht und Wachtürmen umgeben und die Insassen zu Gefangenen gemacht. Dabei war es für die deutschen Besatzer, die im Mai 1940 als erstes die Ministerien beschlagnahmten, durchaus nicht schwierig, jüdische Einwanderungsgesuche sogleich zu erfassen. Und hiervon waren auch Rosa und Edith Stein betroffen, denn sie hatten sich schon in den ersten Tagen nach ihrer Ankunft in Echt polizeilich angemeldet.

Der Daueraufenthalt, den sie wünschten, fiel unter den Begriff der «Einwanderung», und die war, wie erwähnt, auch in den von Fremden schon überschwemmten Niederlanden nicht einfach. Die Karmelitinnen mußten «Beziehungen» spielen lassen, damit die Erlaubnis kam. Durch einen Bekannten, der Mitglied der Zweiten Kammer war, gelang es endlich, die Genehmigung des dafür zuständigen Justizministeriums zu erhalten. Dadurch aber war Edith Steins Gesuch aktenkundig geworden und erst recht das Gesuch ihrer Schwester Rosa, die im Sommer 1939 aus Belgien – also einem «sicheren Drittland» – einwandern wollte. Aus Briefen an Verwandte in den USA wissen wir, wie schwierig die Lage wurde. Nach mehrfachen Eingaben an den Minister, dies wiederum durch Vermittlung jenes Abgeordneten (Dr. Serrarens), erhielt Rosa die Erlaubnis zum Aufenthalt in den Niederlanden, allerdings beschränkt auf das Kloster in Echt und jeweils kurzfristig zu erneuern. Sie mußte ihren nach Belgien gebrachten Hausrat samt Wäsche und Kleidung dort belassen und kam nur mit kleinem Handgepäck über die Grenze. Alle Gesuche von jüdischen Einwanderern liefen über das Justizminsterium, im Falle Rosas auch über das Außenministerium. Schon im Herbst 1940 wurden sämtliche Bürgermeister selbst der kleinsten Orte mittels Fragebogen gezwungen, die Namen der jüdischen Einwohner und Unternehmen anzugeben. Der Bürgermeister des Dorfes Echt, samt seiner Familie mit dem Karmel befreundet, gab auf seiner Liste unter den fünf jüdischen Bewohnern auch die beiden Schwestern Edith und Rosa Stein an.

Unterdessen braute sich das Unheil auch über dem Karmel zusammen. Bereits im Herbst 1940 erhielten Edith und Rosa Stein erstmals eine Vorladung nach Maastricht. P. Provinzial Cornelius Leunissen meinte, daß er das anstelle der Schwestern erledigen könne. Doch diese «Judenbegünstigung» kam ihn teuer zu stehen. Er wurde angezeigt, konnte aber gewarnt werden, so daß ihm die Flucht gelang. Er besaß noch die amerikanische Staatsangehörigkeit (er war in Holy Hill/USA Novizenmeister gewesen) und konnte sich dorthin durchschlagen. Am 8. Oktober des folgenden Jahres liest man in einem Brief Edith Steins an Mutter Johanna in Beek: «Rosa und ich waren Montagvormittag beim Polizeikommissar in Maastricht, um uns vorschriftsmäßig anzumelden» (IX,161; 8.10.41).

Damals begann der Karmelitenorden mit den Vorbereitungen für den kommenden 400. Geburtstag des Kirchenlehrers Johannes vom Kreuz am 24.6.1942. Man dachte an eine Schrift, die mit den nötigen biographischen Ausführungen insbesondere die mystischen Schriften, zumal die Dichtungen dieses in Deutschland nahezu unbekannten Heiligen erläutern sollte. Es bot sich an, Edith Stein mit dieser schwierigen Aufgabe zu betrauen. Da sie sich aber längere Zeit nicht mehr mit dieser Materie befaßt hatte – Johannes vom Kreuz war ein scholastisch gebildeter Theologe, dessen in spanischer Sprache verfaßte Gedichte zur Weltliteratur zählen – wollte sie zunächst eine Vorarbeit anfertigen, über die sie das Urteil von Fachleuten einzuholen gedachte. So entstand eine Studie über die symbolische Theologie des Pseudo-Dionysius (um 500) unter dem Titel «Wege der Gotteserkenntnis». Edith Stein gelang es noch, das fertige Manuskript nach Amerika zu schicken. Diese Arbeit war als Beitrag zu einer neuen Zeitschrift für phänomenologische Forschungen («Philosophy and Phenomenological Research») gedacht, die 1940 in Buffalo von Husserlschülern gegründet worden war. Der Herausgeber Marvin Farber, zugleich Präsident der neugegründeten «International Phenomenological Society» (New York), nahm den Text jedoch nicht in seine Zeitschrift auf, sondern überließ ihn Prof. Rudolf Allers mit dem

Recht zur Übersetzung und Veröffentlichung in der Zeitschrift «The Thomist», wo der Beitrag im Juli 1946 erschien, nachdem er im Februar desselben Jahres bereits in Leuven und Utrecht veröffentlicht worden war. Während Ruth Kantorowicz ihre Arbeit tippte, erwähnt Edith Stein in einem Brief an Mater Petra, daß sie die Abschrift zunächst nach Valkenburg an zwei Dionysiuskenner schicken wolle, um ein strenges Sachverständigenurteil zu hören: «... ehe ich eine Publikation und weitere Arbeit wage» (IX,159). Dieses Urteil muß günstig ausgefallen sein, denn Edith Stein sandte die Arbeit im September 1941 als Einschreiben nach Buffalo. Auch begann sie bald danach mit einem weiteren wissenschaftlichen Projekt, das zugleich ihr letztes werden sollte: mit der «Kreuzeswissenschaft».

Die «Kreuzeswissenschaft» wurde für Edith Stein von großer Bedeutung. Sie war darin nicht nur Übersetzerin spanischer Weltliteratur, wofür sie eigens spanisch lernen mußte, sondern auch religionsphilosophische Kommentatorin. Daß es die letzte Arbeit ihres Lebens werden sollte, hat sie zwar nicht gewuß, aber vielleicht ahnte sie es. Allen Mitschwestern in Echt fiel auf, mit welcher Eile und Intensität Edith Stein an ihrem Manuskript tätig war.

Bereits ab Juli 1941 finden sich erste Hinweise zu diesem Werk. Am 23. Juli bittet sie Mutter Johanna in Beek um «das Buch von Baruzi über den hl. Vater Johannes vom Kreuz»[22] und am 8. Oktober um «das große Buch von P. Bruno»[23]. Ihre erste Bemerkung diesbezüglich findet sich in einem Brief vom 8. Oktober 1941 an Johanna van Weersth, die Priorin in Beek: «Bitte, beten Eure Ehrwürden auch etwas zum Hl. Geist und zum hl. Vater Johannes vom Kreuz für das, was ich jetzt zu schreiben vorhabe. Es soll etwas zum 400. Geburtstag des hl. Vaters [Johannes v. Kreuz] (24. Juni 1942) werden, muß aber alles dafür von oben kommen» (IX,161). Einen Monat später erzählt sie der Speyrer Dominikanerin Agnella Stadtmüller: «... jetzt versuche ich etwas für den 400. Geburtstag unseres hl. Vaters Johannes [vom Kreuz] vorzubereiten, bitte um Gebet dafür» (IX,164).

Im Mittelpunkt der «Kreuzeswissenschaft» steht die Erfahrung des Leidens. Wie auch sonst spricht Johannes vom Kreuz von dem, was er selbst erfahren hat, und er lotet diese Erfahrung aus. Als junger Mönch hatte er sich der karmelitischen Reform der heiligen Teresa von Avila angeschlossen, war deren theologischer Ratgeber und geistlicher Begleiter geworden und 1572–77 der geistliche Begleiter der Nonnen vom «Kloster der Menschwerdung» in Avila. Als die Gegner der Reform eine Wiederwahl Teresas zur Priorin verhindern wollten, stellte Johannes sich auf ihre Seite, wurde von den eigenen Ordensbrüdern nach Toledo verschleppt und in einer fensterlosen dreckigen Kammer mehr tot als lebendig gefangengehalten. 1578 konnte er ins weltabgelegene Kloster Calvario fliehen. In dieser lebensbedrohlichen und aussichtslos scheinenden Lage und nur noch auf sich selbst zurückgeworfen, begann er mit der Niederschrift seiner Situation und seines inneren Lebens im Leiden. Die inneren Erfahrungen dieser Grenzsituation menschlichen Lebens lassen ihn zum Dichter werden. Er hat keine systematische Sprache für das, was er erfährt, und es geht ihm auch nicht darum, zu begreifen, was er erfährt, sondern darum, es zu beschreiben. Edith Stein folgt seinen Erlebnissen, aber sie bemüht sich um einen systematisch gedrängten Durchblick dieser Kreuzeserfahrung, daher der Name «Kreuzes*wissenschaft*».

Auch Johannes sucht sich sein Gefängnis nicht selbst. Er betrachtet das Leid nicht bequem als Zuschauer und er theoretisiert nicht über die Ungerechtigkeit der Welt. Leiden ist nicht ein Gefühl, das man sich irgendwann einmal gönnt, sondern es ist eine Grundbefindlichkeit unseres Lebens, die uns, ob wir es wollen oder nicht, tagtäglich einholt. Es ist nicht das Leid der anderen, sondern das eigene Leiden, das er erfährt. Es gelingt ihm nicht mehr, das Leiden auf Distanz zu halten. Sein Erleben wird hineingezogen und abstandslos. Das ist der Ort, von dem aus Johannes schreibt.

Wer dem Leiden anderer zusehen kann, kann sich immer noch überlegen, ob er dem Aufruf folgt, das Nichtseinsollende zu verhindern. Aber er kann auch genausogut der Neigung unterliegen, die liebgewonnen Gewohnheiten, den erworbenen Besitz und die gerade in ihrem Mittelmaß liebenswerte Alltäglichkeit nicht aufzugeben. Und er kann sich als Glaubender in seinem Beten wohlfühlen. Oder man kann auch über die Ungerechtigkeit der Welt philosophieren oder über die Gerechtigkeit Gottes theologisieren, und dabei gerade achtlos an dem vorübergehen, der mich heute braucht. Schließlich kann man nach allen Abwägungen doch lieber die eigene Haut retten wollen und es vorziehen, eher ängstlich um sich als um das Wohl eines anderen – wie schlecht es diesem auch immer gehen mag – besorgt zu sein.

Für Johannes ist das Leiden ein beständiger Begleiter, angefangen vom harten Existenzkampf der Kinderjahre bis zu seinen letzten Tagen in Ubeda, insbesondere aber im Gefängnis von Toledo, das er mehr tot als lebendig übersteht. Hier stellt sich unmittelbar die Frage, was noch Halt gibt. Er tritt ein in eine «Nacht der Sinne», wo die liebgewordenen Gewohnheiten, auch das Sinnliche am Gebet, keinen Halt mehr bieten, in eine «Nacht des Verstandes», die alle Denkkonstruktionen, auch die über Gott, entlarvt und alle Denk- und Heilsgewißheiten der Verstandes- und Schöpfungsordnung überholt. Er fällt ins Bodenlose, schließlich auch in die «Nacht des Glaubens», den «Verlust der eigenen Maßstäblichkeit, weit über den Bilderverlust hinaus». In diesem Verlieren seiner selbst erfährt er jedoch den Umschlag des Ergreifens, das vom Ich ausgeht, in ein Ergriffenwerden, das auf ihn zukommt und ihm Halt gewährt. Er erkennt, daß die «via crucis», die Vernichtung aller Ichgewißheiten, die Entleerung von allen Inhalten, Weitung und Offenheit des Ich auf eine letzte Sehnsucht nach Einheit freilegt, die von ihm selbst her nicht mehr überbrückt werden kann. Der Weg zum wahren Selbst geht durch das Unendliche. So setzt Gott sich in diesem Leben durch, und Johannes betet darum, daß nicht sein, sondern Gottes Wille geschehen möge. Für Johannes ist der Gottesknecht die Personifizierung dieses Weges ins Nichts. Der Gekreuzigte ist beides: Bild äußersten Leidens und Bild der Befreiung und Erlösung. Wenn Johannes die leiblichen Qualen des Gekreuzigten in seinen Zeichnungen und Schnitzereien bis in die Krümmungen der Finger hinein andeutet, dann ist dies ein Bild für das Leiden: an der Endlichkeit, an der Boshaftigkeit von Menschen, an der Gewalt, die Menschen klein macht und ihr Leben verstümmelt. Das Kreuz enthüllt in reinster Weise das negative Extrem menschlicher Möglichkeiten.

Aber das Kreuz ist auch Befreiungs- und Erlösungszeichen, denn es enthüllt zugleich die äußerste Form von Freiheit, durch die der Kreislauf von Gewalt und Gegengewalt, der Kreislauf der Bosheit, durchbrochen wird. Denn das Kreuz hat eine Vorgeschichte: die Geschichte Jesu, der kommt und zur Umkehr ruft, der der Boshaftigkeit

> entgegentritt mit seiner Liebe zu den Schwachen, Ausgestoßenen und Sündern; und der schließlich – wenn auch nicht ohne den Kampf von Gethsemani – den Weg zu Ende geht und den Kelch trinkt, der nicht an ihm vorübergeht. Durch den Tod Jesu wird die Freiheit der Liebe und Solidarität nicht vernichtet, sondern sie wird als menschliche Möglichkeit bis in die letzten Abgründe des Todes unwiderruflich bezeugt.

Nach diesem Zeugnis drängt es auch Edith Stein, das wird in jeder Zeile der «Kreuzeswissenschaft» spürbar. Auch ihr gibt das Kreuz Hoffnung. Es ist ein paradoxes Zeichen: In dem Augenblick, wo die Gewalt zu siegen scheint, indem sie den Gewaltlosen tötet, wird die todbringende Lebensrichtung der Gewalt selbst vernichtet und der Tod getötet. Denn mit dem Tod des Gewaltlosen hat die Liebe ein für alle Mal unauslöschlich und unaufhebbar erwiesen, daß man bis zum Ende lieben und gewaltlos bleiben kann und daß keine Macht der Welt einen Menschen zwingen kann, im Kreislauf von Gewalt und Gegengewalt zu leben. Dieser Kreislauf – darauf verweist das Kreuz Jesu – ist durchbrechbar. Das ist die äußerste Möglichkeit der Menschwerdung.

Das Zeichen des Kreuzes darf aber bei alledem nicht schöngeredet werden. Triumphalismus ist fehl am Platz: Das Kreuz ist und bleibt eine harte Wirklichkeit des Loslassens bis hin zum eigenen Leben. Der Blick wird zwar geweitet für die Möglichkeit reiner Liebe, für diese Sehnsucht, die tief im Menschen wurzelt, und der Mensch rührt an dieses Geheimnis. Aber das ist «nur» ein «Strahl der Finsternis», wie Johannes sagt. Der Abstand zur Wirklichkeit der umfassenden Liebe wird von diesseits der Grenze nicht überbrückt: «Das Gedächtnis nach Möglichkeit frei von Bildern ..., der Verstand entblößt ...; der Wille ... in der Liebe dem göttlichen Willen anheimgegeben. Dies ist sehr einfach zu sagen, aber die Arbeit eines ganzen Lebens käme doch nicht ans Ziel, wenn nicht Gott das Wesentliche täte» (IX,145).

Edith Stein hatte, als sie an der «Kreuzeswissenschaft» schrieb, auch die Aufgabe erhalten, für die beiden Betrachtungsstunden die damals übliche Kurzlesung auszuwählen, und auch für eine passende Tischlesung sollte sie sorgen. Da das Jubiläum des hl. Johannes vom Kreuz bevorstand, wählte man dafür eine leichtverständliche Lebensbeschreibung. Bis dahin waren in Echt all diese Lesungen in deutscher Sprache gehalten worden. Da aber nun kurz hintereinander fünf Postulantinnen eingetreten waren, suchte Edith Stein nach niederländischer Literatur. Doch während sich der Konvent in Echt in die Kreuzesliebe des Johannes vom Kreuz einübte, erfaßte die zerstörerische Gewalt, die das Kreuz auch verkörpert, die Familie Edith Steins.

Im Sommer 1941 schreibt Edith Stein an Mater Petra: «Unser ältester Bruder [Paul] und unsere Schwester Frieda sind immer noch in Br[eslau]. Die Angehörigen in Am[erika] machen alle Anstrengungen, sie dorthin zu bekommen; bisher ist es noch nicht geglückt» (IX,158; 13.6.41). Im Herbst heißt es dann bereits: «Die Schwester, die noch in Breslau war, ist aufs Land verpflanzt worden, mit der Verpflichtung zu achtstündigem Arbeitsdienst. Mein Bruder und seine Frau leben in Erwartung einer ähnlichen Zwangsmaßnahme. Alle Bemühungen der Angehörigen in Amerika waren bisher vergeblich» (IX,166; 18.11.41). Edith und Rosa haben im folgenden Jahr noch erfahren, daß die genannten Geschwister gestorben seien, angeblich in Theresienstadt.

Am 25. November 1941 wurde die berüchtigte «Elfte Verordnung zum Reichsbürgergesetz» erlassen, die alle nichtarischen Deutschen für staatenlos erklärte und sie zugleich aufforderte, sich bis zum 15.12. zur «Emigration» anzumelden. «Wir d. h. meine Schwester Rosa und ich, haben das getan, weil es unter schwerer Strafe befohlen war», schreibt Edith am 31.12.1941 an eine Freundin in Einsiedeln, Dr. jur. Hilde Vérène Borsinger, mit der Bitte, sich um eine Einreiseerlaubnis in die Schweiz zu bemühen. Frau Borsinger, die als Schweizerin weit besser als Edith Stein über die wahre Situation unterrichtet war, bemühte sich in größter Eile um alles Nötige. Aber nach endlosen Verzögerungen – die eidgenössische Polizei wollte keine weiteren Fremden ins Land lassen, und in Rom mußte man der Umsiedlung erst noch zustimmen – lehnte die eidgenössische Fremdenpolizei das Gesuch am 3. August 1942 endgültig ab. Edith und Rosa Stein haben das nicht mehr erfahren.

Seit dem 1. September 1941 mußten alle Juden im deutschen Machtbereich einen handtellergroßen gelben Stern mit der Aufschrift «Jude» tragen. In Polen und in anderen besetzten Gebieten wüteten «Einsatztruppen», zum Teil unterstützt von einheimischen antisemitischen Milizen. Auch aus Holland wurden Juden zu «Arbeitseinsätzen» deportiert. Die sogenannte «Endlösung» nahm ihren schrecklichen Lauf: Am 20. Januar 1942 hatten 14 hohe Parteifunktionäre der NSDAP und Beamte des Reichsministeriums im Haus der Interpol am großen Wannsee in Berlin dazu die entsprechenden Beschlüsse gefaßt. Im Protokoll der «Wannsee-Konferenz» wird vermerkt, daß «die Juden in geeigneter Weise im Osten zum Arbeitseinsatz kommen» sollen, «wobei zweifellos ein Großteil durch natürliche Verminderung ausfallen wird». In diesen Formulierungen ist unschwer der Wille zur Vernichtung der Juden zu erkennen. In Auschwitz ordnete Rudolf Höss, der Kommandant des Lagers, ab Juni 1942 die Vergasung mit Zyklon B, einer kristallisierten Blausäure, an.

Edith und Rosa Stein hatten wohl, wie zunächst auch Frau Borsinger selbst, bestimmt mit der Einwilligung zur Einreise in die Schweiz gerechnet, zumal zwei Klöster sich bereit erklärt hatten, die beiden Gefährdeten für unbegrenzte Zeit aufzunehmen. Bei einer weiteren Vorladung in Maastricht und dann in Amsterdam erfahren sie allerdings, «daß vor Kriegsende an Auswanderung nicht zu denken sei». Wenige Tage vor der Verhaftung schreibt Edith Stein an eine Bekannte in Deutschland: «Die Schweiz will meiner Schwester und mir die Tore öffnen. ... Es ist aber noch sehr die Frage, ob wir hier die Erlaubnis zur Ausreise bekommen. Jedenfalls dürfte es sehr lange dauern. Ich wäre nicht traurig, wenn sie nicht käme. Es ist ja keine Kleinigkeit, zum zweiten Male eine liebe klösterliche Familie zu verlassen» (IX,175; 29.7.42).

Vom wahren Schicksal der Deportierten hat Edith Stein vermutlich nichts gewußt. Freunde in den Niederlanden allerdings machten sich bereits schwere Sorgen. Edith Stein erhielt oft Sprechzimmerbesuch von Mitgliedern der Studienhäuser, die mehrere Orden zur Zeit des «Kulturkampfes» in den Niederlanden errichtet hatten: von Jesuiten aus Valkenburg, Redemptoristen aus Wittem, Franziskanern aus Vlodropdie und Dominikanern aus Venloo. Diese Studierenden waren froh, in Echt mit einer «Original-Husserl-Schülerin» über ihre Arbeiten sprechen zu können. Allen fiel die unbefangene Fröhlichkeit auf, mit der Edith Stein über Husserl und seine Schule, über Phänomenologie und über ihre eigenen Arbeiten sprach. Ängstlich fragten sie sich, ob die beiden Jüdinnen im Karmel denn gar nichts befürchteten.

Es gab in den Niederlanden eine gut arbeitende Untergrundorganisation, die eine ganze Reihe gefährdeter Menschen verstecken und auf diese Weise retten konnte. Auch dem Karmel hat man entsprechende Mithilfe für die Schwestern Stein angeboten. Aber Edith Stein hat – vermutlich mit Wissen ihrer Schwester – alle derartigen Angebote abgelehnt. Sie verließ sich auf die vermeintliche Zusage der Schweiz. Daß schon seit längerem jede Auswanderung von Juden aus dem Deutschen Reich und aus den deutsch besetzten Gebieten verboten war, hat sie offenbar nicht erfahren. Es gab ja nur eine gänzlich von den Besatzern beherrschte Presse, und das Hören fremder Radiosender war strengstens untersagt. Auch war Edith Stein der Ansicht, daß man selbst seinen Mördern gegenüber keine Unwahrheit sagen dürfe, und möglicherweise füchtete sie, daß der Karmel wegen ihres Verschwindens Opfer des brutalen Regimes werden könne. Dieses letzte Argument haben auch die anderen Ordensfrauen, die sich später in Westerbork zusammenfanden, als Begründung für ihr Nicht-Untertauchen angegeben.

In den Niederlanden hatten sich seit längerem die Oberhirten der christlichen Kirchen getroffen, um über ein gemeinsames Vorgehen gegen die Besatzungsmacht zu beraten. Im Februar protestierten die Kirchen beim Reichskommissar gegen die Verschleppung der Juden. Im Juli 1942 begannen die Nazis mit dem Abtransport von Juden in die Konzentrationslager des Ostens.

Die Bischöfe der Niederlande entschieden sich für einen von den Kanzeln zu verlesenden Hirtenbrief. In diesem Schreiben werden auch die bereits von den Kirchen vergeblich unternommenen Versuche erwähnt, um das «Abschieben» jüdischer Mitbürger und das Verschicken niederländischer Arbeiter in deutsche Munitionsfabriken zu beenden. Das Schreiben sollte am 26. Juli 1942 in allen Kirchen verlesen werden. Das Vorhaben kam jedoch zur Kenntnis der Besatzer, die den Bischöfen daraufhin überraschend ein Gespräch anbieten. Dies war neu. Der Vorschlag hieß: Die getauften Juden sollten von den Deportationen ausgenommen werden, falls die Bischöfe sich bereit erklärten, ihren offenen Brief nach den Wünschen des Reichssicherheitsamtes abzuändern. Sprecher der Unterzeichner des Hirtenbriefes war der Utrechter Kardinal de Jong. Er erklärte, was er den Kirchenbesuchern zur Kenntnis bringe, bestimme allein er; die Gläubigen hätten ein Anrecht darauf zu wissen, wie ihre Bischöfe dächten und was sie zur Rettung der Gefährdeten unternommen hätten. So wurde am festgesetzten Tag der bischöfliche Brief verlesen. Er löste zum Teil auch bei Katholiken Erschrecken aus: Man fürchtete die Rache der Mächtigen.

Und diese Rache folgte. Unter dem Datum des 30. Juli 1942 kam aus Den Haag, wo sich die Reichs- und Generalkommissare beraten hatten, die Verfügung: «... da die katholischen Bischöfe sich ... in die Angelegenheit eingemischt haben, werden nunmehr die sämtlichen katholischen Juden noch in dieser Woche abgeschoben. Interventionen sollen nicht berücksichtigt werden.»[24] Am 2. August stellt der Befehlshaber der Sicherheitspolizei in einem Schreiben «Betrifft Festnahme von Juden mit kath[olischer] Religion» fest: «... gemäß den letzten Fernschreiben ... wurden heute durch das Kommando der Ordnungspolizei die aus der hiesigen Provinz [Limburg] insgesamt 30 festgenommenen Juden dem dortigen Lager [Amersfoort] überstellt. Anlagen: 1 Liste». Diese Liste enthielt unter den Nummern 23 und 24 die Namen Edith und Rosa Stein mit dem Vermerk «(staatenlos), wohnhaft in Echt, Bovenste Straat 48».[25]

Der 2. August 1942 war ein Sonntag. Am Nachmittag, kurz nach 17 Uhr, als Edith Stein im Schwesternchor vor dem ausgesetzten Allerheiligsten ihre Anbetung hielt, wurde die Polizei im Karmel vorstellig. Man läßt den beiden Schwestern kaum Zeit, um das Nötigste zu packen.[26] Im Polizeiauto befinden sich schon einige andere Gefangene. Nach kurzem Aufenthalt in Roermond ging die Fahrt in das «Polizeiliche Durchgangslager» Amersfoort. In der Dunkelheit verfehlen die Fahrer der Lastwagen jedoch den Weg, so daß sie erst spät in der Nacht im Lager ankommen. Durch Vermittlung des Judenrates können die Häftlinge dort Telegramme aufgeben, um noch Nötiges zu erbitten, und zwar in das hoch nördlich gelegene Sammellager Westerbork, Bahnstation Hooghalen. Dorthin werden die Häftlinge in zugehängten Personenzügen verbracht. Nach 1–2 Stunden Fußmarsch kommen sie in der Nacht zum Mittwoch an. An diesem Tag haben die Echter Karmelitinnen das Telegramm der Schwestern Stein erhalten. Noch bei der Verhaftung hatte Edith Stein die Schwestern beauftragt, sich sofort um die Ausreiseerlaubnis zu kümmern, dem SS-Offizier, der sie verhaftete, davon erzählt, und am 4. August noch eine Hoffnung auf Freilassung geäußert. Jetzt am 5. August, als man vage weiß, daß es in den Osten geht, hegt sie diesbezüglich nur noch «äußerst wenig Aussicht». Edith Stein wird still und sie betet. Eine Augenzeugin berichtet: «Sie dachte an das Leid, das sie voraussah, nicht ihr Leid, dafür war sie viel zu ruhig ..., sie dachte an das Leid, das die anderen erwartete».

Am Donnerstag, den 6. August, machen sich zwei junge Männer mit viel Gepäck nach Westerbork auf und können im Lager tatsächlich mit den beiden Schwestern Stein sprechen. Sie treffen dort auch die Boten, die von Venloo aus für Ruth Kantorowicz gekommen waren. Edith Stein, so berichten sie, kümmert sich um die Kinder der Mütter, die in Apathie verfallen waren. In aller Morgenfrühe des 7. August wird ein Transport, darunter sind alle katholischen Juden, in Marsch gesetzt, später in verriegelte Eisenbahnwaggons geladen und nach Auschwitz verbracht, wobei dieser Transport den Weg über die Pfalz nimmt. In Schifferstadt kann Edith Stein noch ein letztes Lebenszeichen geben. Sie läßt der Familie Schwind Grüße bestellen. In einem kurzen Gespräch teilt Edith Stein dem Bahnbeamten mit, daß man sie nach Osten bringe. Nach allem, was bisher ermittelt werden konnte, sind die Katholiken unter diesen deportierten Juden ausnahmslos am Sonntag, den 9. August im Lager Auschwitz-Birkenau ermordet worden.

Anmerkungen

1 M. Renata, 98.
2 Edith Stein, Wie ich in den Kölner Karmel kam. Mit Erläuterungen und Ergänzungen, hg. von Maria Amata Neyer, Würzburg 1994, 20.
3 Vgl. ebd. 32f.; Maria Amata Neyer, Edith Stein. Ihr Leben in Dokumenten und Bildern, Würzburg [4]1988, 35, 37, 46, 54.
4 «Im Winter wird um 5.30 Uhr aufgestanden, um 11 Uhr zu Mittag gegessen, und die Mittagsruhe fällt fort» (IX,6).
5 M. Renata, 135.
6 A. Hitler, Mein Kampf, 1939, 299.
7 Ebd. S. 290.
8 Diese Familiengeschichte hat jedoch einen gewissen Schwachpunkt. Im Unterschied zu anderen jüdischen Familien konnte sich die Familie Stein nicht auf die Verdienste oder gar (militärische) Auszeichnungen ihrer männlichen Mitglieder während des Ersten Weltkriegs berufen. Die Brüder Edith Steins hatten daran nicht teilgenommen. Das dürfte mit ein Grund dafür sein, weshalb der Einsatz eines weiblichen Mitgliedes (Edith Stein selber) in einem Seuchenlazarett so ausführlich geschildert wird.
9 M. Böckel, Edith Stein und das Judentum, Ramstein 1991, 132.
10 Wie ich in den Kölner Karmel kam (siehe Anm. 2), 22.
11 Ebd. 46.
12 M. Renata, 89.
13 In: Hochland 51 (1958), 43.
14 Im Februar 1933 war im Kölner Karmel eine kirchenrechtliche Änderung eingetreten, die möglicherweise für Edith Steins Zukunft von Bedeutung war. Die rheinischen Klöster hatten bisher, weil von Belgien aus gegründet, unter der geistlichen Leitung des Provinzials der Provinz Brabant gestanden. Es war jedoch nicht im Sinne des politischen Regimes, deutsche Frauen Ausländern zu unterstellen; deshalb gingen die westdeutschen Karmelitinnenklöster in die Jurisdiktion der Bayrischen Provinz über. So übernahm der deutsche Provinzial Theodor Rauch (1890–1972) die geistliche Leitung des Kölner Karmels. Er war es dann auch, der die Einkleidung Edith Steins vornahm.
15 M. Renata, 94.

16 Durch die beiden von Köln unternommenen Neugründungen – Pützchen bei Bonn 1926 und Wendelborn bei Breslau 1933 – war der Sakristeibestand zusammengeschmolzen. Deshalb gedachte man die weiße Seide nach der Einkleidung zu einem weißen Meßgewand zu verarbeiten. Aus diesem Grund wollte man die Seide so wenig wie möglich zerschneiden, und so hatte man den Stoff nur drapiert und geheftet, was der kundige Beschauer auf dem Foto dieses Tages heute noch erkennen kann. Da war es vielleicht praktisch, daß zumeist Philosophen die Kapelle zu der Zeremonie füllten. Edith Stein hatte viele, viele Freunde zu der Feier einladen dürfen, auch viele ihrer ehemaligen Schülerinnen, Hörer und Hörerinnen, Kollegen und Kolleginnen waren gekommen. Die Kapelle war dicht gefüllt, während das Hochamt gefeiert und anschließend im Schwesternchor, vor dessen Gitter sich die Andächtigen drängten, die Einkleidung vorgenommen wurde. Wenn allerdings in der ersten Biographie zu lesen ist, daß man Edith Steins «zierliche Schuhe gegen plumpe Sandalen und das seidene Brautkleid gegen das härene Bußgewand» tauschte, so ist dies eher der Terminologie der Autorin (Teresia Renata de Spiritu Sancto [Posselt]) zuzuschreiben.

17 In: Kölnische Volkszeitung, 24.5.34.

18 Hanna, 261.

19 Waltraud Herbstrith, Edith Stein. Ein neues Lebensbild in Zeugnissen und Selbstzeugnissen, Mainz 1983, 153f.

20 Adelgundis Jaegerschmid, Gespräche mit Edmund Husserl 1931–1936, in: Stimmen der Zeit 199 (1981), 135.

21 Besondere Verständnisschwierigkeiten hat immer wieder die Stelle «zur Sühne für den Unglauben des jüdischen Volkes und damit der Herr von den Seinen aufgenommen werde und sein Reich komme in Herrlichkeit» bereitet. Der Ausdruck «Unglaube des jüdischen Volkes» kommt ansonsten bei Edith Stein so nicht vor. Daher hat man vermutet, daß Edith Stein hier die Sprache und Denkweise der vorkonziliaren katholischen Kirche und ihres missionarischen Triumphalismus' aufnimmt. Das ist eine Möglichkeit der Interpretation. Sie steht aber letztlich doch quer zu den meisten Äußerungen Edith Steins. Edith Stein hat nirgends davon gesprochen, daß die Juden nur dann ihren historischen Auftrag erfüllen, wenn sie getaufte Katholiken werden. Sie hat davon geredet, daß Gottes Barmherzigkeit viele Wege kennt: In den Jahren vor ihrem Testament hat sie den Weg ihrer Mutter und anderer als Weg zu Gott bezeichnet und ausdrücklich anerkannt. Frau Koebner bezeugt, daß Edith Stein ihr Judentum stets akzeptiert hat und niemals den Versuch unternahm, ihr dies auszureden. Die entsprechenden Zeugnisse ließen sich vermehren. Im Kontext ihres Testaments steht zunächst einmal der Aufruf an die Christen, durch ihre Lebensführung und ihr stellvertretendes Mitleiden andere zu überzeugen. Das ist gut teresianisch und gut paulinisch. Im Kontext des Kapitels über die Errettung ganz Israels sagt Paulus den Christen: «Angesichts des Erbarmens Gottes ermahne ich euch, meine Brüder, euch selbst als lebendiges und heiliges Opfer darzubringen, das Gott gefällt; das ist für euch der wahre und angemessene Gottesdienst» (Röm 12,1). Und in diesem Rahmen steht dann auch die Bitte um die Sühne für den «Unglauben der Juden» und deren Weg zum Herrn. Man kann diese Bitte daher – so meinen wir – auch verstehen als Bitte für das jüdi-

sche Volk, um die Kraft im Leiden, um das jüdische Glaubenszeugnis angesichts der Gewalt und der Verfolgung, um jenes Offenbarwerden des Glaubens an eine göttliche Gerechtigkeit und ewiges Leben, die Edith Stein in der «Hanna» ihrer Mutter findet und von der sie sagt, daß dieser Glaube Juden und Christen gemeinsam sei. Und man wird dann auch sagen müssen, daß Edith Stein sich mit Paulus sehr wohl dessen bewußt war, daß für Christen eine Vollendung der Welt ohne die jüdischen Schwestern und Brüder, die Gott zuerst berufen hat, nicht denkbar ist. «Denn unwiderruflich sind Gnade und Berufung, die Gott gewährt» (Röm 11,29). Und sollte man nicht annehmen dürfen, daß auch für Edith Stein – man denke wiederum an das, was sie über ihre Mutter und andere sagt – der Weg der Juden ein anderer Weg zum Herrn ist als der Weg der Christen?

22 Baruzi, St. Jean de la Croix et le problème de l'expérience mystique, Paris 1924.

23 P. Bruno de Jésus-Marie OCD, Saint Jean de la Croix, Paris 1929.

24 Vgl. Maria Amata Neyer (Hg), Edith Stein. Wie ich in den Kölner Karmel kam, 132.

25 Vgl. die Dokumente in: Wie ich in den Kölner Karmel kam (siehe Anm. 2). Neue Erkenntnisse über die Gefährtinnen Edith Steins erbrachten die Forschungen von E. Prégardier und A. Mohr, Passion im August (2.–9. August 1942). Edith Stein und Gefährtinnen, Annweiler [2]1998.

26 Durch Marike Delsing ist bezeugt, daß Edith Stein beim Abtransport zur ihrer Schwester Rosa gesagt habe: «Komm, wir gehen für unser Volk.» Bislang ist Marike Delsing die einzige Zeugin für diese Äußerung. Wenn Edith Stein das gesagt hat, bleibt die Frage, wie es zu verstehen ist. Meint sie das jüdische Volk oder das deutsche? Letztlich wird diese Frage ungeklärt bleiben. Sie bietet einen Spielraum für Interpretationen. In ihrem Testament hatte Edith Stein ihr Leben für das jüdische und für das deutsche Volk angeboten.

Epilog

Zu Beginn ihres Ordenslebens hatte Edith Stein geschrieben: «Ich erwarte ja, daß ich auch einmal mehr von meiner Kreuz-Berufung spüren werde als jetzt» (IX,28). Ein paar Jahre später fügte sie hinzu: «Gewiß weiß ich heute mehr davon, was es heißt, dem Herrn im Zeichen des Kreuzes nachzufolgen. Begreifen freilich wird man es niemals, weil es ein Geheimnis ist (IX,124).

Diesen Weg in die dunkle Nacht ist Edith Stein konsequent zu Ende gegangen. Als sie am Sonntag, den 2. August verhaftet wurde, hatte sie soeben in ihrer «Kreuzeswissenschaft» den Abschnitt beendet, der den Tod des hl. Johannes vom Kreuz schildert. Sie schrieb in den Wochen zuvor mit einer solchen Eile an diesem Werk, daß die Mitschwestern um ihre Gesundheit fürchteten. Sie lebte «fast beständig im Gedanken an den hl. Vater Johannes vom Kreuz. Das ist eine große Gnade» (IX,165; 18.11.41).

Johannes gab ihr die folgenden Worte mit auf ihren Weg: «Zwei Dinge ... dienen der Seele als Flügel, um sich zur Vereinigung mit Gott zu erheben: das aufrichtige Mitleid mit dem Tode Jesu und mit dem Nächsten» (I,252). Und er knüpft daran die Bitte: «Laß mich niemals mich zurücknehmen, sondern meine ganze Seele hingeben. ... Ich werde nicht zur Ruhe kommen, bis ich mich in Deinen Armen erfreue» (I,253).

Edith Stein kommentiert: «D. h. wer in liebender Versenkung eingeht in die ... Liebe bis zur äußersten Hingabe seiner selbst, der wird eben damit geeint mit dem göttlichen Willen; ... und man wird eins mit dem göttlichen Sein, das sich selbst hingebende Liebe ist» (I,252). Dieser Hoffnung ist sie treu geblieben.

Die katholische Kirche zählt Edith Stein zu den Heiligen. Sie versteht dieses Leben als geglückte Vergegenwärtigung der Liebe Jesu in unserer Zeit. Ob Edith Steins Beispiel uns hilft, zu lernen, das Trennende zu überwinden und zu versöhnen, ob es dazu beiträgt, die Wunden, die das 20. Jahrhundert geschlagen hat, zu heilen? Es wird davon abhängen, ob wir uns von ihrem Leben bewegen lassen.

Zeittafel

Ereignisse und Daten im Leben Edith Steins

1891	12. Oktober: in Breslau als Jüdin geboren.
1911	Abitur in Breslau, mit Auszeichnung.
1911–1913	Studium in Breslau: Germanistik, Geschichte, Psychologie und Philosophie.
1913–1915	Studium in Göttingen: Philosophie (Husserl), Germanistik, Geschichte.
1915	Staatsexamen in Göttingen, mit Auszeichnung. Lazarettdienst beim Deutschen Roten Kreuz in Mährisch-Weißkirchen.
1916	Referendarzeit in Breslau. Doktorexamen in Freiburg, summa cum laude.
1916–1918	wissenschaftliche Assistentin bei Edmund Husserl in Freiburg.
1919–1923	private wissenschaftliche Arbeiten; vergebliche Versuche zur Habilitation.
1921	Lektüre des «Lebens» der heiligen Teresa von Avila im Hause Conrad-Martius in Bergzabern/Pfalz; Entschluß zu Konversion.
1922	1. Januar: Taufe und erste heilige Kommunion in der Pfarrkirche St. Martin in Bergzabern. 2. Februar: Firmung in der Hauskapelle des Bischofs von Speyer.
1923–1931	Lehrerin am Mädchenlyzeum und an der Lehrerinnenbildungsanstalt der Dominikanerinnen von St. Martin in Speyer. – Übersetzungsarbeiten und schriftstellerische Tätigkeit. – Vortragsreisen im In- und Ausland.

1932–1933	Dozentin am Deutschen Institut für wissenschaftliche Pädagogik in Münster.
1933	14. Oktober: Eintritt in den Kölner Karmel.
1934	15. April: Einkleidung als Sr. Teresia Benedicta a Cruce.
1935	21. April: Erste Gelübdeablegung, Profeß für drei Jahre.
1938	21. April: Ewige Gelübde. 1. Mai: Sogenanntes Schleierfest. 31. Dezember: Übersiedlung nach Echt/Niederlande.
1934–1942	Entstehung ihrer bedeutendsten Werke: Endliches und ewiges Sein; Kreuzeswissenschaft; außerdem viele kleinere Arbeiten.
1942	2. August: Verhaftung und Überführung nach Amersfoort. 4. August: Weiterfahrt von Amersfoort nach Camp Westerbork. 7. August: Abtransport von Westerbork zum Osten. 9. August: Ankunft in Auschwitz, Tötung in Birkenau.
1962	4. Januar: Eröffnung des kirchlichen Prozesses für die Seligsprechung Edith Steins durch den Erzbischof von Köln, Josef Kardinal Frings. 25. Juli: Eröffnung des Schriftenprozesses für Edith Stein.
1971	7. Juli: Feierlicher Abschluß des Schriftenprozesses in Köln.
1972	7. März: Eröffnung des dritten Teilprozesses: «De-non-cultu». 9. August: Abschluß des gesamten Diözesanprozesses durch Kardinal Höffner bei einer Feier zum 30. Todestag Edith Steins im Kölner Karmel; anschließend Überführung aller Akten nach Rom.
1987	1. Mai: Seligsprechung Edith Steins durch Papst Johannes Paul II. in Köln.
1998	11. Oktober: Heiligsprechung Edith Steins durch Papst Johannes Paul II. in Rom.

Literaturverzeichnis

Die wichtigsten Werke Edith Steins finden sich in den bislang 18 Bänden der Gesamtausgabe, hg. von L. Gelber, Pater R. Leuven OCD und Pater Michael Linssen OCD:

I Kreuzeswissenschaft. Studie über Joannes a Cruce, 3. Aufl. Druten/Freiburg i. Br. 1983.

II Endliches und ewiges Sein. Versuch eines Aufstiegs zum Sinn des Seins, 3. Aufl. Freiburg i. Br. 1985.

III Des hl. Thomas von Aquino Untersuchungen über die Wahrheit (Quaestiones disputatae de veritate), in deutscher Übertragung von Dr. Edith Stein. I. Teil, Louvain/Freiburg i. Br. 1952 (Breslau 1931).

IV Des hl. Thomas von Aquino Untersuchungen über die Wahrheit (Quaestiones disputatae de veritate), in deutscher Übertragung von Dr. Edith Stein. II. Teil, Louvain/Freiburg i. Br. 1955 (Breslau 1932).

V Die Frau. Ihre Aufgabe nach Natur und Gnade, Louvain/Freiburg i. Br. 1959.

VI Welt und Person. Beitrag zum christlichen Wahrheitsstreben, Louvain/Freiburg i. Br. 1962.

VII Aus dem Leben einer jüdischen Familie. Das Leben Edith Steins. Kindheit und Jugend, Louvain/Freiburg i. Br. 1965 (vollständige Ausgabe: Druten/Freiburg i. Br. 1985).

VIII Selbstbildnis in Briefen. Erster Teil 1916–1934, Druten/Freiburg i. Br. 1976.

IX Selbstbildnis in Briefen. Zweiter Teil 1934–1942, Druten/Freiburg i. Br. 1977.

X Heil im Unheil. Das Leben Edith Steins: Reife und Vollendung. Von Pater Dr. Romäus Leuven OCD, Druten/Freiburg i. Br. 1983.

XI Verborgenes Leben. Hagiographische Essays, Meditationen, geistliche Texte, Druten/Freiburg i. Br. 1987.

XII Ganzheitliches Leben. Schriften zur religiösen Bildung, Freiburg i. Br. 1990.

XIII Einführung in die Philosophie. Nachwort von Hanna-Barbara Gerl, Freiburg i. Br. 1991.

XIV Briefe an Roman Ingarden. Einleitung von Hanna-Barbara Gerl. Anmerkungen von Maria Amata Neyer OCD, Freiburg i. Br. 1991.

XV Erkenntnis und Glaube, Freiburg i. Br. 1993.

XVI Der Aufbau der menschlichen Person (Vorlesung Münster 1932/33), Freiburg i. Br. 1994.

XVII Was ist der Mensch? Eine theologische Anthropologie, Freiburg i. Br. 1994.

XVIII Potenz und Akt. Bearbeitet von Hans Rainer Sepp, Freiburg i. Br. 1998.

Noch nicht in der Gesamtausgabe erschienen:

E Zum Problem der Einfühlung. Nachdruck der Ausgabe Halle a. d. Saale 1917, hg. vom Edith-Stein-Karmel Tübingen, München 1980.

B Beiträge zur philosophischen Begründung der Psychologie und der Geisteswissenschaften. I: Psychische Kausalität; II: Individuum und Gemeinschaft. Nachdruck der Ausgabe Halle a. d. Saale 1922, Tübingen 1970.

U Eine Untersuchung über den Staat. Nachdruck der Ausgabe Halle a. d. Saale 1925, Tübingen 1970.

HT Husserls Phänomenologie und die Philosophie des hl. Thomas von Aquino, in: Jahrbuch für Philosophie und phänomenologische Forschung, hg. von E. Husserl, Ergänzungsband. Neudruck der Ausgabe Halle a. d. Saale 1929, in: Husserl, hg. von H. Noack (Wege der Forschung Bd. 40), Darmstadt 1973, 61–86.

J Diskussionsbeiträge anläßlich der Journées d'Études de la Société Thomiste, Juvisy, 12. September 1932, in: Journées d'Études de la Société Thomiste, Vol I: La Phénoménologie, Le Saulchoir, Kain 1932, 101–105; 109–111.

W Wege der Gotteserkenntnis. Dionysius der Areopagit und seine symbolische Theologie (1941), hg. von Waltraud Herbstrith und V. E. Schmitt, München 1979.

PA Potenz und Akt. Unveröffentlichtes Manuskript (Edith-Stein-Archiv Köln).

Bildnachweis

Edith-Stein-Archiv Köln: 1–3, 5–8, 13–19, 22–33, 35, 40–42, 44, 47–49, 52
Stadtarchiv Speyer: 11
Archiv des Klosters St. Magdalena, Speyer: 12
Klosterarchiv Beuron: 21
Anna-Maria Husserl, Ehrenkirchen-Offnadingen: 34
Bayerische Staatsbibliothek München: 36
Roman Ingarden, Torun: 37
Christine Lipp: 38
Archiv des Katholischen Deutschen Frauenbundes, Köln: 46
Kurt Keller, Harthausen: 50
Ludger Kruthoff: 51